ANDRÉ KOSTOLANY

Geld, das große Abenteuer

André Kostolany

Geld, das große Abenteuer

Aufzeichnungen eines Börsianers

Börsenbuchverlag

Die Originalausgabe erschien unter dem Titel
Geld, das große Abenteuer
Verleger der Originalausgabe aus dem Jahr 1972:
Kurt Desch GmbH, München

Gestaltung Cover: Sabrina Slopek
Gestaltung und Satz: Sabrina Slopek
Herstellung: Daniela Freitag
Coverfoto: Imago-Image
Lektorat: Elke Sabat
Druck: GGP Media GmbH, Pößneck

ISBN 978-3-86470-844-2

Bibliografische Information der Deutschen Nationalbibliothek:
Die Deutsche Nationalbibliothek verzeichnet diese Publikation in der Deutschen Nationalbibliografie; detaillierte bibliografische Daten sind im Internet über <http://dnb.d-nb.de> abrufbar.

Postfach 1449 • 95305 Kulmbach
Tel: +49 9221 9051-0 • Fax: +49 9221 9051-4444
E-Mail: buecher@boersenmedien.de
www.boersenbuchverlag.de
www.facebook.com/plassenbuchverlage
www.instagram.com/plassen_buchverlage

Inhalt

Einleitung

Ist Liebe der stärkste Motor des Lebens oder Geld, Macht und Eitelkeit? Das zu entscheiden überlasse ich den Psychologen und Soziologen.

In der Umgebung, in der ich die wertvollsten Jahre meines Lebens verbracht habe, war unglücklicherweise das Geld der Motor.

Ich bin im feudalen Ungarn geboren, aufgewachsen im altmodisch-kapitalistischen Frankreich, war jahrelang tätig an der Wall Street, der Hochburg des modernen Kapitalismus, und nun schreibe ich dieses Büchlein für den deutschen Leser. Ich selbst weiß nicht mehr, wohin ich gehöre.

Ich könnte sagen, ich gehöre zur Börse, dem Dschungel des Kapitalismus. Ob sie sich in Johannesburg, Singapur, Oslo oder Bogotá befindet, in einer Stunde werde ich mich an der Börse von dort zu Hause fühlen, die Kollegen als Familie betrachten und mit all ihren guten und schlechten Eigenschaften vertraut sein.

Diese böse Börse, an der sich die größten Abenteuer des Geldes abspielen, wird von den einen gepriesen, verflucht von den anderen. Doch sie fasziniert all diejenigen, die in ihr die Karikatur der Geschichte und der Menschen wie in einem Zerrspiegel erblicken.

Es ist spannend und lehrreich zugleich, hinter ihre Kulissen zu sehen. Verblüffend sind oft die Ursachen, die erschütternde Ereignisse in der Welt der Finanzen auslösen. Es ist immer eine schöne Welt. Das Geld hat eine Radioaktivität, es korrumpiert und bringt oft die hässlichsten Eigenschaften des Menschen ans Tageslicht.

Schon früh musste ich während meiner langen Laufbahn in dieser blutigen Arena lernen, dass „pecunia non olet“ (Geld nicht stinkt). Da ich einen empfindlichen Geruchssinn habe, hat mich lange Zeit eine Allergie verfolgt, obwohl ich an den verschiedenen Börsen der Welt das leichte Geldmachen schon jung gelernt habe.

Ich denke heute noch mit Unbehagen an jene Jahre zurück. Ich hatte Gewissensbisse, wenn ich das Jahreseinkommen eines Gelehrten, eines Professors oder Arztes, die Frucht seiner jahrelangen Anstrengungen und Studien, mit den Summen verglich, die ein Börsianer manchmal mit einem Einfall oder einem Tipp im Handumdrehen einstreichen kann.

Noch deutlich erinnere ich mich, wie ich mich beschämt fühlte, als mir ein weltberühmter Professor in der Schweiz nach einer Konsultation von Stunden seine Honorarrechnung überreichte: 50 Franken.

Das Streben nach Geld und Gewinn und nach immer mehr und mehr Gewinn ist nichts Neues. Cato, der strenge Zensor des alten Roms, ist zwar als tugendhafter Asket in die Geschichte eingegangen, doch hat er mit seinen berühmt gewordenen Worten die Menschen zum Gewinn angespornt. „Eine Witwe braucht zwar ihr Hab und Gut nicht zu vergrößern", sagte er, „aber die Tugend eines Mannes besteht darin, mehr Vermögen zu hinterlassen, als er geerbt hat." Ohne Scham forderte er: „Bereichert euch!", ein Ratschlag, dem wir in der Geschichte später noch öfter begegnen werden. Heute würde man wirtschaftswissenschaftlich von „Vermögensbildung" sprechen.

Auf den ersten Blick ist die Börse der Ort, an dem einen das Geld in den Schoß fällt. Und manchmal ist es auch so. Aber auch das schmerzliche Gegenteil kann der Fall sein.

Man muss viel mitgemacht und viel Lehrgeld bezahlt haben, um die Börse auch nur ein ganz klein wenig meistern zu können.

Während 45 Jahren spekulierte ich in allen Werten, Währungen und Produkten, Kassa und Termin, an der Wall Street, in Paris, Zürich, Tokio, London, Johannesburg oder Schanghai. Ich spekulierte in Aktien, Staatsanleihen (inklusive der kommunistischen Länder), in Wandelanleihen, Währungen (ob sie nun stabil oder flexibel waren), in dem Leder, aus dem meine Schuhsohlen waren, in Sojabohnen und allen Getreidesorten, in Wolle und Baumwolle, dem Gummi meiner Autoräder, in Eiern und Frühstücksspeck, in Kaffee und Kakao, den ich so liebe, in Whiskey, in der Seide meiner Krawatte, in allen Metallen, ob sie nun edel oder unedel waren.

Ich möchte nur hinzufügen, dass ich kein Preistreiber war, da ich nicht nur darauf spekuliert habe, dass die Preise steigen würden, sondern ebenso oft darauf, dass sie fallen würden. Kurz gesagt, ich spekulierte in allem, je nachdem, wie sich gerade der Wind drehte oder die Konjunktur es verlangte, ob es nach Pulver roch oder ob der süße Balsam des Friedens in der Luft lag, bei Krieg, Bürgerkrieg, Revolution, Hochkonjunktur und Depression, Inflation und Deflation, Auf- und Abwertungen – und ich habe sie alle überlebt.

Man musste das Gras wachsen hören und jede Situation haarscharf beurteilen können. In 100 Fällen habe ich 51 Mal recht behalten und mich 49 Mal geirrt. Von diesem einen Prozent über fifty-fifty habe ich aber gut gelebt. Pleite war ich auch einige Male, denn ein Spekulant, der nicht wenigstens zweimal während seiner Karriere Pleite macht, hat nicht das Recht, diesen Namen im echten Sinne des Wortes zu führen. Was ich alles erlebt und wie viel Erfahrungen ich dabei gesammelt habe, das lässt sich nicht in ein Buch fassen. Ich würde sie nicht gegen mein Lebendgewicht in Gold hergeben. Sicherlich hätte ich einen Lehrstuhl für Börsenkunde verdient.

Einen Bruchteil meiner Erlebnisse möchte ich, schmackhaft serviert, all den jüngeren Lesern überreichen, die sich für die Börsen interessieren, sei es als Karriere, sei es aus Leidenschaft oder wegen der Vermögensbildung. In einem meiner Seminare über Börsenkunde an einer Wirtschaftshochschule stellte mir ein Student die Frage, ob ich meinem Sohn raten würde, Spekulant zu werden.

„Gewiss nicht“, war meine Antwort. „Wenn ich einen Sohn hätte, sollte er Musiker werden, ein zweiter Maler oder Bildhauer, ein dritter Journalist oder Essayist.“

„Aber der vierte“, setzte ich hinzu, „müsste unbedingt Börsianer sein, schon damit er die drei anderen erhält.“

Die folgenden Briefe sind an diesen nicht existierenden Sohn adressiert und da er auch keine Brüder und Schwestern hat, die er erhalten müsste, ist dieses Büchlein, ein Bruchteil meiner Erlebnisse, allen jungen Leuten gewidmet, die sich der Börse verschreiben wollen.

1

Glanz und Elend der Börse

Was muss ein Börsenprofi wissen?

Lieber Hans,
ich bin sehr froh, dass du dich entschlossen hast, die Stelle bei einem BÖRSENMAKLER anzunehmen. So wird zumindest einer meiner Söhne einen Beruf ergreifen, bei dem er mit seiner Intelligenz auch zu viel Geld kommen kann. (Ich betone *kann* und nicht *wird*, denn eine Garantie dafür, bei Börsenspekulationen reich zu werden, gibt es nicht.) Du brauchst auch deinen Brüdern gegenüber keine Komplexe zu haben, dass sie etwa mit ihren geistigen Berufen auf einer höheren Stufe stünden. Ich nehme nämlich an, dass du vorläufig bei dem Makler nur die technischen Seiten eines Börsengeschäftes lernen wirst, um erst später auf eigene Rechnung und mit eigenem Geld zu spekulieren. Und Spekulieren ist geistige Gymnastik.

Alles, was du jemals im Gymnasium, auf der Hochschule oder überhaupt im Leben gelernt hast, selbst Gebiete, die mit Finanz und Wirtschaft nichts zu tun haben, wie etwa Philosophie, Geschichte, Kunstgeschichte und Musik, werden dir in deinem künftigen Beruf sehr nützlich sein. Ich habe zum Beispiel aus meiner übergroßen Liebe zur Musik sehr viel Gewinn gezogen, den man in Mark und Pfennig umrechnen kann. Du weißt wohl, dass ich mich oft stundenlang einsperre, nur um Musik zu hören. Glaube nicht, dass dies ein „Dolce far niente" sei. Während ich Musik höre, denke ich über Finanzprobleme und Börsenkombinationen nach. Und oft habe ich die besten Inspirationen dabei gehabt.

Der Beruf eines Börsenspekulanten ähnelt in vielem dem eines prominenten Journalisten. Beide leben von der Zeitung, indem sie die Ereignisse verfolgen, analysieren und ihre Schlüsse daraus ziehen. Der Journalist beschreibt sie und der Börsianer liest sie – er liest auch zwischen den Zeilen. Nur: Der Journalist darf sich immer wieder irren und wird doch ein Journalist bleiben. Wenn der Börsianer sich aber oft irrt, bleibt er nicht länger Börsianer … Ich habe die größte Hochachtung vor Journalisten, ich finde ihren Beruf so faszinierend, dass ich ihn in meinen alten Jahren selbst ergriffen habe. Es besteht kein Zweifel, dass das Risiko eines Journalisten dem Risiko eines Börsianers nicht gleichkommt, da das Schicksal des Letzteren eher mit dem eines Seiltänzers zu vergleichen ist. Eines aber haben beide Berufe gemeinsam: Sie verlangen Scharfblick, eine gute Allgemeinbildung und die unumgängliche Leidenschaft für den Beruf. Welch ein merkwürdiger Mensch ist doch dieser „Homo speculator"! Zum Spekulanten oder Journalisten wird man geboren, ebenso wie man als Philosoph (und sei es auch als Philosoph des Alltags) geboren wird. In jedem Augenblick geschieht etwas Neues auf der Welt. Kriegsnachrichten aus Vietnam, Feindschaften oder Freundschaften zwischen arabischen Staaten, Rauschgift- oder Rassenprobleme in Amerika, Weiterentwicklung der Massenmedien, Wahlen in Japan, Streiks in Polen, Revolution in der Frauenmode, die Entwicklung der Fischerei in Island, Forschungen über Lungenkrebs und so weiter. Die Summe all dieser Ereignisse ist das Weltgeschehen – die Weltgeschichte.

Mein kleines Leben hat sich in unmittelbarer Nähe dieser Weltgeschichte abgespielt, eben weil ich von der Börse gelebt habe. Alle großen und kleinen Ereignisse haben sich auf die Börse ausgewirkt und die Börse auf meine Brieftasche.

Was ist eigentlich Börsenkunde? Der französische Staatsmann und Schriftsteller Édouard Herriot sagte von der Kultur, sie sei das, was übrig bleibe, wenn man schon alles vergessen habe. Ähnlich geht es mit der Börse. Deswegen ist der Börsianer aber doch keine Enzyklopädie, die Jahresbilanzen, Dividenden, Kurse, Geschäftsberichte, Statistiken speichert. Das alles wird viel sicherer in einer Bibliothek oder auf einem Computer aufbewahrt. Das echte Börsenwissen ist das, was übrig bleibt, wenn man alle Details vergessen hat. Man soll nicht alles wissen, sondern alles verstehen und im passenden Augenblick die Zusammenhänge richtig deuten und entsprechend handeln. Man muss alle Ereignisse wie ein Radargerät auffangen, in den richtigen Proportionen sehen und die Zusammenhänge interpretieren. Kurz gesagt, man muss selbstständig denken.

Damit kennst du meine erste Reaktion auf deine Entscheidung. Ich schließe für heute und wünsche dir in deinem Beruf Erfolg und Befriedigung.

Die Kunst der Spekulation und die Spekulation der Künstler

Lieber Hans,
nach meinem gestrigen Brief möchte ich dir noch einige ergänzende Gedanken über deinen neuen Beruf mitteilen. Ich nehme natürlich an, dass du deine Stellung bei dem Börsenmakler als Schulung betrachtest und auf den Beruf eines BÖRSENSPEKULANTEN zustrebst. Wenn ich den Ausdruck „Spekulant" verwende, so meine ich ihn im noblen Sinne des Wortes. Der berühmte amerikanische Finanzier, Staatsmann und persönliche Finanzberater von vier amerikanischen Präsidenten, Bernard Baruch, bezeichnete einmal vor einem Untersuchungsausschuss des amerikanischen Kongresses seinen Beruf als den eines Spekulanten.

Zur Familie der Spekulanten gehörten viele berühmte und würdige Persönlichkeiten der Geschichte. Den ersten Spekulanten findest du schon in der Bibel. Es war Joseph in Ägypten, der sich halsbrecherischen Spekulationen hingab. Der ebenso betagte wie weitsichtige Finanzberater des Pharao zog aus dessen Traum von den sieben fetten und sieben mageren Jahren die richtigen Konsequenzen.

Während der fetten Jahre speicherte er große Getreidevorräte ab, um sie dann während der folgenden mageren Jahre wieder auf den Markt zu bringen. Allerdings weiß man bis heute nicht, ob er schon vor 4.000 Jahren der geniale Vater der Planwirtschaft wurde, der Überschüsse einlagerte, um an das spätere Erntedefizit zu denken, oder ob er nur schlicht und einfach – honni soit qui mal y pense – der erste Spekulant der Geschichte war, der die Ware aufkaufte, um sie später teurer zu verkaufen.

Im alten Athen spekulierte man mit Münzen. Die Geldleute wurden Trapezoi genannt, das heißt Trapezkünstler, weil sie hinter einem kleinen trapezförmigen Tischchen saßen und darauf ihre Geldstücke zur Schau stellten. Man könnte in dem Namen auch ein Symbol sehen. Sind nicht die Akrobaten des Geldwesens wahrhafte Trapezkünstler? Die gewagten Geschäfte eines dieser antiken Finanzakrobaten hatten eine Reihe von finanziellen Katastrophen und Preisstürzen ausgelöst. Sein Name Phormion ist zwar nicht unsterblich geworden, aber er gab dem größten Redner des Altertums, dem Rechtsanwalt Demosthenes, den Anlass, die erste leidenschaftliche Verteidigungsrede für die Spekulation zu halten – sicherlich ohne die berühmten Kieselsteine im Mund.

Auch im alten Rom, dem Finanzzentrum des Mittelmeerraumes, blühte die Spekulation. Man spekulierte groß in Getreide und Waren. Die leidenschaftliche Politik Catos, der die Zerstörung Karthagos betrieb, hat den Spekulanten seiner Zeit viel Kummer bereitet. Karthago war die Kornkammer der damaligen Welt und als die Soldaten des Generals Scipio in die zerstörte Stadt einzogen, plünderten sie die Lagerhäuser und Silos. Rom fielen Tausende von Tonnen Getreide zu, zusätzlich zu seiner eigenen Ernte. Die Preise kamen zunächst ins Gleiten und stürzten schließlich senkrecht in die Tiefe.

Viele Spekulanten verloren dabei ihre Federn. Man sprach schon von Zahlungsschwierigkeiten einiger Stammgäste des Forum Romanum. Hier versammelten sich die reichen Bürger in der Nähe des Janustempels, um ihre Geschäftstransaktionen zu besprechen. Und hier holte sich Dr. Cicero, der prominenteste Anwalt seiner Zeit, die Tipps für seine verschiedenen Spekulationen in Grundstücken, Immobilien oder Waren.

Nach einigen Finanzabenteuern ist es ihm gelungen, ein ansehnliches Vermögen zusammenzubringen. Durch seinen Ruhm und seine Persönlichkeit hat er der Spekulation in Rom Auftrieb verliehen. Er sagte, das Geld sei der Nerv der Republik, und war überzeugt davon, dass die Spekulation der Motor der Vermögensbildung sei. Diese Wahrheit bestätigt sich noch heute. Nach meiner Überzeugung ist die moderne Börse der Motor der freien Marktwirtschaft und das Geld ihr Treibstoff.

Auch Sir Isaac Newton, der unsterbliche Entdecker der Gravitationsgesetze, hat sich in der Börsenspekulation versucht. Allerdings mit Misserfolg, sodass er schließlich sogar verboten hat, das Wort Börse vor ihm auszusprechen. Voltaire parlierte mit Freunden stundenlang über Wertpapiere und Geld. Beaumarchais, Casanova, Balzac waren leidenschaftliche Börsenspieler. Der Philosoph Spinoza und der Wirtschaftswissenschaftler David Ricardo waren neben ihrer wissenschaftlichen Tätigkeit begeisterte Spekulanten.

Und wie könnte ich Lord Keynes, den größten Nationalökonomen unseres Jahrhunderts, in dieser Reihe übergehen, unter dessen Porträt die britische Regierung folgenden Text setzen ließ: „John Maynard Lord Keynes, dem es gelungen ist, sich ohne Arbeit ein Vermögen zu schaffen."

Vielleicht verdanken wir die schönsten Bilder Gauguins seiner Pleite an der Börse. Nach seiner unglücklichen Karriere als Makler musste er, mit Schulden beladen, nach Tahiti fliehen.

Ich habe mit börsensüchtigen Berühmtheiten auch persönliche Erfahrungen gemacht. Obwohl ich Börsianer war, schlug ich, wie du weißt, Ende der 20er-Jahre mein Quartier in dem Pariser Künstlerviertel Montparnasse auf. Im dichten Tabakqualm des Café Dome traf ich oft den großen japanischen Maler Foujita. Trotz der zwei Blondinen, die ihn begleiteten, versäumte er es nie, als Erstes zu fragen: „Nun, mein lieber Kosto, wie steht die Börse?" Und in einer anderen Ecke unterbrach Hemingway seine literarischen Debatten, um die letzten Nachrichten aus der Wall Street zu hören.

Und erst Fritz Kreisler, der große Geiger! Ich habe ihn, sein Werk und sein Spiel, so tief bewundert. Oft habe ich mich persönlich mit ihm unterhalten und gern hätte ich seine Ansichten über Musik und Musiker gehört. Er aber bedrängte mich um meine Weisheit, denn sein größtes Problem war immer wieder, ob man auf dem Markt bleiben oder alles abstoßen sollte. Er dachte sicherlich, dass ich ein besseres Ohr für die Dissonanzen an der Börse hätte als er. Allerdings hatte er mir gegenüber einen enormen Vorteil. Er konnte seine Börsenverluste vom Vormittag abends mit der Geige wieder „erspielen".

Bis heute ist mir ein langes Ferngespräch mit meinem guten Freund Emmerich Kálmán in Erinnerung. Er war nicht nur einer der Größten der Wiener Operette, sondern hat sich auch leidenschaftlich für Börsentransaktionen interessiert.

Bei diesem Ferngespräch zwischen Paris und Wien stellte er mir die Frage, ob es vom Anlagestandpunkt aus richtig wäre, Aktien für 100.000 Dollar zu verkaufen (nach der Kaufkraft von heute wäre es eine viertel Million Dollar), um bei Cartier im Gelegenheitskauf einen Diamanten für seine Frau Vera zu erstehen.

Nolens volens musste ich ja sagen, denn eine Stunde zuvor hatte mich Vera ebenfalls aus Paris angerufen und mich gebeten (mit der Begründung, dass alle ihre Freundinnen schon einen besonders schönen Diamanten besäßen, nur sie nicht), ihrem Mann zu dieser „Anlage" zu raten. Einige Tage später schmückte der Ring die zarten Finger der Vera Kálmán.

Vernunftgemäß wäre es besser gewesen, IBM oder XEROX zu behalten. Aber man kann sich natürlich die Frage stellen, ob das Vergnügen, einen so seltenen Ring zu besitzen, ihn zu tragen und den Freundinnen zu zeigen, nicht mehr bedeutet als Börsengewinn.

Ich habe übrigens die Erfahrung gemacht, dass es für einen Mann viel ungefährlicher ist, wenn sich seine Frau oder Freundin in Juwelen, Pelze et cetera verliebt als in ein Bankkonto. Denn Letzteres hat keine Grenzen ...

Nach dem Krieg hatte ich das große Glück, in der Schweiz meinem Idol im Reich der Musik, Richard Strauss, zu begegnen und sein Freund zu werden. Oft saßen wir beim Essen beisammen und ich lauschte begierig, ein Wort des Meisters über Musik zu vernehmen. Aber vergebens. Man sprach nur über Geld und seine Frau Pauline wollte alles über die Börse wissen. Das Phänomen Börse reizt nun einmal die Menschen. Folgende Geschichte erscheint mir typisch. Mein guter Freund Janos H. aus Budapest ist noch immer oft unser Gast an der französischen Riviera. Er ist ein Mann von großer Kultur und besonders in der französischen Literatur bewandert. Ich wollte ihm eine besondere Freude machen und lud meinen Freund und Nachbarn, den französischen Schriftsteller und Goncourt-Preisträger M. C., ein. Letzterer war zudem Kunstkritiker und Professor der französischen Literatur in Amerika. Ich wollte eigentlich vor dem Franzosen mit meinem ungarischen Freund angeben, wollte ihm zeigen, dass man selbst im kommunistischen Ungarn über die jüngste französische Literaturentwicklung wohlinformiert ist. Mein Freund Janos bereitete sich tagelang auf den literarischen Gedankenaustausch vor. Leider kam es nicht zu dem geplanten belletristischen Gespräch, da mein Ehrengast mich mit Fragen über Elektronik und Ölwerte, Goldpreise und Geldmarkt bombardierte. Mein armer Freund Janos H. konnte kein Wort anbringen. Traurig saß er bei Tisch. Das geplante literarische Mittagessen war ein Fiasko geworden.

Ich habe mich mit meinem Nimbus abgefunden. Deshalb warne ich auch alle gastfreundlichen Damen davor, mich einzuladen, wenn sie Künstler, Schriftsteller oder andere Schöngeister empfangen. Schon meine Anwesenheit verpestet die Atmosphäre … Also Achtung! Eines schönen Tags wird dir dasselbe Schicksal blühen.

Frauen und die Börse

WAS FRAUEN VON DER BÖRSE WISSEN MÜSSEN, wurde ich oft von Damen gefragt. Eigentlich nicht viel. Die Börse ist ein Kampffeld für Männer. Umso mehr aber sollten die Frauen über die Männer wissen, die an der Börse spielen. Die Männer profitieren von der Börse und die Frauen profitieren von diesem Profit.

Die Börsianer geben das Geld leicht und leichtsinnig aus, denn das Geldverdienen an der Börse ist manchmal leicht, so leicht, dass man dem Glück gewogen ist. Dann denkt man nicht einmal daran, dass die so mühelos eingestrichenen Geldsummen oft nur geliehenes Geld sind. Denn beim nächsten Umschwung muss man oft das Ganze wieder zurückzahlen.

Dieses leicht erworbene (aber nicht verdiente) Geld werden wir Börsianer zum Großteil – da wir ja auch Kavaliere sind – für Frauen ausgeben.

Wenn alles gut geht, wenn die Kurse steigen und wir von der allgemeinen Hausse profitieren, dann geht es den Freundinnen überaus gut. Wenn sich aber das Glücksrad dreht, wenn die Baisse einsetzt und die Kurse fallen, dann leiden zuerst die Ehefrauen darunter.

Was sind eigentlich Hausse und Baisse? Die beste Antwort darauf gab ein alter Freund von mir, als sein kleiner Sohn ihm diese Frage stellte. „Die Hausse, mein Söhnchen, das ist Champagner, Kaviar, Autos, schöne Frauen ... und die Baisse, mein Liebling, das ist ein Glas Bier, ein Paar Würstchen, die Straßenbahn, deine Mama." Ich glaube, kein Professor der Volkswirtschaftslehre hat je eine markantere Definition über Hausse und Baisse, über Konjunktur und Wirtschaftskrise gegeben.

Es gibt aber auch einige wenige Börsianer, die auf fallende Kurse, das heißt auf Baisse, spekulieren. Eine kluge Frau sollte also immer einen Baisse-Spekulanten als Liebhaber in Reserve haben. Dann ist ihr Wohlergehen für alle Zeiten gesichert.

Das Börsenglück dreht sich so rasch wie eine Windfahne und auch der klügste Spekulant weiß nicht immer, wann es sich wendet. Die Frauen tun gut daran, sich dessen bewusst zu sein. Denn die Seelenstimmung entwickelt sich in uns Männern parallel zu den Kursen. In mageren Zeiten müssen die Damen also geduldig zuwarten, die fetten Jahre kommen bestimmt wieder.

Wie die Frauen sich benehmen, ist äußerst wichtig für einen Börsenspieler. Wie viele Spekulanten haben ihre Nerven und damit ihr Geld verloren, nur weil ihre Frauen in einer schwierigen Zeit nicht verständnisvoll waren.

Nein, leicht ist es nicht, die Frau oder die Geliebte eines Spekulanten zu sein. Denn die Börse entscheidet selbst über die Stimmung im Alltag. Die Ferien, das neue Auto und der Pelzmantel sind oft in Rauch und Dunst aufgegangen, nur weil die Kurse nicht so ausfielen, wie man es erhoffte.

Das Leben mit einem Börsianer ist aber auch aus anderen Gründen schwierig. Der echte Spekulant lebt, träumt und spricht nur von der Börse. Wenn Damen mit Interesse zuhören oder zumindest den Eindruck erwecken, als ob sie Interesse zeigten, wenn ihr Partner von Kursen, Dividenden und dem Geschäftstratsch redet, dann dürfen sie sicher sein, einen Mann fürs Leben gewonnen zu haben.

Es gibt zwar Männer, die nach einem anstrengenden Geschäftstag sich gern mit halbem Ohr das leichte Geplauder ihrer Frauen anhören – nicht so die Börsianer. Die wollen argumentieren, diskutieren und überzeugen, als hätten sie nicht ihre Frau vor sich, sondern einen Kunden.

Eine richtige Frau sollte deshalb etwas darüber wissen, mit welchen Aktien ihr Mann spekuliert. Er wird sich immer freuen, wenn er die Käsesorte oder das Getränk auf dem Tisch findet, an denen er als Aktionär beteiligt ist. Leicht aber wird er den Appetit verlieren, wenn ihm seine Frau eine Marke vorsetzt, mit der er falsch spekuliert hat. Er kauft einen BMW oder einen Mercedes, je nachdem, ob er Aktionär der einen oder der anderen Firma ist. Ein Volkswagen wäre unter der Würde eines Börsianers, es sei denn, er spekuliert groß in dieser Aktie.

Die Frau oder Freundin eines Börsenspielers ist aber auch eine Werbemarke. Ob er an der Börse Erfolg hat, liest man am Schmuck und an den Toiletten seiner Frau ab. Eine bezaubernde, elegante Frau mit reichem Schmuck erhöht den Kredit, den ihr Mann oder Freund bei seinen Bankiers, Kunden oder Kollegen besitzt. Sie ist sozusagen die Inkarnation seines Erfolges.

Die Damen haben jedoch keineswegs nur eine passive Statistenrolle zu erfüllen. Manchmal benötigt der Mann die weibliche Intuition. Was nutzen die ganze Finanzwirtschaft und alle technischen Kenntnisse, wenn der göttliche Funke, das heißt die Inspiration, fehlt? Und die kommt bei wichtigen Entschlüssen doch von der geliebten Frau!

Warenterminhandel

Lieber Hans,
du schreibst mir, dass deine Firma auch im WARENTERMINHANDEL sehr aktiv ist. Das interessiert mich sehr, da meine ersten Kindheitserinnerungen sehr eng mit Warenmärkten verbunden sind. Im damaligen Ungarn hatte die Getreidespekulation eine große Tradition und so auch in unserer Familie.

Die Budapester Warenbörse glänzte mit ihren Umsätzen in Getreidesorten aller Art, denn das Land war ein Großerzeuger von Weizen, Mais und Hafer. Der Budapester Terminhandel war der dynamischste auf dem Kontinent. Kauf- und Verkaufsaufträge wurden von Übersee gekabelt und diese ungewöhnliche Börsentätigkeit gab dem Alltag ein eigenes Kolorit. Neben den Riesengeschäften bot sich auch die Gelegenheit zu kleineren Spekulationen, an denen sich jedermann beteiligen konnte. Dies kam der fröhlichen Spielermentalität der Ungarn entgegen, die damalige Budapester Getreidebörse war das Fußballtoto ihrer Zeit.

Die Getreidekurse gehörten zum täglichen Gesprächsthema, wie auch alles, was ihre Entwicklung beeinflussen konnte. Regisseur bei diesem Spiel war das Wetter. Die Farbe des Himmels, Sonne oder Regen beeinflussten die Börsenkurse, denn ein zu heißer Sommer verbrannte die Ernte und ein großer Regenguss konnte sie wieder retten. Die Kurse stiegen oder fielen wie der Wetterfrosch auf seiner Leiter.

Ich erinnere mich, dass mir als Kind der Ausdruck „Der Ring der Nibelungen“ irgendwie im Ohr hängen geblieben war. Er fiel öfter in den Gesprächen der Erwachsenen, im Freundeskreis meiner Eltern.

Erst viele Jahre später wurde mir klar, dass es sich weder um die germanische Mythologie gehandelt hat noch um Wagners Nibelungen-Trilogie, sondern um den „Ring, der nie gelungen“. Es war ein Kalauer der Börsenwitzbolde für den Haferring, der nie gelungen war. „Ring“ nennt man das Börsenmanöver, wenn ein Syndikat mit großen Mitteln die ganze Produktion einer bestimmten Ware auf Termin aufkauft, weil es weiß, dass man diese Ware unbedingt benötigt und den vom Syndikat diktierten hohen Preis zahlen wird. Englisch nennt man diese Spekulation „corner“. Das Haferring-Syndikat hatte diese Manöver wiederholt versucht, denn dem Hafer kam in der Habsburger Monarchie für die Armee die gleiche Bedeutung zu wie heute dem Benzin. (Die Vorläufer der Panzerbesatzungen waren die Husaren und die Dragoner.)

Der Börsencoup ist aber nie gelungen, entweder machte das Wetter einen Strich durch die Rechnung – die Ernte war so reich, dass das Syndikat nicht über genügend Mittel verfügte, um sie vollständig aufkaufen zu können – oder die Regierung griff ein, indem sie auf die Banken Druck ausübte, um die Kredite für das Syndikat zu sperren. Das war also der berühmte „Haferring, der nie gelungen".

Die Warenspekulation dehnte sich auf alle Gebiete aus, denn das Warentermingeschäft hat ja a priori seine Berechtigung. Der Landwirt verkaufte seine Produkte auf Termin an die Mühle, der Zuckerfabrikant Rohzucker an die Schokoladen- und Getränkefabriken, der Textilfabrikant kaufte Wolle auf Termin von den Schafzüchtern und so weiter.

Zum Schluss spekulierte jeder mit der Ware seiner Branche, kaufte und verkaufte mehr, als er brauchte oder liefern konnte, wenn er der Meinung war, dass diese oder jene Ware steigen oder fallen würde. Jeder hielt sich für einen Experten in den Produkten seiner Branche. Die Pester-Victoria-Dampfmühle machte mit mehreren Millionen Pfund Pleite, weil sie sich in Getreide verspekuliert hatte. Die Zuckerbarone „Hatvany" gewannen durch Spekulationen in Zuckerquantitäten ein Vermögen, unabhängig von dem Geschäftsgang ihrer Fabrik.

Und heute geht es genauso. Erst vor Kurzem erzählte mir ein deutscher Großindustrieller, dass er auf dem Metallmarkt sehr aktiv sei, allerdings nur, um den Bedarf seines Unternehmens in Kupfer, Blei oder Zinn et cetera zu decken. Von mir bedrängt, gab er aber schamhaft zu, dass er auch manchmal mehr kauft, als er für seine Produktion braucht, oder sogar bestimmte Metalle leerverkauft, weil er die Kursentwicklung dieser oder jener Ware vorauszusehen glaubt. Ich war zu diskret zu fragen, ob seine Spekulationen von Erfolg gekrönt waren oder nicht …

Meine ersten Börsenerinnerungen

Weit dramatischer hingegen sind die Erinnerungen an die ersten BÖRSENTRANSAKTIONEN, die sich in meiner Familie abgespielt haben.

Marienbad, Sommer 1914. Damals weilte unsere Familie zur Kur in diesem idyllischen Badeort inmitten des Böhmerwaldes. Wir wussten es noch nicht, aber es war das Abendrot der k. u. k. Monarchie und jeder lebte in der sorglosen Beschwingtheit, die großen Katastrophen voranzugehen pflegt.

In diese Friedensatmosphäre fielen wie ein Blitz aus heiterem Himmel die Revolverschüsse von Sarajevo. Plötzlich begann es nach Pulver zu riechen.

Von Panik ergriffen stoben die Kurgäste in alle Länder der Monarchie unter dem Doppeladler auseinander. Meine Eltern beschlossen zu bleiben, um die Kur zu beenden. Auf der Kurpromenade diskutierte man unter den Klängen der Militärkapelle mit Freunden über die neuesten Nachrichten aus Paris, Berlin und Sankt Petersburg.

Trotz der ernsten Lage hatte die Börse nichts von ihrer Anziehungskraft eingebüßt. Man stürzte sich auf die Gazetten aus Wien und Budapest, um die neuesten Börsenkurse zu verfolgen. Ein wahres Spekulationsfieber setzte ein. Auf dieser Welle sind einige reich geworden (diejenigen, die in Waren spekulierten), andere zugrunde gegangen, da sie sich groß in Wertpapieren engagiert hatten.

An den Warenbörsen stürzte man sich auf Waren, die im Kriegsfalle nicht mehr eingeführt werden konnten. Man spekulierte in Kakao, Vanille, Pfeffer, aber auch in Raffia, einer Hanffaser, die dazu dient, die Weinreben festzubinden.

Mein Bruder Emmerich, damals ein junger Angestellter in einer Großbank, wurde ebenfalls von diesem Fieber erfasst und spekulierte mit einigen Freunden in Raffia.

Zunächst erschien auch alles gut zu gehen. Doch als Feldmarschall Hindenburg die Russen bei Tannenberg in Ostpreußen schlug, kam es in allen Warenkursen zu einem starken Rückschlag, da man glaubte, der Krieg würde in kürzester Zeit zu Ende sein.

Emmerich verlor sein ganzes Geld und war außerdem schon bei der Bank verschuldet. Als er in dieser dramatischen Situation von Selbstmord zu sprechen begann, musste mein Vater seine Schuld begleichen, um die drohende Tragödie abzuwenden. Seither wurde das Wort Raffia in unserer Familie nicht mehr erwähnt.

Kaum war diese unglückliche Spekulation liquidiert, da nahmen die Ereignisse an der Front und an der Börse abermals eine Wende. Die Franzosen hatten die Marneschlacht gewonnen und man rechnete nunmehr mit einem langen Krieg. Die Raffia-Faser begann wieder zu klettern, aber leider für uns zu spät. So habe ich schon früh gelernt, dass an der Börse die Dinge zuerst immer anders kommen, als man denkt, und erst später so eintreffen, wie man es gehofft hat.

Die Welt von Marienbad mit ihrer Promenadenmusik und den internationalen Kurgästen ist längst versunken, wie auch die Börse von Budapest. Mein Bruder und meine Eltern sind längst tot. Gemessen an den ungeheuren Spekulationen von heutzutage, erscheint die Raffia-Spekulation mikroskopisch. Die Summe, die mein Bruder verlor und die beinahe eine Tragödie ausgelöst hätte, liegt nicht höher als die Zeche eines lustigen Abends eines Wall-Street-Bonzen. Aber die Geschichte blieb mir als wehmütig in Erinnerung.

Die „sicherste" Spekulation

Lieber Hans,
ich will heute auf WARENSPEKULATIONEN zurückkommen, da ich in letzter Zeit feststellen musste, dass sich ein Teil des Börsenpublikums mehr und mehr für diese Art von Spekulation interessiert, und dies vor allem, weil die großen Maklerfirmen eine aggressive Propaganda dafür machen.

Nichts kann überzeugender wirken als Marktberichte; Ernte- und Konsumziffern, Lagerbestände und so weiter reihen sich mit unwiderlegbarer Logik aneinander. Es mutet fast wie ein Kinderspiel an, die Kursentwicklung von Sojabohnen, gefrorenen Krebsen oder Schweinebäuchen vorauszuberechnen. Nur vergisst man dabei leicht die Imponderabilien, die bei Spekulationen viel ausschlaggebender sind als die genauesten Statistiken.

Dazu will ich dir nur eine meiner zahlreichen Erinnerungen erzählen. Bacon (Speck) ist in der angelsächsischen Welt ein unentbehrlicher Bestandteil des Frühstücks. Im Frühjahr 1933 war er Mittelpunkt eines leidenschaftlichen Börsenspiels. Eine Armee von Börsenmaklern aus

Chicago überschwemmte die Vereinigten Staaten und Europa und sie erzählten allen von ihrem wunderbaren Tipp. Sie hatten die „Spekulation des Jahrhunderts“ entdeckt und wollten die Masse ihrer Kunden daran profitieren lassen.

Seit die Welt besteht, gibt es eine konstante Preisrelation zwischen Mais und Schweinespeck, denn aus dem Mais wird in der wunderbaren „Fabrik Schwein“ der Speck erzeugt. Wenn wir also annehmen, dass der Kurs für Mais auf 100 steht, dann muss der Speck natürlich auf 120 stehen. So war es seit eh und je.

Doch so unwahrscheinlich es auch scheinen mochte, der Mais stand damals auf 90 und der Speck auf 130. Jeder Spekulant, der diesen Namen verdient, war es sich schuldig, nach diesem Geschenk des Himmels zu greifen. Man musste einfach an der Warenbörse von Chicago Mais kaufen und damit à la hausse spekulieren, dann Speck auf Termin leerverkaufen und à la baisse spielen. Es lag auf der Hand, dass die Kursspanne viel zu groß war und sich schnell wieder verringern musste. Wie viele meiner Freunde konnte auch ich der Versuchung nicht widerstehen. Doch gegen alle Erwartungen hielt das Schicksal nur schmerzliche Überraschungen für uns bereit. Der Maiskurs rutschte tiefer und tiefer und der Speckpreis kletterte höher und höher. Die Niederlage war ebenso hart wie unverständlich.

Was war geschehen? Ein neuer Mann war in Washington ins Weiße Haus eingezogen, Franklin D. Roosevelt. Mit ihm begann eine neue Ära, auch für die Wirtschaft. Unter den zahllosen Verordnungen, die den New Deal einleiteten, war auch ein Erlass, der die Abschlachtung von Millionen Ferkeln verlangte. Das Resultat war, dass nicht mehr genügend Schweine da waren, um den Mais zu fressen. So kam der Kurssturz in Mais. Es waren aber auch nicht mehr genug gemästete Schweine da, das Schweineschmalz fehlte ebenfalls und sein Preis sauste in die Höhe.

Eine wahre Panik bemächtigte sich der fettverarbeitenden Industrie. Die fast vollkommene Spekulation war zusammengebrochen, weil wir vielleicht einen Augenblick lang vergessen hatten, dass man auch bei der scheinbar sichersten Kombination mit allem rechnen muss. Vor allem mit dem Unerwarteten.

Aber das erfährt der Spekulant immer nachher. Es sind ja gerade die Überraschungen, die aus gewissen Handelstransaktionen Spekulationen machen. Andernfalls würden sie unschuldige, bürgerliche Geschäfte bleiben.

Ein weiteres dramatisches Kapitel aus meinen Spekulationen hat sich ebenfalls unter der New-Deal-Ära Roosevelts zugetragen. Es illustriert das oben Gesagte und hat mich eine schöne Stange Geld gekostet. Diesmal handelt es sich um Silber.

Henry Morgenthau, Roosevelts Finanzminister, wollte 1933 der Federal Reserve Bank zu einem Silberbestand verhelfen, der dem Goldbestand angemessen sein sollte. Das Gesetz setzte einen hohen Preis fest, zu dem die Regierung das Silber amerikanischer Bergwerke aufkaufen sollte, um so frisches Geld in die Wirtschaft zu pumpen. Die Einfuhr ausländischen Silbers wurde dagegen verboten.

Logisch stürzten wir Spekulanten uns auf das Silber der Londoner Börse. Der Preis des Londoner Silbers lag bei einem Viertel des Morgenthau-Einkaufspreises, dies war eine unglaubliche, fantastische Möglichkeit. Angesichts des Umfangs der Spekulation stieg der Kurs, doch war die Sache immer noch interessant.

Und dann kam, wie so oft, die große Überraschung. Trotz des Einfuhrverbotes erreichten enorme Mengen ausländischen Silbers die amerikanischen Küsten. Die Chinesen sind seit jeher die geschicktesten Schmuggler der Welt gewesen und so war es ein Kinderspiel für sie, den Silberstrom aus dem chinesischen Versteck via Hongkong nach Amerika zu leiten. Das aus China importierte Silber hatte die gleiche Farbe wie das Silber aus Nevada und das Montanas ähnelte auf merkwürdige Weise den Schiffsladungen, die aus Bombay eingeschmuggelt wurden. Die USA bezahlten alles.

Die Chinesen kauften mit diesem Geld in weiser Voraussicht Waffen in Deutschland, da der Bürgerkrieg bereits in der Luft lag.

Sie erhielten für ihr Silber einen so hohen Preis, dass er für das Kriegsmaterial ausreichte, das die deutschen Fabriken heimlich herstellten. Hitlers Wirtschaftscredo lautete: Deutschlands Zukunft liegt in seinem Export.

Deshalb saugte das Regime auf Veranlassung von Dr. Schacht, dem Reichsbankpräsidenten und Wirtschaftszauberer des Dritten Reiches, die Arbeiter mehr und mehr aus und forcierte so den Export, den die Chinesen ohne den Silberschmuggel niemals hätten bezahlen können.

Und so kam es, dass die unüberlegte Geldpolitik eines Finanzmannes durch den geheimnisvollen Kreislauf des Kapitals zu einer Stärkung der nazistischen Wirtschaftspolitik führte …

Doch dann fiel die Entscheidung. Die USA konnten nicht länger solche Summen ausgeben. Die Gesetzgebung musste geändert werden. Sofort stürzten in Hongkong, Bombay und London die Kurse.

Auf dem Papier war ich durch diese Spekulation, die mir einen astronomischen Gewinn gebracht hatte, Millionär. Doch in 24 Stunden war die Fata Morgana meiner Millionen wieder verschwunden, ohne dass ich deswegen verzweifelt gewesen wäre. Mit dem Silber hatte ich kein Geld verdient. Es war nur ein Papiergewinn, der aber war mir so schnell in den Schoß gefallen, dass ich mich noch nicht daran gewöhnt hatte. Dadurch ist mir auch der Verlust leichtgefallen.

Eine sehr kleine Revanche gab mir das weiße Metall fast 30 Jahre später. Ich hatte wieder Silber gekauft, zu einem Plafondpreis, der von der US-Regierung künstlich gehalten wurde, um den Preis nicht weiter in die Höhe gehen zu lassen.

Gewisse Symptome und Umstände veranlassten mich damals, in Silber einzusteigen. Und wirklich entschloss sich die amerikanische Regierung einige Wochen später, den Plafondpreis um 20 Prozent hinaufzusetzen. Der Coup war gelungen – diesmal aber in relativ bescheidenen Proportionen.

Die Silberspekulation in der Roosevelt-Ära hat mich etwas äußerst Wichtiges gelehrt. Ein besonderes Element jeder Börsenspekulation sind die Imponderabilien, das Unwägbare. Sie werden erst dann sichtbar, wenn es schon zu spät ist. Man muss es deshalb verstehen, sie irgendwie in die Spekulation einzubauen.

In den Jahren des New Deal waren die Imponderabilien besonders zahlreich. Noch heute nähren die Spekulanten einen Groll gegen die damaligen finanziellen und wirtschaftlichen Neuerungen, die sich ihren Projekten in den Weg stellten.

An der Wall Street verzeiht man nicht.

Du darfst nicht vergessen, dass Roosevelts ungewöhnliche Methoden seine Antwort auf eine ungewöhnliche Situation waren. Amerika musste vom Albdruck der Depression befreit werden. Dazu waren Maßnahmen erforderlich, die zwar den Einzelinteressen zuwiderliefen, dafür aber dem Allgemeinwohl dienten. Und Roosevelt hatte den Mut, die Verantwortung für diese Maßnahmen auf sich zu nehmen.

Zahlreiche unserer Spekulationen endeten damals mit einem Fiasko, doch gab es auch solche, die trotz Planwirtschaft, trotz „Befehlen von oben", erfolgreich waren.

Dazu fällt mir eine Geschichte ein: Europa war damals schon im Krieg, Amerika aber noch neutral. Da ich Geld flüssig hatte, das ich nicht in Effekten anlegen wollte, wandte ich mich den Rohstoffen zu. Sie würden mich vor einer Dollar-Entwertung umso sicherer bewahren, als sie auch im Lagerhaus ihren Wert behielten.

Auch heute ist dies der Kampfschrei der Broker, die für den Warenterminhandel damit werben, dass Rohstoffe der beste Schutz gegen Inflation seien. Wie falsch diese Argumentation ist und wie launisch sich die Warenbörse in ihren Kursentwicklungen zeigt, soll dir meine persönliche Erfahrung illustrieren.

Ich wollte mich also gegen die Inflation schützen und dazu noch schlau handeln. Ich kaufte also keinen Weizen, keinen Mais, keine Baumwolle, keine Produkte, die auf amerikanischem Boden wuchsen, denn es war kaum anzunehmen, dass sie knapp werden würden. Dagegen stürzte ich mich auf eingeführte Rohstoffe, Tropenerzeugnisse, die im Kriegsfall bestimmt rationiert würden, wie dies schon der Fall bei Kriegsausbruch 1914 war.

Abgesehen von den Gefahren des U-Boot-Krieges waren die Güter aus dem Fernen Osten und dem pazifischen Raum einer Hausse der Frachtsätze und Versicherungsprämien unterworfen. Von diesen Überlegungen ging ich aus und stellte eine Liste der Spekulationsgüter auf. An die Spitze setzte ich Kautschuk, das strategische Produkt Nummer 1, dann Seide, in Anbetracht der unfreundlichen Beziehungen zu Japan. Natürlich Pfeffer, Zinn, dessen Transport von Java aus sehr fraglich schien, schließlich Wolle aus Australien für die vielen Uniformen.

Die Theorie war vollkommen, die Praxis weniger. Die Regierung griff ein und alle Spekulationen scheiterten. Der Kautschuk wurde zu einem niedrigen Preis requiriert, und zwar schon vor dem Kriegseintritt der USA, eine Maßnahme, die nie zuvor in Friedenszeiten ergriffen wurde. Die Seide blieb relativ stabil, weil Dupont de Nemours das neue Produkt Nylon auf den Markt brachte und die Nachfrage nach Seide dadurch weniger fühlbar wurde. Als der Krieg mit Japan später eine Hausse der Seide hätte bringen müssen, wurde die Kursnotierung eingestellt und die Zwangsliquidation zu dem Kurs durchgeführt, der vor Kriegsausbruch notiert worden war. Das Schicksal der Wolle verlief völlig unerwartet. Die Schiffe, die Munition nach Australien brachten, luden auf dem Rückweg ganze Schiffsladungen voll Wolle, um nicht leer zurückzukehren. Durch diese Einfuhren schwollen die Vorräte an und der Kurs blieb stabil.

Dagegen erwiesen sich alle Waren aus dem Land selbst als ausgezeichnete Spekulationsobjekte. Präsident Roosevelt musste trotz seiner Autorität ein gewisses Maß von Demagogie walten lassen. Von den Plantagenbesitzern im Süden und den Landwirten im Mittelwesten unter Druck gesetzt, musste er Preisgarantien für Baumwolle und Getreide gewähren, um sich die nötige politische Unterstützung zu sichern.

Du siehst, auch hier haben mir die Imponderabilien das Konzept verdorben. Krieg, Waffenstillstand, Revolution, sozialer Friede – es gibt unzählige Elemente, welche die solideste Spekulation stören, ihre Resultate annullieren oder multiplizieren können.

Merke dir eines: Die Spekulation ist eine gefährliche Seefahrt, man braucht ein seetüchtiges Boot und einen geschickten Steuermann.

Das Wetter als Börsenbarometer

Lieber Hans,
wie du lesen konntest, habe ich schon sehr früh gelernt, dass auch dem WETTER BEI BÖRSENSPEKULATIONEN eine große Rolle beikommt.

Regenwolken haben mich jahrzehntelang bei meiner Börsenlaufbahn verfolgt. Zitternd beobachtete ich den Himmel über New Orleans, während ich die Baumwollkurse verfolgte. Vor der Getreideernte im Mittelwesten habe ich den Wind erforscht, bevor ich in Chicago kaufte oder verkaufte. Mit wissendem Lächeln beobachtete ich die würdigen Herren der Pariser Warenbörse, Bevollmächtigte großer Zuckerfabriken, wenn sie zwischen den Kursnotierungen immer wieder auf die Straße liefen, um den Himmel zu beobachten. Klärte er sich auf, dann stieg der Zucker, ein paar Regentropfen und die Kurse fielen. Denn für das Gedeihen der Zuckerrüben sind große Regenmengen nötig.

Paris war nämlich, schon vor 1914 und bis zum letzten Krieg, das große Schlachtfeld der Zuckerspekulation. Unter dem Taktstock großer Inspirationen vollzog sich hier ein leidenschaftliches Spiel um den Zucker. Das ging so weit, dass die französische Regierung sogar eingreifen musste, als Monsieur Crosnier, einer der Könige des Marktes, Bankrott machte. Am folgenden Tag stürzte der Zucker von 33 auf 16 Franken, was für die nationale Zuckerindustrie eine neue und gefährliche Situation schuf.

Es war immer das gleiche Lied. Regen oder Sonnenschein bedeuteten eine Hausse oder eine Baisse von 10 bis 20 Prozent bei allen Rohstoffen, die den Launen der Meteorologie unterworfen sind. Ich habe zum Beispiel vor einigen Jahren eine schöne Menge Geld in einer Spekulation mit

Kühlhauseiern in Chicago verloren. Aus statistischen Zahlen konnte man mit Sicherheit schließen, dass die Preise für Kühlhauseier in Chicago während der kommenden Monate zurückgehen mussten. Dies war jedenfalls die dringlichste Empfehlung einiger großer Brokerhäuser, die in Amerika als Koryphäen der Warentermingeschäfte gelten. Aber General Winter hatte anders entschieden. Die Kältewelle dauerte viel länger als vorgesehen, die Hühner setzten mit dem Legen viel länger aus als üblich und die Hausfrauen mussten alle auf die Kühlhauseier zurückgreifen. Die Preise stiegen um 50 Prozent und die Baisse-Spekulation zerbrach wie Eierschalen.

Manchmal greift die Natur aber noch brutaler ein und macht aus einem simplen Vorgang ein Drama. Dabei denke ich an keine ungewöhnlichen Ereignisse wie Erdbeben oder Überschwemmungen, sondern ganz gewöhnliche atmosphärische Einflüsse, die sich in gewissen Regionen regelmäßig bemerkbar machen. Manchmal sind sie die Ursachen wahrer Finanzkatastrophen.

Jahrelang spürten einige Schweizer Banken die Nachwehen eines Finanzkrachs, der sich vor einigen Jahren zugetragen hat. Damals musste eine Finanzierungsgesellschaft ihre Zahlungen einstellen, nur weil das Barometer gefallen war. Folgendes war passiert. Eine große Import-Export-Firma hatte mit Kopra, einem vielfach verwendbaren landwirtschaftlichen Erzeugnis, auf Baisse spekuliert. Kopra, das getrocknete Kernfleisch der Kokosnuss, gibt jenen flockigen Schaum, der die gute Qualität bestimmter Seifenmarken garantiert. Außerdem ist Kopra ein Hauptbestandteil der Margarine.

Diese Gesellschaft hatte an den holländischen Trust Unilever, ihren größten Kunden, eine große Menge Kopra schon vor der Ernte verkauft. Mit dem Ende des Koreakrieges erwartete sie eine Baisse auf dem internationalen Rohstoffmarkt, besonders für Produkte aus dem pazifischen Raum. Ihre Absicht war, die Kopra-Ernte der Erzeugerländer vor dem für die Lieferung festgesetzten Datum billig aufzukaufen, das heißt zu einem Einkaufspreis, der ihr eine bedeutende Gewinnspanne sicherte. Dies ist das klassische Schema der Baisse-Spekulation.

Dann geschah das Unerwartete. Der Taifun „Isabella" hatte die Philippinen, das Haupterzeugerland von Kopra, heimgesucht. Alle schönen Kalkulationen wurden innerhalb weniger Stunden von den Fluten fortgespült, der Taifun hatte die Kopra-Ernte fast völlig vernichtet. Die Schweizer Gesellschaft musste sich unter den größten Schwierigkeiten die versprochene Ware beschaffen, die sie dort nicht mehr kaufen konnte, weil es praktisch keine mehr gab.

Der Mangel an Kopra ließ den Preis natürlich hinaufschnellen. Wer Lagervorräte besaß, diktierte nach Gutdünken den Preis und die Gesellschaft musste sich fügen. Die Transaktion schloss mit Verlusten ab, die zehn Millionen D-Mark weit überschritten. Für einen Augenblick gerieten die Banken, welche die Bürgschaft gegenüber dem Käufer übernommen hatten, beinahe in Schwierigkeiten.

Kleine Ursachen – große Wirkungen. Dies alles, im Grunde genommen, weil man das Fell des Bären verkaufen wollte, ehe man ihn erlegt hatte. Was das im Börsenjargon bedeutet, werde ich dir in meinem nächsten Brief erklären.

Bär (Baisse) und Stier (Hausse)

Lieber Hans,
apropos Bärenfell, das der Jäger verkauft, bevor er den Bären geschossen hat. Dieses Sprichwort erinnert mich an eine Redensart, die aus dem Bereich der angelsächsischen Börsen stammt. Man nennt denjenigen „bearish" oder einfach „bear", BÄR, DER DIE BAISSE ERWARTET UND AUF FALLENDE KURSE SPEKULIERT.

Zu einem heute festgelegten Preis verkauft er eine Ware oder ein Wertpapier, die er noch gar nicht besitzt. Er braucht sie erst zu einem späteren Termin, in einigen Monaten, manchmal erst in einem Jahr, gegen Zahlung zu liefern.

Er hofft, dass die Preise vor der Lieferung dieser Waren oder Effekten fallen werden, er sie also billiger kaufen kann. Zwischen dem höheren Verkaufspreis und dem billigeren Einkaufspreis liegt sein Gewinn.

Wenn er aber Pech hat, findet er keinen Bären, den er schießen kann, oder, wie im oben genannten Beispiel, konnte die Finanzgesellschaft die Kopra nicht kaufen, weil die Ernte vernichtet war.

Da sich aber der Jäger, das heißt die Kopra-Gesellschaft, verpflichtet hat, zum vereinbarten Termin und zum vereinbarten Preis die Ware zu liefern, muss sie diese Ware zu einem hohen Preis eindecken und anstatt mit dem erwarteten Gewinn schließt sie mit einem Verlust ab.

Dem BÄREN GEGENÜBER STEHT DER STIER, englisch „bull" genannt. Er ist das Sinnbild des Spekulanten, der wie ein Stier voranstürmt und mit seinen Hörnern alles in die Höhe schleudert, was ihm in den Weg kommt. Gemeint sind natürlich die Kurse.

Die Ausdrücke „bull" und „bear" sind in den Börsenjargon eingegangen. Sie werden in Amerika täglich Millionen Mal verwendet. Wenn ein Börsianer vor Eröffnung des Marktes erklärt: „Heute bin ich bullish, mein Lieber!", so gibt er damit seinem Kollegen zu verstehen, dass er für den Tag steigende Kurse erwartet. Diese Ausdrücke sind nicht nur in London und New York gang und gäbe, sie werden an allen Börsen der Welt verstanden, aber nur in englischer Sprache. Kein Mensch würde verstehen, wenn man von einer „Stierlage" spräche, aber jeder weiß, was eine „bull situation" ist.

An allen Börsen der Welt stehen sich „bull" und „bear" feindselig gegenüber, häufig mit recht wilden Methoden. Sie sind in ihrem Charakter, in ihrer Weltanschauung so grundverschieden, dass es keinen Lebensbereich gibt, auf dem sie der gleichen Meinung wären. Sie hassen einander. Der Stier versucht den Bären zu Boden zu schleudern, während Letzterer nur auf den Augenblick lauert, ihn mit seinen Tatzen zu erwürgen.

Der Ausgang des Kampfes hängt nicht von der Ausdauer der beiden Gegner ab, auch nicht von ihrer Stärke. Viele und ganz andere Faktoren schalten sich ein, die ich dir später noch erklären werde. Es handelt sich um außen- und innenpolitische, wirtschaftliche, psychologische und andere Einflüsse verschiedenster Art. Darum muss ein Spekulant alle Ereignisse der Weltbühne minutiös verfolgen. Das musst du dir immer vor Augen halten.

2

Was ist die Börse?

Monte Carlo ohne Musik

Lieber Hans,
ich habe dir noch nicht erklärt, was DIE BÖRSE wirklich ist. Jeder hält eine eigene Definition bereit. Für die einen ist sie Monte Carlo ohne Musik, ein Casino, in dem man sich während eines Abends eine runde Summe erspielen will, noch dazu in einer angenehm aufregenden, nervenkitzelnden Atmosphäre. Aber nicht für mich und hoffentlich wird sie es auch nicht für dich sein. Für andere ist sie das Nervenzentrum oder sogar der Motor des kapitalistischen Wirtschaftssystems. Die Wahrheit liegt zwischen beiden Auffassungen und sie ist in der Tat etwas komplizierter, als man glauben sollte.

Für mich ist die Börse einerseits das wichtigste Instrument des liberalen Wirtschaftssystems. Sie ist der Ort, an dem sich Geldgeber und Geldnehmer treffen, das heißt, an dem Kapitalisten ihre Spargelder den Unternehmern anbieten und kapitalbedürftige Unternehmen, Gemeinden oder sogar Staaten ihre Finanzierung besorgen. Die Aussicht auf Gewinn lockt die Spargelder aus den Geldschränken und Sparstrümpfen und die Börse verteilt sie in der Wirtschaft durch die verschiedensten Investitionsmöglichkeiten. Mit einem Wort, die Börse ist das Instrument, Kapitalien in Investierungen „einzufrieren“ und Investierungen jederzeit „aufzutauen“, sodass sie wieder zu flüssigem Geld werden.

Gleichzeitig ist die Börse aber das Betätigungsfeld der Spekulanten und Parasiten, die sie mit Zwischengewinnen anlockt, deren bloße Anwesenheit aber wieder zu neuer Aktivität anstachelt. Und diese Aktivität ist unentbehrlich, nicht nur für die Börse, sondern für das gesamte moderne Wirtschaftssystem. Bevor das Geld vom Geldgeber zum Geldnehmer gelangt, geht es durch viele Hände, durch die Hände der Spekulanten und Parasiten. Gäbe es sie nicht, diese Parasiten, dann müsste man sie erfinden. Je mehr Parasiten, umso größer der Markt und umso besser werden Erschütterungen, sowohl bei Hausse- als auch bei

Baisse-Bewegungen, abgefangen und gedämpft. Bei jedem Kursrückgang von einer Fraktion melden sich neue Käufer und dadurch schützen sie den Markt vor einem brutalen Rückgang. Bei jeder Kurssteigerung von einer Fraktion melden sich neue Verkäufer und wirken dadurch auch bei Kurssteigerungen bremsend. Ein Markt mit großem Umsatz verzeichnet sanftere Bewegungen als einer mit kleinem Umsatz, wie ein Automobilmotor mit 16 Zylindern viel sanfter läuft als mit vier. Die Schocks werden aufgefangen.

Die Spekulation hat es immer gegeben. Ihre Geschichte ist so alt wie die der Menschheit und bewegt sich parallel mit ihr. Spekulanten gab es schon, bevor die Börsen das Licht der Welt erblickten. Wenn ich in einem Satz die Geschichte der Spekulation zusammenfassen wollte, müsste ich sagen: Der „Homo ludens" wurde geboren, er hat gespielt, gewonnen oder verloren und wird nie sterben.

Darum bin ich auch der Überzeugung, dass nach jeder Börsendepression, in der die Menschen ein wahrer Ekel vor Aktien und der Börse befällt, wieder Zeiten folgen, in denen alle Wunden der Vergangenheit vergessen sind und die Menschen sich wieder von der Börse anlocken lassen wie die Motten vom Licht. Und wenn sie es nicht aus eigenem Antrieb tun sollten, dann sorgt schon die hoch entwickelte Börsenindustrie dafür und an erster Stelle der Köder Geld.

Ich könnte den „Homo ludens" und den Spezialfall des Börsianers mit einem Alkoholiker vergleichen, der nach einem schweren Rausch am nächsten Tag in seinem Katzenjammer beschließt, nie wieder ein Glas Alkohol in die Hand zu nehmen. Aber am späten Nachmittag trinkt er doch wieder einen Cocktail und dann noch einen und noch einen und um Mitternacht ist er wieder genauso betrunken wie am Abend zuvor.

Ich konnte in meiner Laufbahn wiederholt beobachten, dass dies auch für die Börse gilt. Dadurch gelingt es mir, dem allgemein übertriebenen Optimismus und Pessimismus zu widerstehen.

Am schwierigsten ist dies gegen Ende eines Börsenzyklus. In der letzten Phase eines Bull Markets steigen die Papiere hysterisch wie im Rausch und genauso hysterisch fallen sie im Katzenjammer, das heißt in der letzten Phase eines Bear Markets.

Auch in ihren Reaktionen auf Nachrichten benimmt sich die Börse oft wie ein Betrunkener, sie weint bei guten Nachrichten und lacht bei schlechten. In meinem nächsten Brief will ich dir erklären, wie sich die Spekulation in der ganzen Welt entwickelt hat.

Entstehung der Börsen

Lieber Hans,
von den ersten Spekulanten der Geschichte habe ich dir schon erzählt. SPEKULATION UND BESONDERS DIE BÖRSEN setzen ein gewisses Zivilisationsniveau voraus. Ihre Entstehung zieht sich über einen langen Zeitraum und sie ist eng mit dem Welthandel verknüpft. In Byzanz, dem Handelszentrum des Mittelalters, trafen sich bereits regelmäßig syrische, griechische und jüdische Händler. An den Küsten des Bosporus gab es Zusammenkünfte mit westlichen Kaufleuten. Hier verhandelte man über Transaktionen in Teppichen aus Persien, Seide aus China und Goldschmiedearbeiten aus Kleinasien.

Zu jener Zeit findet man über ganz Europa verstreut die Märkte mit ihren bunten Buden. Jedermann bietet seine eigenen Erzeugnisse an. Die Ware liegt vor den Augen des selbst auswählenden Käufers ausgebreitet. In Venedig auf der Rialtobrücke, in Florenz unter den Bögen des Ponte Vecchio und in Genua in den Schenken des alten Hafens kauft und verkauft man Waren aus der ganzen damals bekannten Welt. Gleichzeitig holt man sich Informationen über Ernte, Schifffahrt und politischen Klatsch. „Was gibt es Neues am Rialto?“, ist die stehende Redensart der damaligen Zeit. So wie man heute fragen würde: „Was steht auf dem Dow-Jones-Ticker?“

Die Waren sind nun bekannt genug. Man braucht sie nicht anzugreifen und abzuwiegen, ehe man sich zum Kauf entschließt. Die Ware ist verschwunden und abstrakter Gegenstand eines Kontraktes geworden. Sie ist standardisiert und typisiert. Die Getreidesäcke und Stoffballen ruhen weit entfernt vom Käufer in den Lagerhäusern. Die großen kommerziellen Transaktionen dieser Art haben das Gesicht der Messen und Märkte von früher vollständig verändert. Verschiedene regionale Treffpunkte werden zu Handelsmetropolen, die Zusammenkünfte finden nunmehr regelmäßig statt, werden gesetzlich geregelt und die Warenbörsen sind geboren.

Ebenso wie die späteren Effektenbörsen sind die Warenbörsen gesetzlich verankert. Die Geschäftsordnung wird entweder auf Anweisung der Regierung oder aufgrund eines einstimmigen Beschlusses der Börsenmitglieder festgelegt. Und so hielt man es bis auf den heutigen Tag.

Durch die Ausdehnung des italienischen Handels nach Nordeuropa entstanden neue Handelsniederlassungen in den Niederlanden. In dem stattlichen Haus der Familie van der Burse in Brügge trafen sich die

Kaufleute aus allen Teilen Europas, um Waren und Informationen auszutauschen. Man ging zu den Burses und daraus wurde „man ging zur Börse". So ist der Name der Familie van der Burse, deren Wappen stolz drei Geldsäcke zeigte, in die Geschichte eingegangen.

Nach der Eroberung Amerikas konzentrierten sich in der Mitte des 16. Jahrhunderts die Geschäfte in Antwerpen. Aus aller Herren Länder trafen sich hier die Kaufleute. Man hörte alle Sprachen der Welt. Im Jahre 1592 wurde die erste Börse eröffnet. Man veröffentlichte den ersten Kurszettel, eine Liste der verschiedenen Kurse.

Die Börse gab der Stadt ihr Gepräge. Sie war wie ein aufgeregter, summender Bienenstock. Eine farbenprächtige Menge in malerischen Kostümen füllte die Straßen zu allen Stunden. Ein zeitgenössischer Dichter schrieb folgendermaßen darüber: „Es war eine Welt für sich, man hörte alle Sprachen, aus den fernsten Gegenden der Welt."

In diesem neuen Turm von Babel verliefen die Transaktionen wie geölt. Es geschah auch immer häufiger, dass die Lieferungen auf einen späteren Termin zurückgestellt wurden. Dies war der Keim zum Warenterminhandel, der heute überall blüht und von dem ich dir in meinem letzten Brief berichtet habe. Zwischen Verkauf und Lieferung verstrich ein gewisser Zeitraum und so konnte man steigende oder fallende Preistendenzen in Rechnung ziehen. Dies war die Geburt des Terminhandels. Der Spekulation waren Tür und Tor geöffnet. Während des ganzen 17. Jahrhunderts verdichtete sich das Netz der geschäftlichen Tätigkeit. Ihr Zentrum verlagerte sich von Antwerpen nach Amsterdam, das bald der Handelsplatz des Jahrhunderts wurde. Man handelte bereits mit Kreditbriefen, den Vorgängern der Wertpapiere. Amsterdam wurde so bereits im 17. Jahrhundert die erste Effektenbörse im modernen Sinne des Wortes.

Käufer und Verkäufer trafen sich bei schönem Wetter in der Nähe der Neuen Brücke und betätigten sich dort emsig unter freiem Himmel. Im Winter schützten sie sich in der Alten Kirche vor den Unbilden des Wetters, bis man ihnen dann im Jahre 1613 ein eigenes Gebäude zur Verfügung stellte. Es diente als Muster für spätere Börsengebäude. Zeitgenössische Stiche und Bilder – du kennst das aus meinem Arbeitszimmer – zeigen uns damalige Börsianer ins Gespräch vertieft in den Ecken der Galerien, die reizende Innenhöfe umliefen. Denkt man an die heutigen Börsenräume mit ihren klappernden, elektronischen Maschinen, ist der Unterschied gewaltig!

Damals blühten in ganz Europa die Börsen auf. Ein königliches Edikt ruft die Börse von Toulouse ins Leben, die mit der von Lyon wetteifert. Aber die unbeständige politische Lage in Frankreich hält ihre Entwicklung etwas auf. Auf Veranlassung von Sir Thomas Gresham wird in London der Bau der Royal Exchange durch königliche Verordnung beschlossen. Ein Ukas des Zaren Peter des Großen befiehlt den Bau einer Börse nach dem Vorbild Amsterdams in jenem ganz neuen Sankt Petersburg, dessen Pläne er gerade entwirft. Und bald entsteht auch wirklich eine Börse nach abendländischem Muster. Sie stellt die großen Märkte in den Schatten, unter anderen den größten in Nischni Nowgorod, wo sich früher Reisende aus ganz Russland drängten.

Auch in Deutschland schießen Börsen wie Pilze aus dem Boden. Zuerst in Augsburg, dann in Köln, Hamburg, Frankfurt (die Frankfurter Börse wird lange an erster Stelle stehen) und schließlich in Berlin. Die wirtschaftliche Entwicklung und die damit verbundenen Bedürfnisse des Handels, die neuen Transportmöglichkeiten, der aufblühende Kapitalismus fördern diese Neugründungen.

Die Gewinnaussichten in Warenspekulationen, wie ich sie dir beschrieben habe, lockten eine große Zahl von Abenteurern an, die aus den Kursdifferenzen Nutzen zu ziehen versuchten. Das waren nun die schon erwähnten so notwendigen Parasiten.

Ein ideales Experimentierfeld dieses neuen Spekulationsgeistes waren gewisse kostbare Produkte, wie etwa der Pfeffer, die erste Ware, auf die sich eine hemmungslose Spekulation stürzte.

Der Pfeffer kam aus Indien und war ein Monopol der portugiesischen Krone. An Bord königlicher Karavellen musste die kostbare Fracht die Gefahren von Unwetter und Stürmen überstehen, ehe sie die europäischen Häfen erreichte. Dazu kam, dass Korsaren und berberische Piraten die Meere unsicher machten.

Man hat vor allem in Amsterdam mit Pfeffer gehandelt und die Stadt gewann wieder an Bedeutung. Hier verkaufte man den Pfeffer im Terminhandel, manchmal noch bevor er überhaupt seine lange Reise nach Westen angetreten hatte. Niemand konnte genau sagen, wie viel von dem Gewürz überhaupt von Indien abging und welche Menge schließlich in die europäischen Häfen gelangen würde.

Aus dieser Unsicherheit entstanden große Preisverschiebungen. Die Lust am Spiel steigerte sich ins Ungeheure. Wenn die Kassen des portugiesischen Hofes leer waren, verkaufte man künftige Schiffsladungen auf spätere Lieferung an die Fugger und erhielt dafür die entsprechenden Vorschüsse.

Der Pfeffer hat seine Anziehungskraft bis in unsere Tage behalten. Auch ich habe daran einmal schön verdient, und zwar mit einer Baisse-Spekulation. Im Jahr 1935 kaufte eine englische Finanzgesellschaft eine große Menge Pfeffer, die Ernte von zwei Jahren, auf, um den Preis auf der Londoner Warenbörse (Baltic Exchange) in die Höhe zu treiben, indem sie den Markt völlig verknappte. Ihr Kalkül bestand darin, dass sich unter dem Einfluss einer gut organisierten Propaganda eine ausgedehnte Spekulation in Pfeffer entwickeln würde, die ihr gestattete, die aufgekauften Waren mit höherem Preis abzustoßen.

Damals hatte ich als Spekulant bereits Routine und spürte daher die Schwierigkeiten voraus. Ich verkaufte Pfeffer leer auf Termin. Aber damals haben die „Parasiten" nicht angebissen – es gab auch keine sachlichen Gründe dafür – und als die auf Termin gekaufte Ware zur Lieferung kam, hatte die Finanzgesellschaft nicht die nötigen Mittel, sie zu übernehmen.

Die betreffende Gesellschaft musste ihre Bilanz deponieren, die Kurse stürzten, wobei alle in Mitleidenschaft gezogen wurden, die sich an der Operation der Gesellschaft beteiligt hatten. Es hieß sogar, eine der fünf großen englischen Banken (the Big Five) hätte dabei einige Millionen Pfund eingebüßt.

Auch heute noch wirst du alle Nachrichten über Pfeffer an ehrenvoller Stelle angeführt finden. Man reserviert ihnen eine Spalte in den rosa Seiten der *Financial Times*. Wenn ich dir genau berichten wollte, welche bedeutende Rolle der Pfeffer in der Geschichte der Spekulation und der Warenbörsen gespielt hat, so würde dies ein eigenes Buch füllen.

Irgendwie ist die böse Börse ein Spiel des täglichen Lebens, häufig bestimmt auch die Mode ihre Entwicklung. Kaum wurde der erste Kaffee in den Salons der Faubourg Saint-Honoré serviert, als sich auch schon der Kaffeemarkt an der Hamburger Börse entwickelte. Europa entdeckte entzückt die überseeischen Erzeugnisse. Man begeisterte sich für Schokolade. Die Freude an diesem neuen Produkt verwandelte sich an der Börse alsbald in Kakaospekulation. Sogar während der letzten Jahre hat Kakaospekulation eine wahre Renaissance erlebt, nicht nur wegen großer Verschiebungen in Konsum und Ernte, sondern auch wegen der politischen Entwicklung in Ghana. Sie hat auch große Schäden angerichtet. Vor Kurzem erst ist eine große amerikanische Bank, die in Basel ansässig war, wegen unglücklicher Kakaospekulation in Konkurs gegangen.

Wie du siehst, haben die Launen der Mode im Laufe der Geschichte den Märkten neuen Auftrieb gegeben. Die Warenbörsen eroberten allmählich ganz Europa. Sie hatten gewissermaßen ihre große Konkurrenz, die Auktionen, ausgestochen. Doch darüber will ich das nächste Mal berichten.

Wo spekuliert man womit?

Lieber Hans,
DAS SPIELFELD DER SPEKULATION ist unbegrenzt. Auf jedem Sektor des Handels und der Industrie, wo während bestimmter Zeiträume große Preisschwankungen entstehen, kann sich die Spekulation betätigen. Die Preisschwankungen haben Vermögen geschaffen, aber auch zerstört.

Eines der wildesten Spekulationsobjekte waren seit eh und je Grundstücke oder Immobilien überhaupt. Darauf möchte ich aber hier nicht näher eingehen, denn dies wäre ein Buchthema für sich.

Neben Immobilien hat die Spekulation aber auch andere Lieblinge – Rohstoffe, die durch das Spiel von Angebot und Nachfrage besonders krassen Kursschwankungen unterworfen sind. Aus diesen Kursschwankungen, die auf die verschiedensten Ursachen zurückgehen können, ziehen geschickte Spekulanten ihre Profite oder müssen auch Verluste hinnehmen.

Du müsstest eine Reise auf einem fliegenden Teppich machen, um alle Orte aufzusuchen, an denen in Waren spekuliert wird, eine Reise um die Welt, ein märchenhafter und doch praktischer Geografieunterricht.

Geschäfte mit Zucker machte man früher einmal in Magdeburg und Havanna, vor allem aber in Paris. Heute steht New York an erster Stelle. Wolle handelt man von Sydney bis Tourcoing (nordfranzösische Textilstadt), aber der große Markt dafür ist Boston. Kautschuk, Zinn oder Kupfer legen einen langen Weg zurück, bis sie aus ihren fernen Ursprungsländern in Asien, Afrika und Südamerika bis in die großen Industriestädte gelangen, während die Börsen in London und New York die Kurse festsetzen.

Wer mit Kaffee handeln will, hat immer die Wahl zwischen Le Havre, Hamburg, New York oder Santos in Brasilien.

Wenn du einmal in die Vereinigten Staaten kommst, wirst du Dutzende Börsen entdecken, an denen die verschiedensten Artikel quotiert und auf Termin gehandelt werden: Zwiebeln und Kartoffeln in New York, frische Eier, Schweinebäuche, Rinder, alle Getreidesorten und Holz in Chicago.

Textilrohstoffe werden überall auf der Welt gehandelt. Seide in Tokio, Leinen in Minneapolis, Jute in Kalkutta, in Madras die indische und in Alexandria die ägyptische Baumwolle. Für amerikanische Baumwolle ist New Orleans der größte Markt und natürlich auch New York, wo an der Cotton Exchange die Börsianer auch noch zwei fremde Kinder adoptiert haben, konzentrierten Orangensaft und Propangas. Wahrscheinlich waren die Geschäfte in Baumwolle eine Zeit lang nicht einträglich genug, sodass man diese Fremdlinge mit aufnahm.

Vor dem Ersten Weltkrieg handelte man groß in Häuten in Istanbul, Riga und München – heute hat sich dieser Markt nach New York verlagert – in Odessa mit Holz und in Hamburg mit Heringen der Ost- und Nordsee.

Athen war immer der Umschlagplatz für Rosinen, in Budapest spekulierte man groß in Weizen, Hafer, Schweineschmalz und auch in Pflaumenmus aus Bosnien. Für die breiten Volksschichten in Ungarn hatte damals Pflaumenmus die teure Butter als Brotaufstrich ersetzt.

In Teheran und Sofia spielte man mit dem für die Parfümindustrie so kostbaren Rosenöl, in Marseille blühte der Terminhandel in Reis, in Glasgow Eisen, in Cardiff Kohle, in Wien und Paris Alkohol. Groß war einmal der Kakaomarkt in Amsterdam, heute hat er sich aber nach New York und Paris verlagert.

In London, an der Baltic Exchange, spielte man auf Termin in Waren, deren Namen ferne exotische Länder heraufbeschwören: Pfeffer, Schellack, Indigo, Safran, Vanille und so weiter.

Man hat aber nicht nur in all diesen Waren und Rohstoffen spekuliert, sondern auch in Frachtbriefen der Schiffe, die diese Waren transportierten. Die großen Transaktionsplätze der Frachtkontrakte waren an erster Stelle London, aber auch Antwerpen, Rotterdam und Odessa. Man sagt sogar, dass die Grundlage des immensen Vermögens der größten Getreidefirma der Welt, Dreyfus und Co., durch eine fantastisch gelungene Frachtspekulation in Odessa zustande gekommen sei. Ich weiß nicht, in welchem Jahr, aber es war lange vor dem Ersten Weltkrieg. Die Firma Dreyfus hatte genaue Informationen über eine bevorstehende russische Getreideernte. Sie kaufte schnell noch im richtigen Moment den ganzen verfügbaren Schiffsraum auf dem Schwarzen Meer auf. Als dann die überreiche Ernte vorlag, war kein Dampfer mehr verfügbar und Dreyfus konnte die Schiffstransportpreise diktieren.

Auf diesem Felde waren sie die Vorfahren der heutigen erfolgreichen griechischen Reeder, die auch die wildesten Spekulationen in Fracht tätigen. Ihnen sind einige glückliche Coups gelungen, so während des Koreakrieges und bei den zwei ägyptisch-israelischen Konflikten, als die Frachtsätze in die Höhe schnellten. Wo immer es bewaffnete Konflikte gab, waren sie auf dem Plan. Und wenn die Waffen schwiegen, mussten sie Verluste hinnehmen.

Der Unterschied zwischen Auktionen und organisierten Warenbörsen

Lieber Hans,
wie ich dir schon letzthin versprochen habe, möchte ich dir einmal den wesentlichen UNTERSCHIED ZWISCHEN AUKTIONEN UND ORGANISIERTEN WARENBÖRSEN erklären. An der Börse entsteht der Kurs aus einem Marktpreis. Viele Käufer und Verkäufer stehen sich gegenüber, während bei den Versteigerungen die Käufer in unbegrenzter Zahl zur Stelle sind, es aber nur mit einem einzigen Verkäufer zu tun haben. Die Methoden sind also verschieden, in ihren Ergebnissen sind sich die Vorgänge jedoch ziemlich gleich.

Für gewisse Waren ist der Versteigerungsverkauf auch weiterhin üblich. Es handelt sich hier um Güter, die eine gewisse Einmaligkeit besitzen. Sie werden in zu vielen Qualitätsunterschieden angeboten und können deshalb nicht standardisiert werden.

Nur austauschbare Waren sind Gegenstand des Börsenhandels. Deshalb werden zum Beispiel Pelze auf Auktionen in Kanada oder London verkauft und das Elfenbein aus Afrika in Antwerpen. Die mannigfaltigen Teesorten lassen sich nur nach Mustern bestimmen. Die Rohwolle ist kein Gegenstand von Börsengeschäften und gehört auf den Auktionsmarkt. Erst die sogenannten „wool tops“, also ein Halbfabrikat, werden an der Börse gehandelt. Erzeugnisse von individuellem Charakter, die sich nicht in Klassen einordnen lassen und keine Katalogartikel sind, können auch nicht an der Börse quotiert werden.

Wenn du an einem schönen Frühlingsmorgen würdige Bürgersleute mit ernster Miene durch Amsterdam schreiten siehst, die Arme voller Nelken oder Tulpen, dann brauchst du darüber nicht zu lächeln. Es handelt sich nicht etwa um verrückte Poeten. Sie sind auf dem Weg zur Blumenauktion, die in einer Art Amphitheater stattfindet; sie wollen ihre Muster zeigen. Heute besteht allerdings nicht mehr die Gefahr, dass sich die holländischen Blumenzüchter auf solche Hirngespinste einlassen wie ihre Vorväter bei der berühmten Tulpengeschichte. Damals wurde eine zarte Blume, die Tulpe, das klassische Beispiel für einen Börsenboom, der wie immer in einer Katastrophe geendet hat. Doch darüber will ich dir ein anderes Mal schreiben.

Alles, was uns umgibt, die Gegenstände des täglichen Lebens, sind Spekulationsobjekte. Ich habe sie fast alle ausprobiert, einmal auf steigende, ein anderes Mal auf fallende Kurse spekulierend. Mit den Erfolgen kann ich mich nicht besonders rühmen, aber manche Erfahrung habe ich auf diesem Gebiet voller Tücken und Überraschungen gesammelt.

Die „weibliche" Börse

Lieber Hans,
wie du weißt, habe ich dir die Börse immer als kapriziös, wankelmütig und geheimnisvoll wie eine schöne Frau geschildert. Es ist auch gewiss kein Zufall, dass das Wort „BÖRSE" IN ALLEN SPRACHEN WEIBLICH ist … Von Paris bis Mailand und Madrid, von Frankfurt bis Moskau heißt sie: la Bourse, la Borsa, la Bolsa, die Börse, Serka … Sie versteht es, mit 1.000 Zauberkünsten zu schillern, um ihre Beute anzulocken. Wenn man es am wenigsten erwartet, zeigt sie einem die kalte Schulter.

Auch an der Börse gibt es plötzlich das „Rien ne va plus" des Roulettes. Und verwendet man nicht genau die gleiche Taktik wie bei einer Frau, in jähem Wechsel zwischen List und offenem Spiel, um die Börse zu erobern? Du musst aber verstehen maßzuhalten und darfst dich durch ihre Launen nicht beunruhigen lassen. Ja, man sollte diese Launen nicht einmal bemerken und vor allem keine logischen Erklärungen dafür suchen.

Dabei habe ich nur von Warenbörsen, von Waren- und Warenterminspekulation erzählt. Trotz Ernte, Verbrauch und allen statistischen Ziffern, die man ins Kalkül ziehen kann, hat es immer unlogische, unerwartete und unerklärliche, ja sogar törichte Kurssteigerungen und Kursstürze gegeben. Die konkreten Grundlagen, auf denen die Warengeschäfte beruhen – das heißt statistische Ziffern von Verbrauch, Produktion und so weiter –, haben doch nicht verhindert, dass die Warenbörse einem dramatischen Auf und Ab ausgesetzt ist.

Doch die Windstöße an der Warenbörse kannst du in keiner Weise mit den Stürmen an der Effektenbörse vergleichen. Diese wird von wahren Orkanen heimgesucht, die auch den vollkommensten Spekulationsplan umwerfen können. Die Effektenbörse ist nicht nur eine kapriziöse, sondern sehr oft auch eine hysterische Frau.

Die Regellosigkeit, das Unvorhergesehene und Unvorhersehbare, die diabolische Laune der Kurse, nehmen hier unerwartete Proportionen an. Was steht hinter den Effekten, den Aktien (manchmal von Betrügern lanciert), den Obligationen, hinter dem Stückchen Papier mit vielen Unterschriften, den Anleihen, welche die Regierungen oft kiloweise herausgegeben haben und nicht immer respektieren?

Hinter all dem steht allein das Vertrauen – und oft ein missbrauchtes Vertrauen.

Seit dem Ende des 19. Jahrhunderts ist die Aktiengesellschaft das Symbol des wirtschaftlichen Unternehmens. Zumindest in den Ländern, die unter der Herrschaft des Privatunternehmens und des Gewinnstrebens stehen. Ohne Aktiengesellschaften hätte es nie die gewaltigen technischen Errungenschaften des 19. Jahrhunderts, Eisenbahnnetze, Erdölfelder, Kolonialgesellschaften und so weiter, gegeben. Von den großen technischen Leistungen unseres Jahrhunderts ganz zu schweigen.

Du wirst vergeblich nach einer einheitlichen Definition der Aktiengesellschaft suchen. Fast jedes Land hat nämlich eine eigene. In Deutschland und in den skandinavischen Ländern bedeutet Aktiengesellschaft Gruppe von Aktionären, ebenso wie auf Chinesisch Ku-Feng-Kong-Seu. In Amerika sagt man Körperschaft. Der englische Ausdruck „Limited" besagt, dass die Einlagen der Gesellschafter auf die angegebene Summe begrenzt sind. Man kann über den eingebrachten Betrag hinaus nicht haftbar gemacht werden. Die französische, italienische, spanische, holländische Bezeichnung für Aktiengesellschaft rundet die Definition noch ab, indem sie den Ausdruck „anonym" (namenlos) hinzufügt. Es gibt kein persönliches Band zwischen den Anteilscheinen und ihren Inhabern. Die Aktie besitzt eine eigene Realität, eine Individualität, die weder von der Person noch von der Zahlungsfähigkeit ihres Inhabers abhängt. Deshalb wird die Gesellschaft anonym genannt. Aller hier angeführten Definitionen zusammen geben dir die charakteristischste Beschreibung einer Industrie- und Handelsgesellschaft, deren Anteile und Schuldscheine an der Börse gehandelt werden.

Da jede Aktie einen Teil des Gesamtwertes des Unternehmens darstellt, steigt der Wert der Aktie mit der erfolgreichen Entwicklung der Gesellschaft. Ich meine damit zunächst den theoretischen Wert, denn das will noch nicht heißen, dass der Börsenkurs mit diesem theoretischen Wert parallel läuft.

Wie oft kommt es vor, dass mich Freunde fragen, wie es nur möglich sei, dass diese oder jene Aktie nicht steigt, obwohl die Gesellschaft floriert. Das ist gerade das Geheimnis der Börse, das du eines Tages auch verstehen und durch Erfahrung kennenlernen wirst.

3

Aktien, Anleihen, Wandelanleihen …

Aktiengesellschaft und Abenteuer

Lieber Hans,
wie ich schon gesagt habe, ist der Effektenmarkt keineswegs weniger malerisch als die Märkte vergangener Zeiten. Im Gegenteil. Die Börse ist eine sehr bunte Welt, sie ist aber weniger leicht zugänglich. Es genügt zum Beispiel nicht, Geld in der Tasche zu haben, wenn man sie betritt. Man muss DIE SPIELREGELN kennen.

Von außen, das heißt für den Laien, erscheint die Börse als ein geheimnisvoller Ort. Bei den Zahlenkolonnen und dem Namenswirrwarr (der Wertpapiere) wird sich ein Neuling schwertun. Du findest da eine reiche Palette zur Auswahl. Staatspapiere, Anleihen aller Art, Industrie-Aktien, Minen und Kuxe, Vorzugsaktien und Wandelanleihen, Aktien von Erdölgesellschaften und Unternehmen des öffentlichen Dienstes und so weiter. Sie alle sind eingereiht und nach einer hierarchischen Ordnung katalogisiert.

Du findest eine klare Demarkationslinie zwischen Wertpapieren mit festen Erträgen (Obligationen, Schuldverschreibungen und Wandelanleihen) und Wertpapieren mit nicht festen, das heißt unbestimmten Erträgen (Aktien). Ein alter Börsenspruch lautet: „Wer gut schlafen will, soll Obligationen besitzen, und wer gut essen will, soll Aktien kaufen." Die Wahl zwischen dem einen oder dem anderen Wertpapier ist beinahe eine Frage des Charakters und des Temperaments. Der Inhaber einer Obligation erhält jährlich einen bestimmten und unveränderlichen Zinsbetrag. Er kauft sich mit seiner Schuldverschreibung ein regelmäßiges Jahreseinkommen, das ihm für die ganze Laufzeit der Schuld ausgezahlt wird.

Der Wert einer Schuldverschreibung hängt von den verschiedensten Faktoren ab. Es kommt nicht so sehr darauf an, ob der Schuldner groß oder klein, sondern ob er zahlungskräftig ist.

Ferner sind wichtig die Garantien, die er bietet, die Rückzahlungsfrist, die Währung, in der die Schuld verbucht ist, die Höhe der Zinsen, das Land, in dem die Gesellschaft ihren Sitz hat, und so weiter.

Die größten Gesellschaften können pleitegehen und relativ kleine Unternehmen ausgezeichnete Garantien bieten. Es kann auch vorkommen, dass der beste Schuldner seinen Sitz in einem Land hat, in dem Devisenvorschriften eingeführt werden, und deshalb die ausländischen Anleihebesitzer ihr Geld nicht bekommen können – ganz abgesehen von etwaigen Nationalisierungen.

Die größten Anleihenehmer sind heute die Regierungen, Staaten, Länder, Gemeinden und öffentlichen Körperschaften. Die Regierungen verzieren häufig die Reklamewände der Städte mit Werbeplakaten und lassen auf den Bildschirmen des Fernsehens und der Kinos Bekanntmachungen erscheinen. Damit wird der Appetit an diesen Obligationen geweckt, eine neue Staatsanleihe ist auf dem Markt erschienen.

AKTIONÄRE UND INHABER VON OBLIGATIONEN sind im Grunde genommen Angehörige von zwei verschiedenen Mannschaften. Das Ziel, das sie verfolgen, ist aber das gleiche: der Profit. Die Inhaber von Obligationen sind die Gläubiger der Gesellschaft, die Aktionäre hingegen die Besitzer der Schuldnergesellschaft. Dies erklärt auch, warum Obligationenbesitzer und Aktionäre nicht immer die gleichen Wege gehen und warum ihre Interessen sogar entgegengesetzt sein können.

Worauf es dem Inhaber von Schuldscheinen in erster Linie ankommt, ist ein sicheres, regelmäßiges, wenn auch manchmal geringes Einkommen. Er will auf keinen Fall das Risiko eingehen, sich eines Tages in einer Sackgasse wiederzufinden. Er zieht es vor, die Geschäfte auf nicht zu gewagten Gleisen laufen zu lassen.

Der Aktionär hingegen hat mit seinem Anteil die Hoffnung auf die große Chance mitgekauft. Er nimmt im Allgemeinen das Risiko bereitwillig auf sich, denn wenn die Firma unter aggressiver Führung einen Aufschwung erlebt, erhöhen sich die zukünftigen Dividenden dementsprechend. Aber das Vabanquespiel der Aktionäre kann unter Umständen auch die sichersten Positionen der Obligatäre erschüttern.

Die Interessen von Obligatären und Aktionären gehen auch dann auseinander, wenn sich eine Gesellschaft für ihren Ausbau weitere Mittel verschaffen muss. Wenn sie neue Anleihen auflegt, so ist dies bestimmt nicht im Interesse der alten Anleihebesitzer, da ihr Schuldner noch mehr verschuldet wird, aber bestimmt im Interesse der Aktionäre, weil sie mit dem gepumpten Geld neue Sachwerte schafft und dadurch das Aufblühen der Gesellschaft fördert.

Mit der Aktiengesellschaft beginnt das große Abenteuer in der Finanzgeschichte. Ob es sich um eine Société Anonyme, Limited, Corporation oder eine Aktiengesellschaft handelt – eines haben sie alle gemeinsam: die Lust am Abenteuer. Schon im alten Rom predigte Cato, der viel über Geld und Zinsen philosophierte: „Man soll ein Schifffahrtsunternehmen nicht allein beginnen. Wenn ihr ein Schiff auf die See schickt, tut euch zusammen mit 49 eurer Freunde und macht alle 50 gemeinsam den Versuch."

Das Wort „Abenteuer" hat heute einen zwiespältigen Nachgeschmack. Aber im 17. Jahrhundert hatte dieses Wort eine präzise rechtliche Bedeutung. Das „Abenteuer" war ein kaufmännisches Unternehmen, oft ein Kolonialunternehmen, das gegründet wurde, um ein gewagtes Geschäft oder eine Expedition durchzuführen. Die Gründer der Gesellschaft, die Aktionäre, trugen offiziell den Namen „Abenteurer". Diese Bezeichnung findet sich noch heute in den Urkunden der ältesten existierenden Aktiengesellschaft, der 1670 gegründeten anglo-kanadischen Hudson-Bay-Gesellschaft, die die jährliche Generalversammlung mit den Worten eröffnete: „Meine Herren Abenteurer …"

Abenteuer und Abenteurer sind Ausdrücke, die für unsere Ohren zugleich anrüchig und romantisch klingen.

Die Währungspolitik der letzten Jahre, Währungsfragen und die permanente Inflation haben zwischen Obligationen und Aktien einen noch schärferen Trennungsstrich gezogen. Unternehmen und Schuldner aller Art konnten während der letzten 20 Jahre feststellen, dass eine festverzinsliche Verschuldung, das heißt die Ausgabe von Anleihen, für sie vorteilhaft war.

Gleichzeitig aber war es für die Anleihebesitzer ein Verlustgeschäft, da bei der allgemeinen Preissteigerung der Nominalwert ihrer Einkommen gleich blieb, während die Kaufkraft gesunken ist. Die Kauflust für Obligationen hat sich deshalb während der letzten Jahre sehr verringert. Die Gesellschaften waren gezwungen, immer höhere und höhere Zinsen anzubieten, um ihre Anleihen verkaufen zu können.

Deshalb möchte ich sagen, meine vorangegangenen Erklärungen über den Unterschied zwischen Obligationen und Aktien waren eher theoretisch. Ich wollte dir nur die klassische Definition geben, in der Praxis aber hat sich die Relation zwischen beiden während der letzten Jahre völlig gewandelt.

In meiner Jugend mussten die Aktien im Durchschnitt eine viel höhere Rendite haben als die festverzinslichen Werte. Der Grund war, dass das

Einkommen bei Letzteren sicher, bei Aktien aber Risiken unterworfen ist. Vielfach gibt es dies auch heute noch und man darf nichts verallgemeinern. Es gibt viele Aktien, die zwar an der Börse quotieren, aber nichts wert sind, und Obligationen, deren Rendite nicht steigt, aber dafür todsicher ist. Wenn auf dem Markt viele Obligationen mit einer zu hohen Verzinsung zu haben sind, können deshalb auch die Aktien nicht steigen. Es handelt sich aber hier nur um ein vorübergehendes Phänomen.

Im Großen und Ganzen hat sich die Einstellung des Sparers Wertpapieren gegenüber von Grund auf geändert.

Man begnügt sich heute bei Aktien mit einer viel kleineren Rendite als bei Obligationen, da die Aktien in einer Zeit der Währungserosion als Sachwert betrachtet werden. Natürlich gilt dies nur auf lange Sicht und für ausgezeichnete Aktien.

Während der letzten 10, 20 oder 30 Jahre waren gute Aktien die beste Anlage. Gelegentlich werde ich dir die Zahlen geben, was aus 1.000 D-Mark in den letzten 20 oder 30 Jahren geworden ist, wenn sie in den USA, in Deutschland oder einem anderen kapitalistischen Land in Aktien investiert wurden. Die Ergebnisse sind in der Tat erstaunlich und deshalb ziehe ich auch weiterhin Aktien vor. Doch wenn man sein Geld in Aktien anlegt, muss man in gewissem Umfang die Kunst der Spekulation beherrschen.

Dabei geht es um das folgende Problem. Die Regierungen müssen von Zeit zu Zeit radikale Maßnahmen ergreifen, um zu verhindern, dass sich die schleichende Inflation in eine galoppierende verwandelt. Diese Maßnahmen haben die gewichtigsten Auswirkungen auf den Geld- und Kapitalmarkt, das heißt auf die Kurse der Aktien. Man muss also die richtige Entscheidung im richtigen Moment treffen, von Aktien auf Barmittel und dann wieder von Barmitteln auf Aktien umschalten. Das heißt, gut spekulieren.

Während der letzten Jahre hat noch eine dritte Art von Wertpapieren Karriere gemacht und ist besonders populär geworden – die Wandelanleihe. Die Wandelanleihe ist ein Hermaphrodit, eine vollkommene Mischung von Aktie und Anleihe. Der Besitzer einer Wandelanleihe ist ebenso Gläubiger der Gesellschaft wie irgendein Anleihebesitzer, nur hat er das Recht, bis zu einem gewissen Termin seine Wandelanleihen gegen Stammaktien der Gesellschaft einzutauschen, und zwar zu einem im Voraus festgelegten Kurs. Es ist üblich, diesen Konversionskurs 10 bis 15 Prozent über dem Kurs der Aktien am Tage der Emission der Wandelanleihen festzulegen.

Ich bin ein leidenschaftlicher Anhänger der Wandelanleihen, da sie die Vorteile von Obligationen und Aktien kombinieren. Allerdings liegt die Zinsrate der Wandelanleihen immer etwas tiefer als die der gewöhnlichen Obligationen. Ob eine Wandelanleihe wirklich interessant ist, kann man aber nur mit einer gewissen Erfahrung feststellen, da es zu viele Elemente gibt, die man in Rechnung ziehen muss.

Timing is money

Es genügt nicht, alle Kurse zu kennen und die richtigen Werte herauszufischen, obwohl auch dies von größter Bedeutung ist. Noch wichtiger ist vielleicht das richtige Timing. Mein Sprüchlein für die Börse lautet daher: „TIMING IS MONEY".

Beim Börsenspiel gibt es nicht nur objektive Argumente. Das subjektive Element, die persönliche Reaktion des Spekulanten, der ja auch nur ein Mensch ist, spielt eine besonders große Rolle. Denn beim Spekulieren genügt es nicht, die Tendenz zu erraten. Es ist ebenso wichtig und vielleicht sogar noch wichtiger, den günstigen Moment zu erwischen, in dem man kaufen oder verkaufen soll. Schon aus rein psychologischen Gründen.

Es kann passieren, dass der Spekulant zu früh kauft und ungeduldig wird. Er stößt seine Papiere gerade in dem Augenblick ab, in dem sie zu steigen beginnen. Ein anderes Mal grübelt er zu lange, ehe er sich zum Kauf entschließt. Währenddessen steigt die Aktie um einige Punkte. Er wird ärgerlich und kauft sie nicht mehr, weil es ihm einfach gegen den Strich geht, das Papier jetzt höher zu bezahlen. Er wartet darauf, dass es wieder fällt, leider vergebens, denn der Kurs saust in die Höhe. In beiden Fällen hat er zwar recht bekommen, der Gewinn blieb jedoch aus, denn sein Timing war falsch.

In meiner Börsenlaufbahn bin ich wohl hundertmal von einem falschen Timing ausgegangen, mitunter aber auch von einem richtigen, wie zum Beispiel bei der Hausse-Bewegung an der Wall Street im Jahr 1967. Alle meine Freunde waren erstaunt, wieso ich die plötzliche Wendung des New Yorker Marktes so genau vorausgesehen hatte, obwohl alle Indizien dagegen sprachen. Kein Wunder, ich hatte die präzisesten Elemente aus Wirtschaft und Finanz in Händen.

Am 9. Februar 1966 hatte der Dow-Jones-Index die historische Spitze von 1.000 erreicht. Ich war entzückt, denn dieses Ereignis fiel gerade auf meinen Geburtstag und ich saß mit einem ganzen Bündel amerikanischer Aktien da.

Ich konnte nicht anders, ich musste dieses vom Schicksal so großzügig angebotene Geburtstagsgeschenk würdig annehmen und verkaufte die Aktien zu hohen Preisen. Von diesem Tag an gingen die Kurse erst langsam zurück und sausten schließlich in die Tiefe.

Für mich waren wichtige Daten meines Lebens immer wieder eng mit Börsenereignissen verknüpft. Deshalb war es für mich auch völlig klar, dass die an meinem Geburtstag begonnene Baisse bis zu meinem Namenstag, dem Andreastag am 30. November, dauern würde. Dann musste die Börsentendenz sich wieder drehen und in eine neue Hausse-Bewegung umschlagen.

Da mir aber eine so persönliche Konzeption doch etwas gefährlich erschien, schaute ich mich nach objektiven Gründen um und da kam mir ein Ereignis von internationaler wirtschaftlicher Bedeutung zu Hilfe. Einer meiner alten Freunde, ein Korse namens Antoine Riniery – „Toto" nennen ihn die Freunde, der manchmal zwar hart an der Grenze des Gesetzes vorbeigeht, für seine Freunde aber wie Tristan der „Treueste aller Treuen" ist –, hatte anlässlich einer Amerikareise mit dem Schatzamt der USA eine kleine Meinungsverschiedenheit. Man nahm ihn auf dem New Yorker Flughafen, vor seiner Rückreise nach Europa, mit 300.000 Dollar Bargeld in der Tasche fest. Obwohl der Kapitalexport aus Amerika völlig frei war, wurde er auf der Stelle vor Gericht gestellt. Man wollte herausfinden, woher das Geld stammte.

In Zürich könnte jeder Millionen in Franc, Dollar oder Gold mit sich tragen, niemand würde dies verdächtig finden. Nicht so in den USA. Jede Banknote ist verdächtig, solange nicht einwandfrei feststeht, dass sie durch das Steuersieb gedrückt wurde. Das amerikanische Schatzamt verfügt diesbezüglich über diktatorische Rechte, die es manchmal sogar missbraucht.

So geschah es auch in diesem Falle. Da mein Freund nicht sagen wollte, woher das Geld stammte, wurde er wegen „Missachtung des Gerichtes" zu sechs Monaten Gefängnis verurteilt. Nach Ablauf der Strafe musste er Amerika verlassen, die schönen grünen Banknoten aber wurden beschlagnahmt.

Die amerikanische Presse machte daraus eine Sensation. Obwohl man ihm nicht die geringste Unregelmäßigkeit nachweisen konnte, kam er in der Presse sehr schlecht weg. Die Atmosphäre in den USA war für ihn ziemlich ungünstig. Ein Korse mit so viel Bargeld in der Tasche musste ganz einfach verdächtig sein. Dabei war er in dieser Sache völlig unschuldig, ja man könnte sogar sagen, er benahm sich tapfer und loyal.

Toto ist ein heißblütiger Korse. Er kämpfte wie ein Löwe um seine Ehre und natürlich noch viel mehr um die Freigabe des Geldes. Im April 1966 rief mich mein Freund an und erklärte mir jubelnd, dass er nicht nur seinen Prozess gewonnen habe und das Geld zurückbekommen werde, sondern dass ihm darüber hinaus sechs Prozent Zinsen pro Jahr für die fünf Jahre zugebilligt wurden. Außerdem verurteilte der Richter das Verhalten des Schatzamtes sehr streng. Amerika war plötzlich wieder das großzügigste und gerechteste Land der Welt für ihn. Mein Freund war voller Unternehmungsgeist und fragte mich nach Tipps, in welchen Papieren er das Geld am besten anlegen könne.

Ich stand der Börse damals pessimistisch gegenüber – es war noch weit bis zum Andreastag. Ich fragte ihn, wann ihm das Geld ausgezahlt werde. Er war nicht ganz sicher. Die USA-Bürokratie sei langsam und schwerfällig, aber er spüre das Geld schon in der Tasche.

„Wunderbar“, war meine Antwort, „die Börse ist im Augenblick sowieso schlecht gelaunt und bis Sie das Geld tatsächlich in die Hand bekommen, wird es wieder so weit sein, dass man einsteigen kann. Ihr Glücksstern geht auf, überlassen Sie das Weitere dem Schicksal.“ Mit einem Blick auf den Kalender dachte ich mir: Das wird schon das richtige „Timing“ sein.

Kurz vor dem Andreastag traf das Geld, Kapital nebst Zinsen, dann auch tatsächlich ein. Die Probleme meiner Börsenanalyse waren damit gelöst. Alles war klar und logisch. Das Zusammentreffen zweier so wichtiger wirtschaftlicher Daten, der 30. November (mein Namenstag) und die Rückerstattung des Geldes meines korsischen Freundes, war die Aufforderung zum Tanz. Ich konnte gar nicht mehr zweifeln. Jetzt musste man an der Wall Street unbedingt einsteigen.

Die weitere Kursentwicklung hat dann wieder einmal bewiesen: Timing is money. Und wer zweifelt, braucht nur alle Daten nachzuprüfen und die Kurszettel der damaligen Zeit zu kontrollieren.

An der Börse ist alles möglich

Lieber Hans,
du hast mich wiederholt gefragt, ob dieser oder jener EXTREME KURS (HOCH ODER TIEF) möglich sei. Ich kann dir nur antworten, an der Börse ist alles möglich – und auch das Gegenteil davon.

Jeder Börsentag bereitet uns neue Überraschungen. Das ist vielleicht der größte Reiz der Börse. Ich erinnere mich, wie ich als junger Mann jeden Tag auf dem Weg zur Börse denselben Kitzel empfand wie der Kartenspieler, der seine Karten nur ganz langsam aufblättert, um die Erfüllung seiner Neugier voll auszukosten. Kurz gesagt, auf dem Aktienmarkt ist nicht nur alles möglich, die größten Überraschungen sind dort gang und gäbe.

Die Aktien der amerikanischen Automobilgesellschaft Chrysler fielen 1932 an der New Yorker Börse, im Zuge der allgemeinen Auszehrung durch die große Depression, bis auf sieben Dollar. Als zwei Jahre später der New Deal des Präsidenten Roosevelt die Prosperität zurückbrachte, konnte Chrysler seinen Aktionären für ein Jahr Dividenden von 16 Dollar pro Anteil auszahlen.

Es gibt viele Überraschungen in der Geschichte der Dividenden und zuweilen sind Überraschungen das Einzige, was die Aktionäre überhaupt erhalten.

Die Ostindische Kompanie, das „Abenteuer“, deren Anfänge bis zum Jahr 1610 zurückreichen, verteilte zu Beginn ihrer Geschichte Säcke voll Pfeffer anstelle von Dividenden. Pfefferkörner genossen nämlich im 17. Jahrhundert ungefähr die gleiche Wertschätzung, die man heute Geldstücken entgegenbringt.

Die Hudson-Bay-Gesellschaft gab ihren Gründern statt Dividenden Nerzfelle, da sich die Gesellschaft damals auf den Handel mit Pelzen beschränkte. Wäre dies heute noch der Fall, dann wären bestimmt viele Damen „Abenteurerinnen“, das heißt Aktionäre der Hudson-Bay-Gesellschaft. Jahrhunderte sind vergangen, aber der Brauch ist nicht ausgestorben.

Die Aktionäre der amerikanischen Firma Shenley konnten sich – wenn sie gleichzeitig Whiskey-Liebhaber waren – während des letzten Krieges freuen. Sie erhielten von der großen Brennerei kistenweise das kostbare Geschenk – und das in einer Zeit besonders ausgeprägter Whiskey-Knappheit.

Manche Tabakgesellschaften behandelten ihre Aktionäre ähnlich liebenswürdig, indem sie ihnen kartonweise Zigaretten schickten. Das alles sind aber offensichtlich Ausnahmen. Die Dividenden sollen allgemein in schönem, gutem Geld ausgezahlt werden. Doch bleiben diese Dividenden nicht gleich. Sie werden jedes Jahr neu festgesetzt. Seit vielen Jahren werden auch bereits Gratisaktien als Dividenden ausgegeben.

Das Charakteristikum der Obligationen hingegen ist der im Voraus festgesetzte, unveränderliche Zinssatz. Das schließt unliebsame Überraschungen aber nicht immer aus. Wenn die Gesellschaft schlechte Geschäfte macht, dem Bankrott entgegengeht, ist sie nicht in der Lage, den Obligationsinhabern Zinsen zu bezahlen. Die Obligation wird dann als „notleidend" bezeichnet.

Die Behauptung, „notleidende" Obligationen seien für den Spekulanten ein ideales Betätigungsfeld, mag dir natürlich paradox erscheinen. Du wirst aber sofort sehen, warum.

Wenn Staatsanleihen keine Zinsen mehr abwerfen, weil der Staat dem Bankrott entgegensteuert, oder wenn eine Gesellschaft über ihre Obligationen strauchelt, dann betritt die Spekulation die Bühne. Denn man kann meist mit Recht auf eine finanzielle Wiedergesundung des Staates oder auf eine Sanierung der Unternehmen spekulieren.

Der Weg von der verzweifelten Lage zur wiederhergestellten kann aber unter Umständen sehr lang sein. Er ist auf jeden Fall länger als der Weg, der von einer guten Situation in eine bessere führt.

Der Gewinn des Spekulanten ist größer, wenn die notleidende Obligation wieder gesund wird, als wenn sie als „gute" Obligation ihr ruhiges, bescheidenes Dasein führt.

Die Spekulation mit Obligationen wird dann interessant, wenn gewisse Bedingungen erfüllt sind: ein möglichst niedriger Kurs und eine ziemlich schlechte Situation. Das heißt, man muss auf dem Plan sein, bevor eine radikale Änderung eintritt.

Dies war der Fall während des Krieges in New York, als alle europäischen Anleihen – besonders diejenigen, deren Schuldnerländer von Deutschland besetzt waren – besonders tief standen.

So auch die Schuldscheine des Königreiches Dänemark. Die Zinscoupons wurden bezahlt, aber die Frage blieb offen, ob die dänische Regierung den Rückzahlungstermin einhalten würde oder nicht. „Zahlen oder Nichtzahlen war hier die Frage."

Es handelte sich um 6-prozentige Schuldscheine, die an der Börse zu 40 Prozent ihres Wertes gehandelt und in vier Monaten zu 100 Prozent eingelöst werden sollten. Ein so abnormer Diskont war bei einer Obligation dieser Qualität nicht möglich. Umso weniger, als der Schuldner Geld in den USA hatte.

Ich besaß von diesen Wertpapieren schon ein kleines Paket, das ich mit dem Kurs von 30/40 erworben hatte. Aber warum sollte ich bei 60 verkaufen, wenn man in einigen Monaten ganz einfach zum Schalter gehen kann und die Obligationen mit 100 eingelöst werden? In der Spekulation ist alles möglich und der Appetit eines Spekulanten ist unbegrenzt.

Während ich eines Tages im Lift zu meinem im 16. Stockwerk gelegenen Apartment fuhr, stieß ich auf meinen Nachbarn, einen königlichen Prinzen, René von Bourbon-Parma, Schwager des letzten Habsburger Kaisers und naher Verwandter des Königs von Dänemark. Ein Einfall blitzte in mir auf. Dieser Nachbar könnte mir helfen. Eine Stunde später saßen wir beide zusammen.

„Hoheit", sagte ich, „darf ich Ihnen ein ehrliches Angebot machen? Könnten Sie eine Mission übernehmen, bei deren Ausgang wir beide – auf korrekte Weise – zu einem schönen Profit kommen könnten?"

„Aber natürlich", sagte er. „Wir leben doch heutzutage in besonders schweren Zeiten."

„Voilà, Sie sollen nach Washington fliegen, dort den dänischen Botschafter zu einem Bankett einladen und zwischen Dessert und Kaffee eine harmlos klingende Frage ins Gespräch einfließen lassen. Etwa so: „Apropos, Exzellenz, wie steht es eigentlich mit den 6-prozentigen Obligationen Ihrer Regierung? Werden sie trotz der Kriegsumstände ausgezahlt?" Vielleicht gibt er Ihnen eine nichtssagende Diplomatenantwort, aber vielleicht lässt er ein kleines Ja oder ein kleines Nein fallen. Das wäre genug. Alles kommt auf Ihre Geschicklichkeit an. Aber da es sich um kein staatsgefährdendes Geheimnis handelt …"

Zum festgesetzten Tag, zur festgesetzten Stunde (Pünktlichkeit ist noch immer die Höflichkeit der Könige) rief mich der Prinz aus Washington an. „Alles ging wie am Schnürchen. Das Bankett war ein voller Erfolg, das Menü ausgezeichnet, hervorragende Weine und gute Stimmung – aber gezahlt wird nicht."

Nein, es war nichts faul im Staate Dänemark. Die Dänen hatten genügend Dollars in den USA, um ihre Schuldscheine einzulösen. Aber dazu hätten sie ihre Kassen leeren müssen und für die Zinsen anderer

Obligationen hätte es dann nicht mehr gereicht. Die Zinsen wurden also weiterbezahlt, nicht aber das Kapital.

Ich konnte nun meine dänischen Anleihen sehr günstig verkaufen, weil sie weiter in die Höhe sausten und sogar fast 100 erreichten, wo ich dann die Courage hatte, die Papiere auf leer (à la baisse) zu verkaufen. Der Kurs hielt sich aber und meine Überraschung war groß. Ich begann sogar an meinem Prinzen zu zweifeln.

Aber mein Unbehagen dauerte nicht lange. Eines Morgens sah ich in der *New York Times* eine große Annonce, fast in der Aufmachung einer Traueranzeige. Sie lautete: „Die Regierung von Dänemark bedauert, ihren Obligationsinhabern schweren Herzens mitteilen zu müssen, dass …" Aber das hatte ich schon vom Prinzen erfahren.

Die dänischen Anleihen stürzten auf 50 Prozent ihres Nominalwertes. Meine Spekulation war geglückt.

Du kennst vielleicht die dritte Strophe des Psalms 146 des Königs David: „Verlasset euch nicht auf Prinzen." Ich aber sage dir, im gegebenen Fall kann man ihnen doch trauen …

Amerikanische Eisenbahnanleihen

Auch SPEKULATIONEN MIT ANLEIHEN AMERIKANISCHER EISENBAHNEN, die sich während des letzten Krieges am Rande des Abgrundes oder sogar in seiner Tiefe befanden, waren äußerst einträglich. Im 19. Jahrhundert war Amerika das gelobte Land des Abenteuers, eine zugleich faszinierende und schreckenerregende Welt. Es war das Eldorado der Pioniere, vom Farmer bis zum Goldgräber, eine Fata Morgana, die die Spekulanten aller Schattierungen blendete: den kleinen Krämer aus Chicago, den Tabakpflanzer aus Virginia, den Kapitalisten an der Wall Street.

Das Geld schien auf der Straße zu liegen und an der Börse war ein großes Spiel entfesselt. In jenen Jahren fieberhafter Geschäftstätigkeit wurde der Grundstein zu riesigen Vermögen gelegt. Harriman, Gould, Vanderbilt, diese märchenhaften Namen haben auf Europa einen Glanz ausgestrahlt, dass man 50 Jahre lang glaubte, alle Yankees seien Millionäre.

Amerika war stolz auf den Erfolg seiner „großen Söhne" und hat ihnen eine bis dahin unbekannte Krone aufgesetzt – es machte sie zu Eisenbahnkönigen. Und es gab viele solcher Könige. Im Jahre 1892 hat die *New*

York Tribune eine „Zählung der Millionäre" durchgeführt, 4.097 an der Zahl, davon waren nicht weniger als 468 Eisenbahn-Millionäre.

Der Geldgeber beim Bau der ersten Lokomotive, die er auf seinen Namen taufen ließ, war „König" Cornelius, Stammvater der Familie Vanderbilt. Er hinterließ seinem Sohn runde 100 Millionen Dollar. Vanderbilt junior verstand es noch besser als sein Vater, denn seine Kinder konnten sich nach seinem Tode 200 Millionen Dollar teilen.

Alle Welt wollte ihnen nacheifern. Die Leidenschaft für die Eisenbahnen ergriff die gesamte Union, angefangen von den landwirtschaftlichen Staaten bis hin zu den industriell weit fortgeschrittenen. Innerhalb weniger Wochen entstanden neue Eisenbahngesellschaften. Hinter der Fassade des Enthusiasmus verbargen sich allerdings hier und dort unsichere, wenn nicht gar verdächtige Unternehmen. Gesellschaften, die Finanzierungsschwierigkeiten hatten, mussten oft zu recht seltsamen Mitteln greifen.

So baute man in einer für damalige Verhältnisse schwindelnden Höhe einen Viadukt, der den Ohio überspannte. Die Gesellschaft, die dieses Wunderwerk errichtet hatte, kämpfte mit argen finanziellen Schwierigkeiten. Sie glaubte, die Unkosten zu senken, indem sie in Vollmondnächten – es wurde auch während der Nacht gearbeitet – die Brückenkandelaber löschte!

Die Finanzpolitik der Eisenbahngesellschaften war ziemlich einfältig und sie passte gut zu den Abenteurern, die sie gegründet hatten. Gesellschaften, die sich lediglich auf die gewährten Eisenbahnkonzessionen stützten, wurden gegründet und die Lücken der damaligen amerikanischen Gesetzgebung erleichterten Schiebungen aller Art. Um sich das nötige Kapital zu beschaffen, emittierten die Eisenbahngesellschaften Anleihen. In der allgemeinen Begeisterung wurden sie sofort gezeichnet, denn jeder Staat neidete seinem Nachbarn die Ehre, ein Eisenbahnnetz zu besitzen.

Die gute Konjunktur ließ die Gewinne steigen, die Eisenbahnkönige wurden reicher und reicher, da sie die Gewinne bis zum letzten Pfennig unter sich verteilten. Man dachte nicht daran, Reserven für schlechtere Jahre zu schaffen, und man sorgte sich nicht darum, ob man eines Tages die Anleihen würde zurückzahlen können. Die hohen Dividenden lockten die Spekulanten wie das Licht die Motten und der Spekulationsboom erreichte astronomische Ziffern. In Illinois hielten Bäuerinnen die Reisenden an, um ihnen Eier oder Käse zu verkaufen und um gleichzeitig noch mehr Aktien zu kaufen, noch mehr Anleihen zu zeichnen.

Doch bereits der erste Konjunkturwechsel führte zu Katastrophen. Vom amerikanischen Bürgerkrieg bis in das Jahr 1940 ist die Geschichte der amerikanischen Eisenbahnen nichts als eine lange Folge von Debakeln und Sanierungen. Da keine Reserven existierten, konnte man in den mageren Jahren die Zinsen für die Obligationen nicht zahlen und das war der Anfang vom Ende.

Die Eisenbahngesellschaften mussten eine nach der anderen ihre Zahlungen einstellen. Viele von ihnen verschwanden oder wurden „borderlines", Grenzgesellschaften, was im Börsenjargon nicht Gesellschaften an der Staatsgrenze, sondern an der Grenze des Konkurses bedeutet.

Diese Serie von Zahlungseinstellungen ging weiter bis zum Ausbruch des Zweiten Weltkrieges. Anfang 1940 waren von 574 Eisenbahngesellschaften 54 in Konkurs – eine von zehn. Man arbeitete Sanierungspläne aus, die sich auf die schlechten Zahlen der schlechten Jahre stützten. Dann kam der Krieg und die Situation änderte sich radikal. Das ganze Wirtschaftsleben wurde auf den Kopf gestellt, Materialzüge, Truppentransporte, Lebensmittellieferungen durchquerten das Land vom Atlantischen bis zum Pazifischen Ozean, von einer Küste des Landes zur anderen, in Richtung zu beiden Fronten im Fernen Osten und in Europa. Fieberhafte Aktivität ergriff das ganze Land.

Die Sanierungspläne für die bankrotten Eisenbahngesellschaften waren von Fachleuten wissenschaftlich ausgearbeitet worden, von Juristen, Ingenieuren, Technikern. Aber da man bei diesen Ausgleichsverfahren die Zahlen der schlechten Jahre zugrunde gelegt hatte und demgemäß die Schulden wesentlich verringerte, stiegen nun die Nettoeinnahmen ins Unermessliche.

Wäre eine so ungewöhnliche Konjunktur früher eingetreten, hätten die meisten Gesellschaften nicht Bankrott gemacht. Die Unternehmen an der Grenze (des Bankrotts) ließen nun die Schwierigkeiten hinter sich und kehrten zur Prosperität zurück.

Hier lag die Chance für den Spekulanten: Er konnte zu billigem Preis die notleidenden Eisenbahnobligationen aufkaufen, in der Hoffnung, dass nach Überwindung der Schwierigkeiten die Bezahlung der Coupons wieder aufgenommen würde.

Du musst dir eines merken: Die größten Chancen eines Spekulanten liegen immer in den Grenzsituationen. Der Weg von der notleidenden Obligation bis zur Zahlungsfähigkeit ist ein äußerst unsicherer Weg, aber er ist mit Gold gepflastert. Denn sobald die Grenze überschritten wird, das heißt der Schuldner wieder zahlungsfähig ist, schnellen die Kurse in die Höhe.

Der Spekulant muss jedoch jede Situation klar beurteilen können. Jede Einzelheit ist wichtig, wenn du wissen willst, ob ein Eisenbahnnetz rentabel ist oder nicht: die Zahl der Waggons, die Länge der Schienen, das Personal, die Güte des Materials, die Strecke, die befahren wird, die beförderten Güter und so weiter. Eine Strecke, die nur der Personenbeförderung dient, stellt nicht die gleiche Anforderung wie eine, auf der Getreidetransporte durchgeführt oder ausschließlich Industriegüter befördert werden.

Der Spekulant muss gleichzeitig Brücken- und Straßenbauingenieur, Mechaniker, Statistiker und Volkswirt sein oder er muss sich der Dienste von Fachleuten versichern. Die Universität von New York richtete damals sogar einen Lehrstuhl für Probleme der Eisenbahnsanierung ein.

Die Hausse war damals so gewaltig, dass der Wert der Obligationen um das 10-Fache stieg. Der erzielte Gewinn war noch größer bei den Anleihen mit „nassen Füßen" („nasse Füße" nennt man Papiere, die fast wertlos sind), die zu den niedrigsten Preisen angeboten wurden.

Am meisten verdiente, wer so kühn war, die allerschlechtesten Anleihen zu kaufen. Sie stiegen nämlich am meisten, da sie am niedrigsten gestanden hatten.

Diese Kühnheit habe ich nicht besessen. Ich habe nur die Krümel geerntet, weil ich meiner Erziehung nach zu konservativ bin. Aber ich habe für später daraus gelernt. Damals hielt ich mich an Papiere, die eine gewisse Garantie boten, um mich zu schützen. Aber gerade die Papiere mit der geringsten Garantie waren es, die am meisten stiegen. Der Favorit steigt vielleicht sicherer als der Outsider, aber er steigt dann nicht so hoch. Knapp ein Jahrhundert nach der Gründung der Eisenbahngesellschaften war es daher wieder möglich, große Vermögen zu erwerben, ebenso märchenhafte wie die der Vanderbilt oder Gould von ehemals.

Doch damit war die dramatische Geschichte der amerikanischen Eisenbahnen noch nicht zu Ende. Nach der Hochkonjunktur der 40er-Jahre begannen Ende der 60er-Jahre neue Schwierigkeiten. Die Gesellschaften konnten ihre Tarife nicht parallel zu den allgemeinen Lohn- und Preissteigerungen erhöhen. So geschah es dann, dass nach einer 100-jährigen Geschichte die größte amerikanische Eisenbahngesellschaft, die PENN-Central (die Fusion von New York Central und Pennsylvania Railroad) in Konkurs ging.

Im Laufe ihrer Geschichte hatte sich die New York Central öfter an der Grenze der Pleite befunden. Ich selbst habe in den 30er-Jahren, also lange vor der Kriegskonjunktur, in New-York-Central-Anleihen spekuliert, die damals ungefähr zu 20 bis 25 Prozent ihres Nominalwertes gehandelt wurden. Sie war eine sogenannte „Grenzlinie" und das Risiko einer Pleite drohte schon damals. Zitternd warteten wir bei den Brokern auf die Tickernachrichten, ob der fällige Zinscoupon bezahlt wurde oder nicht. Sobald die positive Nachricht kam, sausten die Kurse der Anleihen in die Höhe. Und das gleiche Spiel wiederholte sich alle sechs Monate, wenn die Coupons fällig waren. Für Herzkranke war diese Spekulation nicht geeignet, aber meine Freunde und ich waren jung und hatten Nerven.

Im Juni 1970, 25 Jahre später, verfolgten die Spekulanten an der Wall Street den Ticker mit der gleichen Nervosität. Es ging darum, ob die Regierung die PENN-Central in ihren Schwierigkeiten unterstützen würde oder nicht. Zur größten Überraschung aller war die Antwort negativ. Und so kam es denn, dass die Gesellschaft nach jahrelangem Lavieren die ominöse Grenze zwischen Solvenz und Pleite passieren musste. Der Aktienkurs fiel über Nacht von 13 auf 6 Dollar, nachdem dieselben Aktien ein Jahr zuvor noch auf 87 Dollar gestanden hatten. Dabei hatte die NYC außer in den Kriegsjahren auch noch während der letzten Zeit eine Glanzperiode erlebt.

Anfang der 60er-Jahre gab mir einer meiner Bekannten, der berühmte Theaterproduzent Billy Rose (ehemaliger Sekretär Bernard Baruchs), den Tipp, NYC-Aktien zu kaufen. Allein die New-York-City-Immobilien machten mehr als 70 Dollar pro Aktie aus, während der Börsenkurs nur auf 25 Dollar stand. Er selbst kaufte 300.000 Aktien und kam in den Aufsichtsrat. Die Kurse stiegen erst langsam, dann immer schneller, zumal der Fusionsplan zwischen NYC und Pennsylvania Railroad trotz aller gerichtlichen Schwierigkeiten langsam Gestalt annahm.

Jahrelang studierten die kompetentesten Finanzanalysten die möglichen Folgen der Fusion, alles auf höchst wissenschaftlicher Basis. Jede Einzelheit wurde genauestens unter die Lupe genommen: die Zahl der Waggons, die Länge der Schienen, die politische Einstellung des Personals, die Psychologie der Passagiere, die Qualität des Materials, die transportierten Güter et cetera et cetera. Mit hochwissenschaftlichem Rüstzeug und mithilfe der Computer hatten die Eisenbahnprofessoren ausgerechnet, dass die neue PENN-Central mit einem Jahresprofit von sieben Dollar pro Aktie rechnen könne. Seit der Fusion sind kaum zwei Jahre vergangen und die Voraussagen haben sich als die größte Blamage erwiesen. Anstatt sieben Dollar Profit beträgt das Jahresresultat vier Dollar Verlust pro Aktie.

Diese Blamage bleibt ein einmaliges Denkmal für die Unfähigkeit der Finanzanalysten. An den PENN-Central-Hereinfall wird man sich in der Finanzgeschichte noch lange erinnern.

Als pikante Einzelheit möchte ich noch Folgendes hinzufügen: Wenige Monate vor ihrer Pleite hatte die PENN-Central bei Schweizer Kapitalisten eine Anleihe von 250 Millionen Franken untergebracht, indem sie ihre schlechte finanzielle Situation verheimlichte. Dies hat gewiss nicht zum guten Ruf der Finanziers beigetragen.

Die großen Chancen nach dem Krieg

Lieber Hans,
DAS ENDE DES ZWEITEN WELTKRIEGES brachte, wenn auch nicht die gleichen, so doch im Grunde ähnliche Situationen, sodass ich meine Erfahrungen mit den notleidenden Eisenbahn-Aktien nutzbringend anwenden konnte.

Alle japanischen, italienischen und deutschen Staatsanleihen und Obligationen, die auf Dollar, Pfund, Sterling oder Französische Franc lauteten, waren notleidend. Ihre Aufwertung war ein Geschenk des Himmels für erfolgreiche Spekulanten, zu denen ich diesmal auch gehörte.

Meine Spekulation war von der Vorstellung ausgegangen, dass der Friede nicht ein einfacher Waffenstillstand, sondern ein dauerhafter Friede war und der Beginn einer Zukunft, die aus den Ruinen der hoffnungslosen Tage geduldig aufzubauen war. Man musste mit den Aktien der „Friedens-AG“ auf Hausse spekulieren.

Der Weg zur wirtschaftlichen Blüte und Prosperität war schwierig. Es galt zunächst, die Finanzen in Ordnung zu bringen. Die meisten der besiegten Länder haben diesen Weg mit ebenso viel Mut wie Vernunft beschritten, wenigstens diejenigen unter ihnen, die weiterhin unter dem kapitalistischen Regime verblieben.

Ich werde dir über Italien, Japan und Deutschland in chronologischer Reihenfolge berichten wie über drei Theater, in denen ich in dem Stück mit dem Titel „Spekulation“ aufgetreten bin.

Italien war das erste Land, das mit den amerikanischen Gläubigern über die Regelung seiner Anleiheschulden Verhandlungen führte. Mehrere

Fragen waren offen, so etwa die Begleichung der während des Krieges nicht bezahlten Coupons und die Wiederaufnahme der künftigen Zinszahlungen.

Die Verhandlungen waren relativ kurz. Eine neue Serie von Obligationen ersetzte die alten staatlichen, kommunalen oder privaten Anleihen. Diese neuen Schuldverschreibungen wurden an der New Yorker Börse zu dem ungewöhnlich niedrigen Kurs von 12 bis 14 Prozent ihres Nominalwertes eingeführt.

Bei diesem Preis ergab sich ein Ertrag von 25 Prozent pro Jahr, ein lächerlicher Satz, wenn man berücksichtigt, dass Italien mühelos zahlen konnte: Die jährliche Belastung durch diese abgeänderte Schuld war nur ein minimaler Bruchteil der Dollarschecks des Marshallplans, die Italien von der amerikanischen Regierung geschenkt erhielt. Mit der rechten Hand kassierte Italien also große Dollarbeträge, die es in die Lage versetzten, sich mit der linken Hand weitgehend von – verhältnismäßig – kleinen Schulden bei seinen privaten Gläubigern, den Anleiheinhabern, zu befreien.

Was ich in dieser Situation zu tun hatte, lag auf der Hand: die neuen Obligationen kaufen und einfach abwarten. Man musste nämlich erkannt haben, warum die Kurse so niedrig standen. Aber das war noch nicht alles. Es galt dann später, die komplizierten Faktoren richtig einzuschätzen.

Im Jahr 1947 interessierten sich die amerikanischen Kapitalisten noch nicht für Europa; es war ein ferner, von Trümmern übersäter Kontinent.

Mister Jones, der amerikanische Durchschnittskapitalist, legte seine Ersparnisse in amerikanischen Papieren an, die ihm näher lagen und sicherer vorkamen.

Zu diesen psychologischen Gründen gesellten sich politische. Italien stand damals vor allgemeinen Wahlen, den ersten nach dem Krieg, und die vorsichtigen Kapitalisten hatten Angst vor einem kommunistischen Sieg. Für den Spekulanten ging es aber gerade darum, zu begreifen, dass dieser befürchtete Sieg unmöglich war.

Man hätte die Kommunisten auf keinen Fall gewinnen lassen. Entweder hätten die Wahlen überhaupt nicht stattgefunden oder die Ergebnisse wären gefälscht worden. Und wenn die Kommunisten nun durch ganz außergewöhnliche Umstände dennoch den Sieg davongetragen hätten, dann wären die Wahlen für ungültig erklärt worden. Dank des Vetorechts der Alliierten lag ein kommunistischer Sieg im Jahr 1948 überhaupt nicht im Rahmen des Möglichen.

Wer erfolgreich spekulieren wollte, musste also zunächst die politische Situation richtig einschätzen. Und die Ergebnisse ließen nicht auf sich warten.

Man begann, Italien wieder Vertrauen zu schenken, das Land brachte seine Wirtschaft in Ordnung und der gute Ruf war wieder hergestellt.

Innerhalb eines Jahres schossen die „zum Tode verurteilten" Obligationen wie ein Pfeil in die Höhe, von der Tiefe des Abgrundes stiegen sie bis auf 80 Prozent ihres Nominalwertes.

Ein solcher Aufschwung ist nur bei notleidenden Obligationen möglich. Man musste also genug Fantasie besitzen, um das Risiko auf sich zu nehmen.

Die ganze italienische Spekulation beruhte auf der Höhe der Rendite, welche die Obligationen abwerfen würden, wenn einmal eine Vereinbarung unterzeichnet worden war. Die Aufwertung an sich war eine ziemlich sichere Sache. Sie war durch die amerikanische Hilfe ebenso wie durch die Ausschaltung des politischen Risikos garantiert.

Von dem Augenblick an, in dem ich feststellen konnte, dass die Ereignisse meine Hoffnungen bestätigten, wurde mein Abenteuergeist immer mehr und mehr geweckt. Ich legte mich in größeren Bereichen fest; die Spekulation war weniger sicher, dafür aber aufregender, und die Gewinnaussichten waren entsprechend größer. Ich begnügte mich mit weniger materiellen Anzeichen, mit weniger greifbaren Tatsachen, denn man entschließt sich leichter, das zu wiederholen, was einmal geglückt ist.

Der Erfolg beflügelt die Einbildungskraft. Diese Romanze ist manchmal gefährlich, doch die größeren Gewinnspannen sind die Entschädigung für die durchstandene Gefahr. Ich musste also unbedingt den eingeschlagenen Weg weiterverfolgen. Die nächste Etappe waren die japanischen Anleihen, dann die deutschen.

Ich wandte das gleiche Verfahren an. Doch im Übergang von der italienischen bis zur japanischen Spekulation nahm das Risiko gewaltig zu.

Im Jahr 1948 waren die Japaner fassungslos über ihre Niederlage. Es sah nicht nach einem baldigen Wiederaufbau aus. Natürlich war damals noch keine Rede davon, dass die Amerikaner den Siegern von Pearl Harbor mit Hilfsmitteln unter die Arme greifen würden.

Die Spekulation ruhte auf einem ziemlich schwankenden Grund. Es war die Hoffnung, dass man irgendwann einmal eine Regelung der Schulden ins Auge fassen würde – zumal ja diese Schulden bei den westlichen Ländern, den Vereinigten Staaten, Großbritannien und Frankreich, ziemlich bedeutend waren.

Damals ging es für mich um zwei Kardinalfragen, von denen der günstige Verlauf der Operation abhing. Erstens: Würde Japan seine „ehrenvolle“ Rolle als Großmacht wieder spielen können? Zweitens: Würde es auch willens sein, seinen Verpflichtungen aus der Vorkriegszeit nachzukommen?

Das erste Problem war ein politisches und meine Ansicht stand fest. Die Konsolidierung des Friedens brachte allgemeinen Optimismus mit sich, der politischen Stabilisierung würde der wirtschaftliche Wiederaufbau folgen. Es bestand für mich kein Zweifel, dass die Japaner in der Lage sein würden, ihren Verpflichtungen nachzukommen. Aber würden sie es auch wollen? Waren sie „able and willing“ – fähig und willens? Hier lag das Problem.

Die Geschäftsmoral der Japaner war in der Vorkriegszeit ausgezeichnet gewesen. Und es gab Gründe genug, auch jetzt an ihren guten Willen zu glauben.

Meine Vermutungen erwiesen sich als richtig, einige Jahre danach wurde die ganze Schuld anerkannt, das Kapital sowie die unbezahlten Zinsen. Die Japaner beglichen alle rückständigen Coupons und nahmen die Zahlung für die laufenden wieder auf. Die gewagte Spekulation war geglückt.

Wenn man heute das Wort „gewagt“ für eine Spekulation auf Japans Zukunft benutzt, klingt dies fast wie eine Farce. Damals war es aber ein kühnes Spiel und wer es aufnahm, schätzte die Geschichtsentwicklung so richtig ein wie wenige.

Das große Experiment der Nachkriegszeit, das gefährlichste und aufregendste, war aber Deutschland. Das Chaos, das hier herrschte, war nicht nur die unmittelbare Folge des Krieges. Die Zerstörungen hatten ein schon seit langer Zeit finanziell krankes Land physisch ausgelöscht. Die Weimarer Republik hatte Deutschland zahlungsunfähig gemacht, das Hitler-Regime war den Weg konsequent weitergegangen. Amerika, Frankreich, Großbritannien, die Schweiz, Holland, die skandinavischen Länder, ganz Europa, ja die ganze Welt bezahlte die Zeche für den deutschen Zusammenbruch.

Die seit 1931 rückständigen, unbezahlten Coupons der Anleihen plus dem Kapitalwert dieser Anleihen ergaben riesige Beträge. Die Niederlage konnte dieses so schwer verschuldete Deutschland nur noch weiter in den Abgrund des totalen Bankrotts stürzen.

Ein Land ohne Lebenskraft und ohne Kredit, ohne Transportmittel, ohne Rohstoffe, ohne Brücken und intakte Eisenbahnstrecken – mit nichts in den Händen. Oder doch sehr wenig, wenn man auf den Wiederaufbau spekulieren wollte.

Es gab jedoch auch Hoffnungen: das liberale Regime des Kanzlers Adenauer und die amerikanische Marshallplan-Hilfe, die umso intensiver war, als sie einen Wall gegen den Kommunismus bilden sollte.

Außerdem konnte man sich auf ein natürliches Kräftereservoir stürzen: auf den guten Willen, die Arbeitskraft und die Disziplin eines jetzt wieder demokratischen Deutschlands, das sich mit einem niedrigen Lebensstandard abfand. Es gab also einleuchtende Chancen, die es zu nutzen galt. Aber nach welcher Strategie sollte man vorgehen?

Vorbedingung für eine erfolgreiche Spekulation war die wirtschaftliche Wiedergesundung. Sie würde eine Aufwertung der Auslandsschulden erhoffen lassen. Wie bei einem gut gebauten Theaterstück musste der Spekulant den logischen Aufbau seines Spielplanes ausarbeiten.

Ort der Handlung: Welche Börse sollte man wählen? In erster Linie kamen die Schweizer Börsen infrage.

Deutschland müsste vor allem daran interessiert sein, diejenigen Gläubiger zu befriedigen, die über die größten Druckmittel verfügten. Die Schweiz hat es immer verstanden, aus günstigen Situationen Nutzen zu ziehen. Der damalige rege Warenaustausch zwischen der Helvetischen Konföderation und Deutschland gab der Schweiz die Möglichkeit, einen Teil der deutschen Exportüberschüsse für den Dienst der deutschen Anleihen in der Schweiz zu verwenden.

Der Ort der Handlung war also klar; wer aber sollten die Darsteller sein? Eine Fülle von Anleihen verschiedenster Herkunft bot sich zur Wahl und ich bemühte mich, eine möglichst breite Auswahl zu treffen. Da gab es die Schuldverpflichtungen des Dritten Reiches, der Weimarer Republik (Dawes- und Young-Plan), Schuldverschreibungen der Länder, die heute zur Bundesrepublik gehören, sowie diejenigen der Städte. Es gab auch zahlreiche Anleihen von Privatunternehmen, den bekannten Industriekonzernen, deren Hochöfen früher Tag und Nacht den Himmel des Ruhrgebietes erleuchtet hatten.

Es blieb mir nur noch übrig, die Vorschläge abzuwarten, welche die Schuldner den Gläubigern machen würden. Die Handlung musste sozusagen in Gang gebracht werden. Ich vernachlässigte auch nicht die Einzelheiten der Inszenierung meiner so sorgsam aufgebauten Spekulation: die Währung, in der die Obligationen ausgeschrieben waren, ob in Dollar, Pfund Sterling oder Franken; das Problem der Sicherheiten; die

Existenz einer Wechsel- oder Goldklausel, dies ist häufig die Quelle juristischer Spitzfindigkeiten und unendlichen Hin- und Herfeilschens, wobei sich jede Partei hinter ihrer eigenen Interpretation verschanzt.

Die Zahlungsfähigkeit des Schuldners spielt ebenfalls eine Rolle. Würde die deutsche Bundesrepublik die ganzen Schulden des Reiches anerkennen oder einen Unterschied machen zwischen den Schulden gegenüber den westlichen Staaten und denen des Ostens, wobei die Verantwortung für letztere der Pankower Regierung überlassen blieb?

Stark zerstörte Städte wie Köln und Berlin waren weniger interessante Spekulationsobjekte als intakt gebliebene, denn sie mussten ihre ganzen verfügbaren Mittel für die Trümmerbeseitigung und den Wiederaufbau verwenden.

Bei kommunalen oder privaten Unternehmen prüfe ich vor allem vier Punkte. Ihre finanziellen Möglichkeiten, den guten Willen, die in den ursprünglichen Verträgen festgelegten Garantien und natürlich ihre geografische Lage.

Ich baute meine Spekulation äußerst sorgsam auf. Sie war ein Mosaik, zusammengesetzt aus vielen Grundelementen, die ich mit der Sorgfalt eines Chemikers zusammensetzte.

Und ich hatte Erfolg. Die gesamte Schuld mit allen Klauseln und ursprünglichen Bedingungen über die Rückzahlung wurde anerkannt, alle aufgelaufenen Zinsen nachgezahlt und die normalen Zinszahlungen wieder aufgenommen.

Wie immer waren die schwarzen Schafe die besten Spekulationsobjekte. Besonders schlechte Anleihen, die man zu einem sehr niedrigen Kurs erwerben konnte, legten den längsten Weg zurück und überwanden den größten Höhenunterschied. So quotierten die Obligationen des Young-Plans, die im Jahr 1930 in Frankreich in Französische Franc herausgegeben worden waren, anfangs mit 300 alten Franc. Dank der Einhaltung der Wechselklausel erreichten sie die fantastische Summe von 30.000 alten Franc.

Wer Geduld und Mut hatte, konnte einem wunderbaren Schauspiel beiwohnen.

1. Akt:

- Gesundung der deutschen Finanzen;
- Stabilisierung der Währung durch Schaffung der D-Mark;
- Industrieller Wiederaufbau, bei dem alle Kräfte des Landes konzentriert werden, vor allem durch Ankurbelung des Exportes, der Devisen ins Land brachte.

Nachdem diese Vorbedingungen erfüllt waren, konnte sich der Vorhang zum 2. Akt heben:

- Verhandlungen zwischen Treuhändern für die gesamten deutschen Schulden und den Gläubigern aller interessierten Länder;
- Besprechungen ohne allzu große Hindernisse bis zur letzten Hürde: die Ratifizierung.

Damals war die Legislaturperiode des deutschen Parlaments fast abgelaufen. Würde es aufgelöst werden, ehe die Vereinbarungen ratifiziert waren? Dank der Beharrlichkeit von Bundeskanzler Adenauer konnten alle Schwierigkeiten überwunden werden. Er gab Deutschlands Kreditwürdigkeit seinen alten Glanz zurück, verhalf ihm wieder zu seinem guten Ruf, den es seit einem halben Jahrhundert eingebüßt hatte.

Der 3. Akt ist die logische Folge des 2.:

- Aufgrund der neuen Vereinbarungen traten neue Schuldverschreibungen an die Stelle der alten und ihre Kurse stiegen steil in die Höhe.

Nun konnte der Vorhang fallen. Die Zuschauer verließen befriedigt das Theater. Wer sich weiter amüsieren wollte, brauchte nur hinter die Kulissen zu gehen, um dort die Partie fortzusetzen. Man musste in Deutschland mit deutschen Werten spekulieren, mit Industrie-, Bank- und Handels-Aktien. Das Spiel hatte erst begonnen.

Ich war vom Wiederaufblühen der deutschen Wirtschaft fest überzeugt. Doch vergebens machte ich unter meinen Kollegen und Bekannten für deutsche Anleihen und Aktien Propaganda. Ich war der Rufer in der Wüste. Das Vorurteil der Menschen in Westeuropa, besonders in der Schweiz, aber auch in Frankreich, England und Amerika war nicht zu überwinden. „Nein!", lautete stets die kategorische Antwort. „Deutschland wird nie zahlen, denn auch wenn es zahlen könnte, was höchst unwahrscheinlich ist, wird es nicht zahlen wollen."

Auch ich bin in einer eher deutschfeindlichen Atmosphäre aufgewachsen. Zwar hatte ich als Kind in Ungarn immer eine deutsche Gouvernante, die aber von allen Nachbarn und Dienstboten gehasst wurde, weil sie Deutsche war. „Ungar, glaub dem Deutschen nicht, ganz egal, was er verspricht", war ein ungarisches Sprichwort.

Später als Student in Budapest und Paris machte ich keine besseren Erfahrungen. Und dann kam noch die fürchterliche Hitlerei dazu. Es war kaum möglich, sich einer Germanophobie zu entziehen.

Aber alles änderte sich nach dem Krieg wunderbar bei der Geburt eines neuen demokratischen Deutschlands.

Aber abgesehen von meiner persönlichen Einstellung, in Börsenangelegenheiten darf man sich nicht von Vorurteilen beeinflussen lassen. Die starre und voreingenommene Einstellung meiner Bekannten hat sie schließlich viel Geld gekostet.

Das Spiel mit Aktien, die fast pleite sind

Die Geschichte der Börse, wie überhaupt die Geschichte, ist ein ständiger Wiederbeginn. Was in Deutschland geschah, war schon einige Jahre zuvor in Italien geschehen. Gleich nach Kriegsende befand sich ITALIEN IN EINER EINZIGARTIGEN SITUATION. Das Land selbst hatte kaum unmittelbare Kriegsschäden erlitten. Der größte Teil der Fabriken war intakt, konnte aber wegen Rohstoffmangels nicht arbeiten. Und Rohstoffe konnten nicht gekauft werden, weil es keine Devisen gab.

Ein mit den Vereinigten Staaten genial ausgeklügeltes System half Italien aus dieser Sackgasse. Aufgrund von Lohnarbeitsverträgen lieferte Amerika an Italien Rohstoffe: Wolle, Baumwolle, Kunstseide. Nach der Verarbeitung in italienischen Fabriken kehrte ein Teil der Fertigwaren als Bezahlung in die Vereinigten Staaten zurück, während der Rest für den Inlandsmarkt bestimmt war oder sogar nach anderen europäischen Ländern exportiert wurde.

Ab 1946 erfreute sich die italienische Textilindustrie einer neuen Blüte und auch die Mailänder Börse erlebte eine Wiedergeburt; allmählich stellte sich die von Leidenschaft erfüllte Atmosphäre wieder ein, die Mailand vor dem Krieg zu einem der aktivsten Aktienmärkte in Europa gemacht hatte, an denen am meisten spekuliert wurde. Diese Neubelebung beschränkte sich jedoch mehr oder weniger auf die Herstellung und den Handel mit Textilien und die damit verwandten Industriezweige, die direkt oder indirekt mit der Textilindustrie zu tun hatten: Warenhäuser, Werkzeugmaschinen und so weiter.

Als ich von den Vereinigten Staaten kam, wo man Europa mit einem gewissen Pessimismus beurteilte, war ich sehr überrascht, eine wahre Flut von Artikeln aus Baumwolle, Seide und Wolle in den eleganten Mailänder Geschäften in der Nähe des Doms vorzufinden. Mein Spekulationsinteresse reagierte sofort. Ich fragte einen meiner Freunde, einen Makler an der Mailänder Börse, um Rat.

„Es ist viel zu spät, um hier noch mitzumachen", sagte er. „Die guten Sachen sind schon zu hoch gestiegen. Sie sind viel zu teuer, als dass man sie jetzt noch kaufen könnte. Und die, die nicht teuer sind, haben keinen Grund zu steigen."

Ich kam von den Vereinigten Staaten zurück und war mit den europäischen Verhältnissen noch nicht vertraut genug. Er musste es besser wissen als ich. Ich gab mich also mit seiner Behauptung zufrieden und fand mich notgedrungen damit ab, von diesem „Kuchen" nichts mitkosten zu können.

Ein paar Wochen später erregte eine Notiz in der *Neuen Zürcher Zeitung* meine Aufmerksamkeit. Die große kalifornische Automobilfirma Kaiser-Frazer hatte soeben einen Vertrag mit Fiat in Turin abgeschlossen, wonach die italienische Firma 100.000 Motoren jährlich im Lohnarbeitsvertrag herstellen sollte.

So, sagte ich mir, das Verfahren hat seit den Textilien also Schule gemacht; wer ist jetzt an der Reihe? Wahrscheinlich die Autos.

Einige Minuten Überlegung genügten, um meinen Plan zu fassen. Bei Eröffnung der Börse fragte ich meinen Makler:

„Sagen Sie, was ist die schlechteste Automobil-Aktie?"

„Sie meinen doch wohl die beste? Das ist Fiat."

„Nein, die schlechteste. Erkundigen Sie sich bitte. Ich interessiere mich wirklich für die schlechteste, so merkwürdig Ihnen das auch vorkommen mag."

„Gut", sagte er und verschwand in der Menge. Nach einigen Minuten kam er zurück.

„Es heißt, das wäre Isotta-Fraschini (I.F.); die Firma steht kurz vor dem Bankrott."

Dieser Name rief die Erinnerung an jene lang gestreckten Vorkriegs-Limousinen wach, die Filmstars und große Finanziers gern fuhren.

I.F., diese Initialen des Luxus, bedeuteten also jetzt „Industrie in Finanzschwierigkeiten"?

„Sind Sie sicher?"

Er verschwand zum zweiten Mal im Menschengewühl.

„Ja, es ist mehr als sicher, I.F. ist nahezu bankrott."

„Gut, dann will ich ein Paket kaufen."

Mit einem Gesicht, das viel von seiner Skepsis verriet, führte er schließlich meine Order zu etwa 150 Lire aus.

Nachdem meine Spekulationslust befriedigt war, verließ ich die Börse und einige Tage später auch die Stadt. Monate vergingen, ehe ich wieder nach Mailand kam. Mein Makler rief mich gleich an: „Gratuliere, lieber Freund, zu diesem ausgezeichneten Tipp. Woher hatten Sie ihn?" !!!

„Sagen Sie nur nicht, dass Sie nichts wussten. Es ist unglaublich, Isotta steht auf 450. Sie wollen sicher verkaufen?“

„Keineswegs!“ Und ich gab ihm Anweisung, noch mehr Isotta-Aktien zu kaufen.

Diesmal fügte er sich gleich. Er versuchte, seine Überraschung zu verbergen, und führte die Aufträge aus.

Da es mich selbst verwunderte, dass eine so aus der Luft gegriffene Idee so rasch Erfolg gehabt hatte, machte ich mich daran, die Kursbewegungen zu verfolgen.

Diese Aktie war ein Einzelfall. Sie strebte allein nach oben, denn die übrigen Börsenwerte, einschließlich Fiat, blieben ziemlich konstant.

Die für 150 Lire gekauften Papiere stieß ich zu ungefähr 1.500 Lire ab, nachdem sie inzwischen bis auf 1.900 Lire geklettert waren.

Das Wunder ließ sich jedoch erklären. Meine Idee war richtig gewesen. Im Zuge des wirtschaftlichen Wiederaufbaues war ein Wirtschaftszweig nach dem anderen an die Reihe gekommen. Italien hatte einen guten Ruf in der Automobilindustrie und war daran interessiert, ihn auch weiterhin zu fördern. Hier und da waren Gruppen ausländischer Geldleute und Industrieller aufgetaucht, hatten die darniederliegenden italienischen Industrien überprüft und Pläne ausgearbeitet, um sie wieder flottzumachen. Eine dieser Gruppen hatte I.F. übernommen, um sie zu reorganisieren und wieder auf die Beine zu bringen. Die Firma als solche besteht heute nicht mehr, da sie mit einer anderen Firma fusioniert hat. Aber mir ist sie als eines der kühnsten und erfolgreichsten Spekulationsobjekte in Erinnerung geblieben.

Wer seine Ersparnisse auf konventionelle Weise anlegen will, der kauft oder verkauft das beste Wertpapier. Die Suche nach dem schlechtesten Papier scheint eine gefährliche Inkonsequenz zu sein. Aber nicht bei Spekulanten.

Jeder hat seine eigene Vorstellung von der Wahrheit. Der einfache Zuschauer an der Börse und der Spekulant kommen nicht zu den gleichen Lösungen, wenn sie sich demselben Problem gegenübersehen. Das Urteil des einen erscheint dem anderen falsch, sogar verrückt.

Die sichtbare Wirklichkeit zu verdrehen, ist verführerisch. Der Künstler erliegt dieser Versuchung; mehr und mehr wird es eine Gewohnheit, eine Verführung. Manchmal aus Trotz, um sich über etwas lustig zu machen, oder auch einfach, um den Bürgerlichen eins auszuwischen.

Das ungefähr war es, was ich eines Tages tun wollte.

4

Information und Spekulation

Der Analyst denkt und die Börse lenkt

Vor mehreren Jahren rief mich mit aufgeregter Stimme ein alter guter Freund, Ernst Gall aus Zürich, an, der erste Prokurist und Börsenhändler des großen Bankhauses Julius Bär & Co. Man müsste AKTIEN VON „PAPIER ST. MORITZ" kaufen. „Warum?" „Egal, ganz egal", war die Antwort. „Sie werden steigen." Die aufgeregte Stimme verriet mir, dass mein guter Freund zwar keine Erklärungen geben konnte, aber fest überzeugt war. Hier hilft nur Glaube, dachte ich, vox populi vox Dei, und ich kaufte „Papier St. Moritz" zum Kurs von 162.

Als er den Hörer auflegte, fiel mir plötzlich ein, dass ja auch der Präsident der Papierfabrik La Chapelle (das einzige Aktivum der „Papier St. Moritz") ein guter Bekannter von mir war. Monsieur Georges Hereil, ehemaliger Präsident der Sud Aviation, Schöpfer der Caravelle, heute Präsident von SIMCA und Vizepräsident von Chrysler.

Die Antwort auf meine Frage, was er von diesem Papier halte, war niederschmetternd: „Der Preis an der Züricher Börse ist ein glatter Nonsens, der Buchwert ist kaum 40 Franken, gar keine Aussicht auf Dividenden. Es ist ein Unfug der Spekulation, den Kurs so in die Höhe zu treiben. Die in Zürich sind verrückt geworden, die Aktie ist um den Preis glatt abzustoßen und bestimmt nicht zu kaufen."

Die Heftigkeit, mit der er seine Auskunft unterstrich, veranlasste mich, die Angelegenheit etwas näher anzuschauen. Ich stellte tatsächlich fest, dass der Preis unverhältnismäßig hoch lag und der Präsident recht hatte. Doch überzeugt davon, dass die Börsentorheit keine Grenzen kennt, traf ich meine Dispositionen.

Ungeduldig wartete ich den nächsten Tag ab, um meinen Freund bei Bär zurückzurufen. „Sie sind ein Feigling, nicht mehr gekauft zu haben", tönte es mir aus dem Telefon entgegen. „Heute steht ‚Papier St. Moritz' schon auf 165."

Es machte mir Spaß, einem Bankier eine Lektion zu erteilen, obwohl er mein guter Freund war. Ich wiederholte ihm wörtlich, was mir Präsident

Hereil mitgeteilt hatte und was ich selbst feststellen konnte. Vom anderen Ende der Leitung war eine verängstigte Stimme zu hören: „Was sollen wir tun, Herr Kostolany, wollen Sie wieder verkaufen?"

„Was wir tun sollen? Kaufen Sie weiter ‚St. Moritz' dazu." Es folgte eine lange Pause, ich sah meinen Freund als stummes Fragezeichen vor mir. Ich setzte hinzu: „Ich wollte Ihnen nur zeigen, welche Bedeutung ich der Bilanzanalyse und einer Insiderinformation beimesse, selbst wenn diese vom Präsidenten stammt."

Am nächsten Tag erzählte ich am Stammtisch meinen Freunden von diesem extravaganten Entschluss, auch sie können als Zeugen auftreten. Dann vergaß ich die ganze Angelegenheit. Einige Monate später las ich in der *New York Times* über die Entwicklung der St.-Moritz-Aktien, die gerade von 1.200 auf 1.400 gesprungen waren. Ich rief meinen Freund in Zürich wieder an und verkaufte fröhlich alle meine „St. Moritz".

Als er mir die Ausführung am Telefon meldete, fragte ich ihn – eigentlich im Scherz! –: „Nun, lieber Herr Gall, habe ich einen guten Tipp gehabt?" Beleidigt antwortete mein Züricher Freund: „Wieso denn Sie? Ich habe doch den Tipp gehabt!"

Einige Zeit später stiegen die „St. Moritz" noch höher und dann verschwanden sie von der Börse, da die Firma von der englischen Gesellschaft Bowater zu einem hohen Preis übernommen wurde. Erst kürzlich unterhielt ich mich mit Präsident Hereil über diese Geschichte und wir lachten herzlich darüber. Heute kennt auch er, was er damals nicht kennen konnte: die finsteren Fusionspläne von Bowater. Seine Bilanzanalyse war absolut richtig gewesen, doch DER ANALYST DENKT UND DIE BÖRSE LENKT. Die Börse ist keine Wissenschaft, sondern eine Kunst. Genau wie in der Malerei muss man auch an der Börse für Surrealismus Verständnis haben. Auch wenn der Kopf manchmal unten und die Beine oben sind. Und werden nicht solche Bilder oft von Tausenden bewundert? Ich kaufte „Papier St. Moritz" nicht trotz der schlechten Informationen, sondern vielmehr gerade deshalb.

Oft denke ich an dieses amüsante Abenteuer, wenn ich sehe, mit welch wissenschaftlicher Exaktheit die Analysten arbeiten. Man macht Computeranalysen, zeichnet genaue Kurven, macht Berechnungen, man multipliziert, dividiert, subtrahiert, um die zukünftige Kursentwicklung der Aktien festzustellen.

Und dann kommt alles anders, wie im Fall der PENN-Central.

Kursgewinne in der Zeit – und im Raum

Die Spekulation ist eine Kunst. An der Börse kann man aber auch wissenschaftlich arbeiten. In diesem Fall handelt es sich nicht um eine Spekulation in der Zeit, sondern im Raum, um ARBITRAGEGESCHÄFTE AUF INTERNATIONALER EBENE. Es ist nicht mehr bloß eine Frage der Intuition, vielseitige und genaue technische Kenntnisse sind unerlässlich.

Zahlreiche Börsenwerte, die der Sprachgebrauch „international" nennt, werden gleichzeitig in verschiedenen Ländern notiert. Sie sind Gegenstand sehr einträglicher Transaktionen.

Sehr häufig treten bei ein und demselben Börsenwert Kursverschiebungen auf, je nachdem, an welcher Börse er notiert wird. Diese Unterschiede bleiben zuweilen eine gewisse Zeit bestehen, manchmal aber auch nur einige Stunden oder ein paar Minuten.

Die Spezialisten, die aus diesen Kursunterschieden Nutzen zu ziehen wissen, indem sie an einem Platz kaufen und an einem anderen verkaufen, werden Arbitragisten oder Arbitrageure genannt und ihre Transaktionen heißen Arbitragen.

Vor dem Ersten Weltkrieg gab es zum Beispiel sehr bedeutende Arbitragegeschäfte zwischen Paris und Sankt Petersburg mit russischen Börsenwerten und zwischen Paris und Madrid mit gewissen spanischen Renten. Zurzeit – das heißt schon seit Jahren – werden rege Arbitragegeschäfte zwischen London, Brüssel, New York, Frankfurt, Paris und Genf getätigt.

Während der Spekulant versucht, aus Kursdifferenzen in der Zeit Nutzen zu ziehen, versucht der Arbitrageur dasselbe mit Kursdifferenzen im Raum. Es gibt einfache und komplizierte Arbitragen. Seit einigen Jahren komplizieren sich diese Operationen infolge der verschiedenen Währungskontrollen und anderer Maßnahmen mehr und mehr.

Der Arbitrageur muss deshalb immer schneller arbeiten, um eine „Blitzverbindung" zwischen zwei Plätzen herzustellen. Es gehört auch immer mehr Geschick dazu, die Operationen jeweils miteinander zu verknüpfen.

Die Arbitragen werfen ein Netz über die gesamte Erde und sprengen den Rahmen normaler Wertpapiertransaktionen.

Der Arbitrageur springt nach den Erfordernissen seiner Transaktionen von einem Platz zum anderen, tauscht ein Wertpapier gegen einen Rohstoff,

Aktien gegen Staatsanleihen, Anleihen gegen Edelmetalle und so weiter. Kein Laie vermag diesem wirbelnden Reigen zu folgen.

Im Zuge solcher Zauberkunststücke machen die Transaktionen nahezu eine Reise um die Welt (in 80 Börsen) und sichern denjenigen, die sie erdacht, aufgebaut und schließlich ausgeführt haben, einen nicht unbeträchtlichen Nutzen.

Zur Illustration mag ein wahres Allerleigericht aus den Nachkriegsjahren dienen.

Nach dem Krieg begann Frankreich wieder, im Rhythmus seiner zurückgewonnenen Freiheit zu leben. Während der Feindseligkeiten wurde der Kreislauf des Kapitals sowohl aus praktischen wie auch aus psychologischen Gründen unterbrochen. Es war schwierig, die Zinsen für die Coupons ausländischer Wertpapiere zu erlangen. Auch das Misstrauen, der Schutzinstinkt, wirkte mit, der den Einzelnen anhält, bei drohender Gefahr zuerst sich selbst und gleich danach sein Hab und Gut zu verbergen.

Vergraben unter Bäumen, versteckt auf dem Grund irgendwelcher trockengelegter Brunnenschächte oder verborgen in Erdhöhlen warteten die Wertpapiere, bis sie in weniger schwierigen Zeiten wieder ans Tageslicht kommen konnten.

Statt gleich zu ihren Verstecken zu laufen, hatten die Eigentümer dieser Wertpapiere (hauptsächlich Goldminen) Verstand genug, erst einmal alles zu überdenken. Konnte nicht das plötzliche Wiederauftauchen so vieler Wertpapiere die Regierungen in Versuchung führen, diese zu beschlagnahmen?

Für Monsieur Dupont wie für Madame Dupont gab es nur einen einzigen Zufluchtsort, einen einzigen sicheren Hafen – so glaubten sie jedenfalls sehr naiv seit Jahr und Tag –, wo sie vielleicht den nächsten Sturm überstehen konnten. Und dieser Hafen hieß Gold.

Man musste also diese Mengen von Wertpapieren, diese vielen Tonnen Papier in echtes gelbes Metall verwandeln. Wieder einmal wirkte die Anziehungskraft des Goldes, von dem jedermann glaubt – vom Zwerg Alberich der Nibelungen bis zu General de Gaulle –, dass es den Menschen vor allen Misslichkeiten behütet.

Die guten Goldbarren sollten also die Aktien der Goldminen ersetzen, die ihrerseits eine überstürzte Reise in alle Himmelsrichtungen antraten. Spezialisten des Grenzverkehrs wussten ihnen den Weg nach Genf zu bahnen. Dort wurden die Goldminen-Aktien einem amerikanischen

Arbitragisten, einem meiner intimen Freunde, zur Verfügung gestellt. Er hieß Lacy Kux und war der klügste und geschickteste aller Arbitragisten. An der Wall Street und in der Londoner City galt er als der größte Fachmann für internationale Devisen- und Effektenarbitrage. Lacy wusste, wie man die Schwierigkeiten in allen Ländern umgehen konnte. Arbitragemöglichkeiten, die große Gewinne abwerfen, sind nicht jedermann bekannt und werden auch nicht kolportiert. Der Fachmann muss sie selbst finden oder erfinden und mein Freund Lacy war ein Virtuose darin.

Mister Kux stammte nicht aus Boston und nicht aus Texas, er war ein halber Landsmann von mir. Er wurde in der Slowakei geboren, hat in Wien die Schule besucht, in Göttingen Nationalökonomie und an der Sorbonne Literatur studiert. Schließlich ging er nach Amsterdam, wo er an der Börse volontierte, bevor er in London eine Ausbildung als Bankier begann.

Er war, wie gesagt, der perfekte Arbitrageur. Außerdem hatte er einen Bruder in Johannesburg, einen Vetter in Sydney, einen Schwager in London und viele Freunde, Kollegen und Berufsgenossen überall in der Welt. Er hörte das Gras wachsen und konnte seine Entscheidungen in einer Sekunde treffen – was ja schließlich auch sein Beruf war.

Lacy kaufte die in Genf eingetroffenen Goldminen-Aktien auf und bezahlte dafür in Dollar. Dank seiner Dollars konnten die Goldbarren, die Napoleons und die Sovereigns, dieses so heiß ersehnte Gold, den Weg nach Frankreich einschlagen.

Im 32. Stock eines Wolkenkratzers in der Wall Street, im Mosaik dieser Glaskäfige mit ihren luxuriös unpersönlichen Büros, überlegte Lacy Kux, ob ihm hier wohl der schönste Coup seiner Laufbahn als Arbitrageur gelänge. Mit einem Telefongespräch dirigierte er die Papiere von Genf in ein Land, in dem der Staat eine weniger schwere Hand hatte, nach Havanna in Kuba.

Während der Kriegsjahre hatten die in Frankreich begrabenen Aktien einen „langen Bart“ bekommen. „Langen Bart“ nannten wir im Börsenjargon die aufgelaufenen, unbezahlten Coupons, die noch an dem Papier hingen. Im Nothafen Kuba wurde der „Bart“ der Coupons abrasiert und nach London geschickt, wo die Zahlung in Dollar erfolgte, ohne englische Couponsteuer.

Von ihrem „Bart“ befreit, gingen die Papiere nun auf die Reise. Zuerst kamen sie nach New York, der Geburtsstätte dieses Schlachtplans. Von seinem Hauptquartier aus bereitete Lacy Kux die nächste Etappe vor, die zweite Überquerung des Atlantiks. Die Minen-Aktien wurden nach London geschickt, wo sie verkauft werden sollten.

Die britischen Käufer bezahlten den Gegenwert der Aktien in gesperrten Pfund Sterling. Das bedeutete, dass dafür nur andere Wertpapiere gekauft werden konnten.

An der Londoner Börse kaufte Lacy mit den Sperr-Pfunden brasilianische Staatsanleihen und alle möglichen argentinischen Aktien; Brauereien, Mühlen, Eisenbahnen und so weiter.

Dann lancierte er diese Papiere von seinem Wolkenkratzer in Manhattan nach Buenos Aires und Rio de Janeiro, in ihre Ursprungsländer, die begierig waren, ihnen wieder Heimatrecht zu geben. In Argentinien und Brasilien wurden die Aktien mit gesperrten Cruzeiros und Pesos bezahlt – gesperrt, weil in beiden Ländern das Geld nur für den Einkauf von Erzeugnissen, die den Export förderten, wie Kaffee, Kakao, brasilianische Baumwolle oder auch argentinisches Gefrierfleisch, verwendet werden durfte. Lacy Kux besaß nun Sperr-Cruzeiros und Sperr-Pesos, hatte aber nicht die Dollars zurückerhalten, die er in Genf ausgegeben hatte.

Was sollte er nun mit den Cruzeiros und den Pesos machen? Hier kam er mit einer Regel in Konflikt, die Brasilien und Argentinien aufgestellt hatten. Für sie war Amerika gleich Dollar. „Wenn die Yankees unseren Kakao, unseren Kaffee trinken und unser Fleisch essen wollen, dann sollen sie in harten, klingenden Dollars bezahlen – oder wir verkaufen ihnen gar nichts", sagten sie.

Doch die armen Verwandten der Nachkriegszeit, die Japaner, die Finnen, sie durften ihre Einkäufe in Brasilien und Argentinien mit gesperrtem Geld bezahlen.

Sofort verkaufte mein Freund seine Sperrguthaben in Helsinki und Tokio, wo sie sich in Kakao, Baumwolle und Kaffee verwandelten – in alles, was die brasilianische und argentinische Wirtschaft den Vereinigten Staaten verweigerte.

Manchmal ging der Reigen noch weiter. Denn es kam vor, dass Finnland einen Teil der eingekauften Waren nach Russland leitete, um damit alte Schulden zu bezahlen. Obwohl Finnland ein armes und vom Krieg verwüstetes Land war, stellte es dennoch die Dollars zur Verfügung, um Lacy Kux in New York zu bezahlen – und das konnte es, weil es Papierbrei aus seinen Wäldern im Norden in alle Länder der Welt exportierte.

Man könnte hier nach dem Sinn des Geldtanzes fragen. Warum haben Helsinki und Tokio gesperrtes Geld gekauft, mit dem sie Waren erstanden, die sie sich mit ihren eigenen Dollars leicht hätten direkt beschaffen können? Man muss an die Quelle zurückgehen, das heißt nach Paris, um den Mechanismus des Ganzen zu begreifen.

Das französische Publikum wollte sich seiner Goldminen-Aktien entledigen und war auf das Metall Gold versessen. Also wurden die Aktien zu Spottpreisen verschleudert und für Gold in Münzen oder Barren wurden überhöhte Preise gezahlt.

Mister Kux konnte sich dadurch seine Cruzeiros und Pesos so billig beschaffen und sie so günstig weiterverkaufen, dass die Finnen und Japaner ihre Warenimporte aus Südamerika mit diesen Devisen vorteilhafter finanzieren konnten, als wenn sie Waren gleich mit Dollars bezahlt hätten. Für Mister Kux aber war der Kreis geschlossen, er hatte seine Dollars zurück.

Es gibt noch viele andere Varianten des gleichen Themas. Eine Firma in Beirut zum Beispiel, die auf den Metallhandel spezialisiert war, hatte eine Gesetzeslücke entdeckt. Wenn unter bestimmten Umständen Englische Pfund zugunsten einer dänischen Bank transferiert wurden, dann konnte man sie zum Einkauf von Rohstoffen aus dem Britischen Empire verwenden. Diese Entdeckung wurde alsbald in klingende Münze umgewandelt. Unter dänischer Flagge segelte Zinn aus Singapur und Kautschuk aus Malaysia nach Rotterdam. Dann bezahlten die Amerikaner in Dollar und der Kreis war wiederum geschlossen.

Eine dritte Variante war folgende: Absprachen mit der Bank von England ermöglichten den Ankauf von Silber in Dschibuti gegen die berühmten Pfunde. Das weiße Metall ging in die Österreichische Münze nach Wien, wo es zu Maria-Theresia-Talern geschlagen wurde; dann kehrte es nach Dschibuti zurück, wo die Taler von denen gekauft wurden, die sie für Einkäufe in Abessinien brauchten.

So merkwürdig es auch erscheinen mag, die Münzen mit dem Profil der habsburgischen Kaiserin sind im Reiche des Negus ein gültiges Zahlungsmittel, sie wurden von den Käufern in Dollar bezahlt und der Kreis war wiederum geschlossen.

Was war bei diesem Reigen des Geldes und der Waren aus den in London verkauften Goldminen-Aktien geworden?

Ein Teil der Papiere ging nach Johannesburg, um dort gegen englische Staatspapiere eingetauscht zu werden, die nach Großbritannien zurückkehrten. Die Nachkriegszeit führte überall zu einer umfangreichen Heimkehrbewegung für nationale Wertpapiere. Die im Ausland befindlichen

Papiere kehrten in ihre Ursprungsländer zurück. Die Argentinier kauften ihre Brauereien und ihre Eisenbahnen zurück, die Brasilianer ihre Staatsanleihen, die Südafrikaner ihre Goldminen und die Engländer alle möglichen Wertpapiere, die sich außerhalb ihrer Grenzen befunden hatten.

Diese Repatriierungswelle ergriff unversehens alle Märkte der Welt.

Ein anderer Teil der Wertpapiere verwandelte sich von Inhaberpapieren in Namenspapiere. Als solche kehrten sie auf den Kontinent zur Börse von Paris zurück. Andere Duponts und andere Durants kauften sie, doch diesmal ohne alle Heimlichkeit, mit Geldern, die dem Fiskus nicht verhehlt wurden.

Die Goldminen-Aktien wurden jetzt als Namenspapier offiziell in den großen Banken deponiert und nachdem sie so lange nach der Pfeife der bösen Geister hatten tanzen müssen, begaben sie sich nun unter dem wachsamen Schutz der Regierung zur Ruhe.

Hätte diese Reise nicht Milliarden französischer Spargroschen gekostet, könnte man fröhlich feststellen, die Komödie habe ein Happy End gefunden.

Nur hat das Ganze wirklich Milliarden gekostet, denn jede Transaktion brachte ihrem Urheber namhafte Gewinne, trotz der Kosten. Und die Gewinne verursachten jedes Mal einen Rückstoß und lösten eine neue Transaktion aus, an der wiederum andere verdienten.

Diese Milliarden sind der Unterschied zwischen dem Verkaufspreis, den sie zuerst heimlich in der Schweiz erzielten, und dem offiziellen Kaufpreis bei der Rückkehr nach Frankreich. Es war gewissermaßen eine Reise um die Welt, frei nach Jules Verne.

Eine so weltumspannende und raffinierte Arbitrage, wie sie mein Freund Lacy erfand, ist das Produkt einer fundierten Börsenwissenschaft. Ich betone „Wissenschaft“ im Gegensatz zur Spekulation, die ich als Kunst ansehe. Lacy Kux war ein Gelehrter, kein Künstler, und deswegen waren auch seine Spekulationstipps immer falsch. Was er mir über seine Arbitragen erzählte, war für mich immer interessant. Auf seine Tipps bin ich aber nie eingegangen. Er war stets darauf aus, in einem Arbitragegeschäft an irgendeiner Stelle einige Prozent Gewinn einstreichen zu können. Unfehlbar wusste er, dass irgendeine Aktie eventuell in New York zu 100 zu kaufen ist, die man in Singapur zu 103 abstoßen kann. Aber die künstlerische Fantasie fehlte ihm. Er konnte sich nicht vorstellen, dass man das etwa zu 100 gekaufte Papier eines Tages in New York selbst zu 1.000 verkaufen könnte. Die 103 in Singapur waren sicher und im Voraus mathematisch kalkulierbar. Sein Beruf war nicht der eines Künstlers, sondern der eines Ingenieurs.

Mein teurer Freund Lacy, von dem ich sehr viel gelernt habe, sitzt nun irgendwo in der anderen Welt vor seinem Telefon und zerbricht sich gewiss den Kopf, welche Werte er in einem Arbitragegeschäft zwischen Fegefeuer, Hölle und Paradies tauschen könnte. Er wird gewiss schon eine neue Kombination gefunden haben.

Kleiner Grenzverkehr

Die Erfindungsgabe des Menschen kennt keine Grenzen, wenn es sich um Geld handelt. Lacy Kux jonglierte mit Millionen und seine Arbitragegeschäfte umspannten fünf Erdteile.

Es gibt aber auch MIKROSKOPISCHE ARBITRAGEGESCHÄFTE in den verschiedensten Artikeln. Ich denke dabei an die überaus amüsanten Tauschgeschäfte zwischen kommunistischen Ländern. Wenn die Regierungen nicht imstande sind, Handelsverträge zu schließen, die dem Bedarf der Bevölkerung entsprechen, entstehen für gewisse Waren Preisdifferenzen zwischen den verschiedenen Ländern und Tausende stürzen sich auf das Geschäft, um die Preisdifferenzen auszunutzen. Budapest ist in den kommunistischen Ländern die Drehscheibe dieser höchst farbigen Transaktion geworden. Es liegt zentral. Ungarn hat durch Österreich mit dem Westen eine gemeinsame Grenze, die von den ungarischen Behörden besonders wohlwollend behandelt wird. An jedem Wochenende überschwemmen Touristen aus allen Ländern die Stadt. Ein Tourist bringt etwas, ein anderer nimmt etwas und schon ist ein reges Schachern im Gange, das einem Arbitragegeschäft im Stile Lacy Kux' ähnelt.

Die Polen schleppen Bettwäsche und alle anderen Baumwolltextilien nach Ungarn. Sie tauschen Nylonregenmäntel und Damenwäsche, Gasfeuerzeuge und Pullover dafür ein. Die Wolle und die Nylonartikel beschaffen sich die Ungarn in Wien. Sie bezahlen sie mit dem westlichen Geld, das sie in Wien für altes böhmisches Porzellan und Kristallgläser bekommen, was die Tschechen wiederum nach Budapest gebracht haben, um dafür ungarische Salami und Schnaps mitzunehmen. Auch Regenschirme, Trainingsanzüge und Lederkoffer wandern von Prag nach Budapest. Die Gegenleistungen sind gastronomisch.

Die DDR versorgt die ungarischen Hippiesänger mit elektrischen Gitarren. Gegen Wurstwaren und Gänseleber werden auch Fotoartikel und Modeschmuck aus der Zone „importiert" und teilweise nach Bulgarien weiter „reexportiert". Kugelschreiber und Feuerzeuge kommen aus Österreich. Von Budapest gehen sie weiter nach Sofia und Bukarest. Bulgarien revanchiert sich mit Rosenöl, Fischkonserven und warmen Lammfellmänteln. Die ungarischen Lammfellmäntel sind zwar ebenso gut (sogar noch wärmer), aber sie gehen offiziell nach England und in die Schweiz und bringen harte westliche Devisen ein. Das ist natürlich ein anderes Kapitel.

Rumänien ist großer Abnehmer von Spielkarten, von ungarischen Fachbüchern (für Siebenbürgen), pornografischen Illustrierten, hellem Lippenstift und Haarfärbemitteln. Im Land der brünetten Frauen ist „blond" besonders begehrt. Auch „Deodorant" hat viele Liebhaber sowie ungarische Seife. Man bringt dafür Pfeffer, chinesische Frottierhandtücher, chinesischen Seidendamast und Elfenbeinfiguren mit, dank den besseren chinesisch-rumänischen Beziehungen.

Alle diese Geschäfte gehen blendend – ohne Bürokratie oder vielleicht gerade deshalb. Es gibt weder Reklamationen noch Prozesse. Zwar besitzt niemand einen Gewerbeschein und keiner bezahlt Steuern, aber es geht ja auch nur um unschuldige, gutbürgerliche Artikel. Sie überschreiten die Grenze halb legal, halb illegal mit einer gewissen Toleranz vonseiten der Behörden. Sehr selten wird sogar Zoll gezahlt, wenn es die Gewinnspanne einmal erlaubt.

An Devisen ist niemand interessiert. Man fragt nicht, wie die Tschechen-Kronen gegen den Ungarischen Forint oder Polnische Zlotys gegen Rumänische Lei quotieren. Damit jonglieren lediglich Regierungen und Bankiers. Hier geht es um Ware gegen Ware, genauso wie bei den Millionengeschäften von Lacy Kux. Aber die Geschäfte sind nicht einmal vom sozialen Standpunkt gesehen steril, denn sie versorgen die Bevölkerung mit Artikeln, an die sie sonst nicht käme. Das Resultat: Die Stimmung der Bevölkerung wird etwas fröhlicher. Auf einem Bummel durch Budapest begegnet man mehr lächelnden Gesichtern als an der Wall Street an dem Tag, an dem der Dow Jones um zehn Punkte fällt.

Kein Boom ohne nachfolgenden Krach

Lieber Hans,
ich weiß nicht, ob du die berühmte Theorie von Arthur Schopenhauer kennst, nach der nur der Schmerz positiv ist. Glück aber sei lediglich die Abwesenheit des Leidens.

Das bedeutet, wir leben in einer Art Unterbewusstheit. Wir tauchen daraus nur auf, wenn uns etwas schmerzt. Beim „normalen Stand der Dinge" geschieht gar nichts.

Diese Vorstellung Schopenhauers vom Dasein im Allgemeinen lässt sich vollkommen auf die Börse übertragen. Das einzig Positive für den Spekulanten ist der Schmerz – der Verlust, also bei der Börse DIE BAISSE ODER MEHR NOCH, DER BÖRSENKRACH.

Die öffentliche Meinung wird sich der Börse erst in dem Augenblick bewusst, wenn der Wind aus der falschen Richtung weht. Zeitungsüberschriften wie „Börsenkrach mit so und so viel Millionen" bedeuten, dass sich ein Rad der Riesenmaschine gelöst hat.

Der Börsenkrach ist für den Spekulanten eine äußerst spürbare Realität, umso mehr, als er überraschend kommt. Die Hausse steigt sanft, sie erklimmt Absatz um Absatz, ohne dass man es so recht merkt.

Dagegen kommt der Börsenkrach plötzlich und mit der Heftigkeit göttlicher Rache.

Solange das Börsenbarometer auf Beständig steht, geht alles gut. Herr Spekulant streicht vergnügt seinen Gewinn ein und dass die Börse gut geht, erscheint ihm absolut normal, sozusagen in der natürlichen Ordnung der Dinge. Dass sie auch schlecht gehen kann – und noch dazu auf recht gewalttätige Weise –, kommt ihm nicht in den Sinn. Das schiene ihm eine persönliche Beleidigung.

Kommt es dann wirklich zum Börsenkrach, empfindet der Spekulant die finanzielle Einbuße natürlich als sehr schmerzlich. Er fühlt sich vom Schicksal ungerecht behandelt – das allein ist positiv.

Im Grunde ist der Gewinn nicht mehr als eine Illusion, nur der Verlust ist wirklich.

Kriege und Friedensschlüsse sind die Meilensteine auf der langen Straße der Geschichte. Sie sind selbst Geschichte, sie durchziehen die Geschichte, gliedern sie in Perioden.

Die Geschichte der Börse wird durch Schlachten abgegrenzt. Sie bilden die Trennungslinie zwischen den guten und den schlechten Perioden, den

Booms und den Börsenkatastrophen. Boom und Börsenkrach sind ein unzertrennliches Gespann, der eine kann nicht ohne den anderen sein.

Im Zeichen der Prosperität schwellen die Booms gemächlich an. Schließlich ist fatalerweise ein Ballon daraus geworden, der durch einen Nadelstich platzen kann.

Du kannst dir eines merken, denn dies ist ein Gesetz der Spekulation: kein Börsenkrach, kein Knall, dem nicht ein Boom vorangegangen wäre, und kein Boom, der nicht mit einem Börsenkrach endet.

Für die Börsenkatastrophe haben die Franzosen das deutsche Wort „Krach" übernommen, das sie als „krack" aussprechen und das sie an das Zerbrechen eines Spiegels erinnert. Die Engländer nennen den Börsenkrach „Crash". Man denkt an ein Gewitter aus blauem Himmel, das sich durch ein Wölkchen angekündigt hat.

Tatsächlich kamen schon die frühesten Finanzkatastrophen aus heiterem Himmel. Die Ursachen waren Vulkanausbrüche, Erdbeben, Überschwemmungen und sie bedeuteten den Ruin für Hunderte, manchmal Tausende von Familien.

Bald gab es aber auch die ersten Finanzkatastrophen durch die Schuld der Menschen. Wenn Räuber eine durch die Wüste ziehende Karawane angriffen, die Korsen sich einer Schiffsladung bemächtigten und als Folge eine Gruppe von Geldleuten ruiniert war, wenn der Markt aus den Angeln gehoben wurde, dann war der Finanzkrach da.

Er kam aber auch, wenn zu viele Lieferungen zur gleichen Zeit eintrafen und das Gleichgewicht des Marktes durch das gehäufte Angebot gestört wurde.

Die einen schickten Gebete zum Himmel, die Waren möchten heil und sicher den Hafen erreichen, und die anderen, die Spekulanten, legten ein Gelübde ab für den Fall, dass sie überhaupt nicht ankommen und die Preise infolge der eintretenden Verknappung steigen würden.

Um dir einen Einblick in Finanzkatastrophen zu geben, schicke ich dir eine alte Studie, sozusagen eine Geschichte der Börse in der Nussschale, die ich vor Jahren geschrieben habe.

5

Die Geschichte der Börse in einer Nussschale

Die erste Finanzkrise unter Kaiser Karl V.

DIE ERSTE FINANZKRISE im modernen Sinne des Wortes spielte sich im Jahr 1557 ab, vor mehr als vier Jahrhunderten.

Von Spanien bis Österreich spannte der habsburgische Doppeladler seine kaiserlichen Schwingen. Karl V. regierte in Madrid, der strenge Philipp II. war sein Nachfolger. Prunk, Luxus, Hofhaltung, Kriege und Eroberungen kosteten Geld, Geld und nochmals Geld.

Die Herrscher hatten nicht viel Geld, also borgten sie es sich.

Die Fugger, die schon die Kaiserwahl finanziert hatten, schickten weiterhin ihr Gold an Karl V.

Auch von anderen Augsburger Bankiers und von Genueser Bankhäusern erhielt er beträchtliche Subsidien. Die Unterschrift des Kaisers war die Garantie für diese Anleihen. Die Schuldscheine wurden an den europäischen Märkten gehandelt, die Schuldverschreibungen des Heiligen Römischen Reiches waren in Bourges ebenso im Umlauf wie in Antwerpen, in Genua und Lucca. Und in Toulouse und Lyon handelte man die Schuldscheine der französischen Krone, die „Königliche Briefe" genannt wurden.

Alleiniger Schuldner für diese Millionen war der Staat, Frankreich oder Spanien. Eine Inflation riesigen Ausmaßes, die in sich den Keim für eine Katastrophe trug, bereitete sich vor. Die Geschäfte mit den Königlichen Briefen entwickelten sich höchst ungewöhnlich. Die Umsätze wurden durch die Händler und Kaufleute hochgetrieben. Sie gaben die reinen Handelsgeschäfte auf, um mit diesen Schuldverschreibungen zu schachern.

Natürlich versäumte der Staat es nicht – er hatte allen Grund dazu –, diesen Gang der Dinge zu fördern. Wer würde schließlich die Rechnung begleichen, wer sollte die Anleihen zurückzahlen? Darüber machte sich niemand Sorgen, die Antwort war immer die gleiche: Amerika wird bezahlen. Damals schon …

Amerika, das war das neue Spanien, das neue Kastilien, diese märchenhafte Schatzkammer, die Spanien nur auszuräumen brauchte, um das reichste Land der Erde zu werden. Es war ein schöner Wahn, dem sich die Gläubiger genießerisch hingaben und der die königlichen Schuldner ermutigte, immer mehr zu borgen.

Jahr für Jahr, so hoffte man, würden die Karavellen und Galeeren wieder in den Hafen von Cadiz einlaufen, beladen mit Smaragden, Topasen und allen Arten von Edelsteinen, die scheffelweise in den Bergwerken der Neuen Welt gefördert würden.

In einer Euphorie der Spekulation strömte das geborgte Geld nach Frankreich. Der Finanzminister des Königs von Frankreich hielt den Augenblick für günstig, um eine Operation durchzuführen, die wir heute „Konversion oder Vereinheitlichung der Anleihen" nennen. Er gab Anweisung, die „Königlichen Briefe" zu einer einzigen Anleihe zu verschmelzen, die vielen in Umlauf befindlichen Serien von Schuldscheinen mit verschiedenen Fälligkeitsterminen und Zinssätzen gegen eine neue Anleihe einzutauschen, der alle anderen einverleibt werden sollten und die „Le Grand Parti" genannt wurde.

Der Zinssatz war gegenüber den alten Anleihen stark erhöht worden. Er betrug 16 Prozent pro Jahr statt 12 Prozent im Durchschnitt.

Aber um von diesem höheren Zinssatz zu profitieren, musste man 30 Prozent der neuen Anleihe in bar bezahlen und 70 Prozent der alten Schuldscheine. Diese Bedingung wurde übrigens auch in den letzten Jahrzehnten recht häufig zugrunde gelegt, natürlich mit anderen Zinsraten.

Um die Anleihe „Nouveau Grand Parti" zeichnen zu können, verkauften Frauen ihren Schmuck, gaben Witwen ihre Pensionen auf, legten Dienstboten ihre Ersparnisse an und selbst türkische Paschas und Händler zeichneten durch ihre Strohmänner in Frankreich für mehr als 500.000 Ecus (Silbertaler). Genau wie heute. Haben nicht in den letzten Jahren Sparer ihren Grund und Boden belastet, Familienschmuck verkauft und mit den letzten Pfennigen bei den IOS-Emissionen Aktien gezeichnet oder Zertifikate gekauft?

Ja, aber da … platzte der Luftballon. Warum? Die Verschuldung des spanischen Hofes stieg auf enorme Summen. Um die Zinsen für die neue Anleihe zu zahlen, brauchte man neues Geld, um neues Geld zu besorgen, wieder neue Anleihen.

Das aufgebaute Kartenhaus hielt bis zu dem Tag, an dem der Vertreter der Fugger in Madrid von einer Indiskretion Wind bekam. Der Jesuitenkardinal, Beichtvater des Königs von Spanien, hatte seinen Herrn davon überzeugt, es widerspräche dem Evangelium, wenn Schulden Zinsen einbrächten. Der Kardinal war schwatzhaft, die Fugger vorsichtig. Sie beschlossen, keine neuen Kredite mehr zu gewähren.

Zur gleichen Zeit erzählte in einer Wirtschaft in Cadiz ein soeben angekommener Seemann, was er in Amerika gesehen oder vielmehr, was er nicht gesehen hatte. Keine Diamantenberge, keine Edelstein führenden Flüsse, alles das waren nur Luftschlösser. Es gab allerdings ungewöhnliche Früchte unbekannter Art, Ananas, Mangos, aber sonst nichts, was die Reise wirklich lohnte.

Das Gerücht verbreitete sich dank der Zeitungen, die gerade aufgekommen waren und die – manchmal auch mit sechsmonatiger Verspätung – die Nachricht in alle Winkel Europas trugen. Der Wettlauf um die Rückzahlung begann. Die Gläubiger, von Panik ergriffen, präsentierten ihre Rechnung. Heute würde man sagen, der Cashflow ist negativ geworden, so wie es während der letzten Jahre bei Gramco, IOS und anderen Investmentfonds geschehen ist. Den Gläubigern wurde ein Moratorium aufgezwungen.

Zu jener Zeit waren die Effektenmärkte schon gewissermaßen Nachrichtenzentralen. Die spanische Krise griff auf Frankreich über. Das Vertrauen war erschüttert.

Zu den psychologischen Problemen trat ein technischer Faktor: der Geldmangel. Die Gläubiger, deren spanische Rechnungen unbezahlt geblieben waren, machten vergeblich die Runde bei ihren Schuldnern.

Der französische König Heinrich II., der zuerst Frankreichs Zahlungsfähigkeit sehr laut betont hatte, musste ein paar Monate später zugeben, dass er überhaupt nicht bezahlen konnte. Weder die Schulden noch die Zinsen. „Der König zahlt alles, aber der König nimmt auch alles", sagte das treue Volk in Paris. Das war der Zusammenbruch des „Grand Parti". Die Katastrophe von 1557 ist ein Markstein in der Geschichte der Börse und der Finanzen. Sie bezeichnet ein sehr trübes Jahr, an das man sich erinnern sollte.

Die Tulpenmanie – die Fondsmanie des 17. Jahrhunderts

Es ist eine Ironie des Schicksals, dass eine zarte Blume, DIE TULPE, DAS KLASSISCHE SYMBOL FÜR BOOM UND KRACH geworden ist.

Sie sollte für unerfahrene Börsenspieler noch heute ein Memento sein. Diese Blume hat die aufstrebende Wirtschaft eines sonst so nüchternen Landes – das Holland des 17. Jahrhunderts – fast erschüttert.

Das kam so. Ein gewisser Herr Busbeck, Gesandter des deutschen Kaisers in der Türkei, konnte sich an einer Blume – von den Türken Turban genannt – nicht sattsehen. Die Exzellenz brachte sie nach dem Westen mit, wo ihr Name in Tulipan entartete. Bald konnte man sie in den Gärten der Fugger in Augsburg bewundern.

Den Botanikern gelang es, den zarten Körper dieser Blume an das raue Klima des Nordens zu gewöhnen, doch dauerte es noch viele Jahre, bis die Holländer sich närrisch in sie verliebten und dabei den Kopf verloren.

Jahrelang war die Tulpe nichts als ein Farbfleck in ihren Bürgerhäusern. Dann wurde sie allmählich ein Beweis des sozialen Aufstiegs.

Die eleganten Damen suchten sich sorgfältig die Tulpe aus, die zu den Farben ihrer Toiletten passte. Die Blütenteppiche ihrer Villen übertrafen an Farbenpracht die des Orients. Man fuhr in tulpengeschmückten Kutschen spazieren, es gab täglich Blumenfeste, einen Wettstreit der Eleganz.

Es gehörte zum guten Ton, seltene Tulpen zu sammeln, die der Nachbar noch nicht hatte. Sie wurden ein Statussymbol wie heute eine Sammlung moderner Bilder.

Nachdem die Bürger reich geworden waren, wollten sie immer höher und höher auf der sozialen Rangleiter klettern – und dies mithilfe der Tulpen.

Snobs äfften die Narrheiten des Adels aus Den Haag nach. Während ihre Gärten von Tulpen prangten, begannen die Preise zu steigen. Die Nachfrage ging weiter und erreichte Ausmaße, die der heimische Boden nicht mehr befriedigen konnte. Langsam, aber sicher zogen die Preise an, besonders von Juli bis September, wenn die Tulpenzwiebeln in den Handel kamen. Bald witterten raffinierte Geldleute die Chance, sie legten ihr Geld in Zwiebeln an.

Große Umsätze lockten weitere Spieler aller Art an, die sich bislang an der Amsterdamer Börse mit Aktien befasst hatten. Heute werden in ähnlichen Fällen Börsianer den Aktien untreu und stürzen sich auf Kakao oder Sojabohnen, um damit das große Glück zu machen.

Dieser Zustrom von frischem Kapital musste das Gleichgewicht von Angebot und Nachfrage zerstören. Alle Welt wollte verdienen und bezahlte unglaubliche Preise. Glücksritter aus ganz Europa kamen nach Holland, um Tulpen zu erwerben, die ja im Preis steigen mussten. Ähnlich wie heute kleine Sparer – auf Zuraten der Anlageberater – ihren Familienbesitz belasten, um exotische Papiere zu kaufen.

Und als die Kassen endgültig leer waren, kaufte man auf Kredit. Warum auch nicht? Es war doch ein sicherer Coup. Im höllischen Kreislauf der Hausse wanderten die Tulpen von Hand zu Hand. Einen Tag wurden rote Tulpen gesucht, am nächsten stieg der Preis der gelben und so fort. Es folgten Exemplare in Rosa oder Schwarz. So wie heute. Einen Tag werfen sich die Spekulanten auf die Computer-Aktien, am nächsten auf Ölpapiere.

Die Tulpe war längst keine Blume mehr, sondern nur noch ein Spekulationsobjekt. Man brachte immer mehr Sorten auf den Markt, neue Tulpen-Emissionen, und so entstand die gefährlichste Situation – sie ist stets Vorläufer des Börsenkrachs –, die Inflation in Nonvaleurs.

Man lockte die kleinen, durch die steigenden Preise verblendeten Sparer in ein halsbrecherisches Börsenspiel. Die Preise stiegen nicht dank eines reellen Wertzuwachses, sondern dank einer gewissenlosen Propaganda. Die Warnungen stießen bei den kleinen Spielern nur auf taube Ohren. Auch sie wollten bei diesem Börsenspiel dabei sein. Nicht einen Augenblick dachten die Tulpenspekulanten daran, dass die Produktion den Verbrauch weit überschreiten oder dass Holland mit ausländischen Tulpen überschwemmt werden könnte. Der Spekulationsballon war bis zum Zerreißen aufgeblasen.

Dann aber kam „1637" der Nadelstich, der fatale Knall. Ein großer Kunde musste bei seinem Tulpenlieferanten feststellen, dass alle ihm präsentierten 350 Sorten schon in großen Mengen auf dem Markt waren und den Reiz der Rarität verloren hatten. Auch neue Farbmischungen waren nicht mehr möglich. Plötzlich erkannten die Spekulanten die Tulpen-Inflation.

Haben wir nicht dasselbe erst vor wenigen Jahren an der Wall Street mit den amerikanischen „Conglomerates" – den Mischkonzernen – erlebt? Die Spieler hatten auf einmal entdeckt, dass die Mischgesellschaften nicht mehr weitermischen konnten. Das war der Nadelstich für die aufgeblasenen Aktienpreise.

Das Ende ist dann immer das Gleiche. Ein Spekulant ruft: „Feuer!", und alle stürzen zum Notausgang. Jeder will jetzt verkaufen, aber es gibt keine Käufer mehr.

So platzte auch der Tulpenballon und Tulpenzwiebeln waren plötzlich nicht mehr wert als ganz gewöhnliche Zwiebeln.

Das unvernünftige Spiel mit dem „Wertlosen“ (Nonvaleurs) ist geradezu ein Symptom für das Ende großer wirtschaftlicher Booms, für die letzte Phase der Prosperität, in der das Geld in Strömen fließt. Und dieses Phänomen kehrt immer wieder.

Eine Hausse-Bewegung bleibt anfangs im klassischen Rahmen, dann greift sie auf die fraglichen Werte über. Durch eine langsame Infektion führt sie zu einer unvernünftigen Übersteigerung mittelmäßiger Werte. Schließlich erfasst diese Aufwärtstendenz eine große Zahl von Unwerten, ja von Antiwerten.

Die Geschichte läuft schnell, die wirtschaftlichen Änderungen der letzten Jahre sind ungeheuer. Aber die Zellen der Börse bleiben unverändert wie die der Menschen. Ob es sich um eine Börse aus dem 17. Jahrhundert oder eine von heute handelt, ob es die berühmte Wall Street ist oder die winzige Börse eines winzigen Landes, die physiologischen Reaktionen bleiben immer die gleichen. Experimente an Mäusen oder Fröschen dienen eben auch der Behandlung von Elefanten …

Amsterdam, die erste moderne Börse

Nach der Tulpenkatastrophe in den 30er-Jahren des 17. Jahrhunderts war das Schlachtfeld Börse mit Toten übersät. Langsam kehrte die Ordnung zurück, man vergaß die Tulpen. Die wenigen Überlebenden – es gab zum Glück welche – nahmen die solidere Spekulation mit AKTIEN DER INDISCHEN KOMPANIE, mit Pfeffer und Heringen, wieder auf.

Die Indische Kompanie genoss die Freuden eines wolkenlosen Glücks, das zu Anfang des 17. Jahrhunderts eingesetzt hatte, als die ersten Grenzpfähle ihres Handelsimperiums abgesteckt wurden.

Dieses erste organisierte Kolonialunternehmen war im Jahr 1602 gegründet worden. Seine Väter waren einige holländische Kapitalisten, die sich zu Herren des Überseehandels aufschwingen wollten.

Bevor sie ihre Schiffe und ihr Vermögen den unbekannten Ozeanen anvertrauten, hatten sie den Berichten der Seefahrer aufmerksam gelauscht. Sie rüsteten ihre Segelschiffe so aus, dass sie in den Stürmen der südlichen Meere bestehen konnten. Um das notwendige Kapital aufzubringen, hatte jeder sein Scherflein beigetragen: 64 Tonnen Gold waren durch Subskription aufgebracht worden. Sie hatten sich auch das Handelsmonopol gesichert und besaßen auf den zahlreichen Inseln Ostindiens eine fast absolute Souveränität. Die Flotte der Kompanie kehrte voll beladen mit kostbaren Gütern an die Amsterdamer Kais zurück: mit Gewürzen, Stoffen oder Porzellan, um die sich die Nachbarländer stritten.

Die allmächtige Kompanie blühte auf und wurde ein Staat im Staate. Bei den Streitigkeiten zwischen den Radschas und den eingeborenen Fürsten verstand sie es, geschickt höhere Preise zu bieten und die Portugiesen zu vertreiben. In Amsterdam saßen die 17 Herren der Kompanie in ihrem prächtigen Palast um einen runden, mit schwerem Brokat bedeckten Tisch und erließen Gesetze wie vormals die Herrscher.

Nachdem sie jahrelang Reserven angelegt hatten und das Imperium der Kompanie fest verankert war, von den Gewürzinseln bis zum asiatischen Kontinent, von Batavia bis Kalkutta, von Java bis Madras, ließen sie die erste Gewinnverteilung zu. Die Gewinne stiegen, die Dividenden ebenfalls und auch der Aktienkurs: Man verteilte bares Geld, Obligationen oder (in manchen Jahren) nach Belieben der Kompanie und entsprechend den finanziellen Gegebenheiten auch Pfeffer oder Zimt.

England war beunruhigt über die souveräne Seemacht der Indischen Kompanie und über den Reichtum, der Holland zu einem gefährlichen Rivalen machte. Es versuchte, dieses Monopol zu brechen und den freien Wettbewerb wiederherzustellen, indem es eine englische „East India Company" gründete, der es jedoch nicht gelang, die holländische Gesellschaft zu entthronen.

Es begann ein erbitterter Kampf der westlichen Großmächte, auf dem Lande, auf See – und an der Börse. Wenn die holländische Indische Kompanie und die englische Indische Kompanie heute noch existierten, würden sie vielleicht fusionieren und mit anderen Gesellschaften in einem internationalen Mischkonzern aufgehen.

Die Spekulanten warteten auf Nachrichten von den Schiffen, während sie sich bei einer Partie Schach über den Hafenklatsch unterhielten und ihre Schokolade oder ihren Kaffee in den Wirtschaften am Kai oder in den Börsenklubs schlürften. Heute sitzen sie in den Kurssälen der Brokerfirmen und warten gespannt auf die letzten Nachrichten, die auf dem Dow-Jones-Ticker erscheinen. Nur warten sie heute nicht mehr wochen- oder monatelang auf gute oder schlechte Nachrichten. Die kommen wie aus einem Maschinengewehr, 100 pro Minute.

Je nach den Frachtkosten stiegen oder fielen die Aktien der einen oder anderen Kompanie. Die eintreffenden Schiffsladungen wurden immer wertvoller und ließen noch bessere erwarten. Die Spekulanten wurden von Tag zu Tag aufgeregter.

Im Jahr 1688 kam es dann für die holländische Ostindische Kompanie zu einer Katastrophe, die auch für uns von besonderem Interesse ist, weil es der erste wirkliche „Aktien-Krach" war. Die Kompanie erwartete eine sehr wichtige Ladung. Die Hoffnung darauf ließ die Aktien einen Rekordkurs erreichen, wie sie ihn schon seit Jahrzehnten nicht erreicht hatten. Die Spekulation hatte sich mit Kassa- und Termingeschäften „auf Leben und Tod" engagiert. Zunächst trafen allerhand alarmierende Nachrichten ein. Die Flotte musste infolge schwerer Havarien vom Kap der Guten Hoffnung nach Batavia zurückkehren. Einige Schiffe allerdings kamen in Holland an. Doch die Waren wurden nur zu einem Gegenwert von 35 Tonnen Gold verkauft, während man gehofft hatte, einen Gegenwert von 50 Tonnen zu erzielen. Das Geschäft war an sich nicht schlecht, aber die Spekulation war bis aufs Äußerste angespannt. Wenn ein Börsenwert Aussicht auf eine erhöhte Dividende hat, dann stürzen sich die Spekulanten auf diese Aktien. Wenn die Dividende nicht so hoch ist wie erwartet, kann dies zum Funken im Pulverfass werden. Wenn aber eine wirklich schlechte Nachricht in eine angespannte Marktlage hineinplatzt, zum Beispiel, dass überhaupt keine Dividenden verteilt werden, dann ist das Unglück da: Grenzenloses Misstrauen löst das grenzenlose Vertrauen ab.

Aus diesem Grund haben die kanadischen Uranbergwerke vor einigen Jahren das gleiche Schicksal erlitten. Trotz der Entwicklung der Atomwissenschaft stellten sich die erhofften Profite nie ein und es bestand auch keine Aussicht, dass sich dies eines Tages ändern würde; die Spekulanten mussten ihre Illusionen teuer bezahlen.

Die spektakulär hinaufgetriebenen Aktien der Uranbergwerke verloren bei dem Börsenkrach von 1957 ungefähr neun Zehntel ihres Wertes. Die Wunde war so tief, dass die kanadischen Börsen für lange Zeit ihre Dynamik einbüßten. Sie konnten trotz der Börsenhausse im Nachbarland, an der Wall Street, das verlorene Gelände nicht zurückgewinnen. Ähnliche Gründe brachten anderen Spekulanten an der Pariser Börse den Ruin; man spiegelte ihnen ungeheure Gewinne bei der Erdölförderung in der Sahara vor. Die politischen Ereignisse in Algerien und die Nationalisierungen haben einen Strich durch ihre Hoffnungen gemacht.

Seit der Mitte des 17. Jahrhunderts ähnelte die Amsterdamer Börse in verblüffender Weise den modernen Börsen. Schon damals machte man Termin- und Optionsgeschäfte. Es gab Liquidationstage, Kompensationskurse, das Report- und Depotgeschäft, Hausse-Konsortien und Baisse-Syndikate. Amsterdam war der bedeutendste Markt für Staatsanleihen in Europa. Die Termingeschäfte, mit all ihren Feinheiten und Raffinessen, wurden an der Amsterdamer Börse geboren.

Es gab Kursmakler und Remisiers: Verbindungsoffiziere zwischen den Maklern und der Kundschaft, die in den benachbarten Kaffeehäusern auf die Börsenergebnisse warteten.

Gerüchte, falscher Alarm, alle Machenschaften, um die Kurse zu beeinflussen, existierten bereits und erlaubten den guten Strategen, aus Hausse und Baisse Nutzen zu ziehen.

Die Aktien der Indischen Kompanie, der Blickfang des Marktes, stiegen unablässig, umso mehr, als ein mächtiges Konsortium sie auf Hausse manövrierte.

Die schlechte Nachricht, die Verzögerung der Schiffe – es war eine an sich ungefährliche, eine simple schlechte Nachricht –, kam bei dem allgemeinen Aufruhr zur unrechten Zeit. Unter den Opfern befand sich ein gewisser José de la Vega, Dichter, Philosoph und passionierter Spekulant. Sein Buch „Die Verwirrung der Verwirrungen", das ich schon wiederholt gelesen habe und dir auch empfehlen würde, ist ein philosophisches Werk und eine Reportage zugleich. Es gibt ein getreues Bild der Amsterdamer Börse im 17. Jahrhundert. José de la Vega hatte dreimal durch unglückliche Spekulation sein Vermögen verloren und das beweist, dass er kompetent für sein Thema war. Ich bin wirklich davon überzeugt – wie ich schon eingangs sagte –, dass jemand, der sich nicht mindestens zweimal an der Börse ruiniert hat, keinen Anspruch auf den schönen Titel „Spekulant" erheben kann.

Neben meinen Abenteuern mit dem Schweineschmalz-Mais oder dem Silber habe ich auch noch ein paar andere unglückliche Erfahrungen gesammelt. Aber wie bei allen Börsianern sind auch meine Wunden schnell vernarbt. Kaum hat man einen Unfall hinter sich, so stürzt man sich schon mit neuen Plänen in die Schlacht.

Illusionen, Verdrießlichkeiten, Optimismus, Pessimismus, Überraschungen oder Überzeugungen, Geld oder Schulden ergeben zusammen das feine Räderwerk des sehr komplizierten Mechanismus der Spekulation. Ein Sandkorn genügt, um die ganze Maschinerie zum Knirschen und zum Stillstand zu bringen.

Das ist das ewige Schema der Spekulation, so weit man auch in der Geschichte zurückgeht.

Die Entstehung der Londoner Börse

Unberührt von den Katastrophen auf dem Kontinent, erfreute sich England einer finanziellen Stabilität. Die Schulden der Krone wurden von den Engländern zwar als drückend empfunden, sie waren aber unbedeutend im Vergleich zu den spanischen und französischen. Andererseits hatte Elizabeth I. ihre Gläubiger nie durch Verleugnung ihrer Unterschrift betrogen.

Es gab infolgedessen keine regen Geschäfte mit Staatsanleihen. Die Spekulation wandte sich, ähnlich wie in Holland, den Aktien der verschiedenen Handelskompanien zu.

In London gab es damals noch kein eigenes Börsengebäude, dafür aber eine Börsenstraße, die Straße der Lombarden (heute Lombard Street), seit dem Mittelalter eine Hochburg der Italiener, oder die Allee der Wechselgeschäfte im Herzen der City.

Im Jahr 1567 gab der Schatzkanzler Sir Thomas Gresham Königin Elizabeth einen sehr pessimistischen Bericht über die Antwerpener Börse. Die Religionskriege verdüsterten den Horizont, der Finanzapparat der Niederlande war in Gefahr, in Unordnung zu geraten, und England würde davon in Mitleidenschaft gezogen werden. England war zwar eine Insel, aber dennoch nicht in Sicherheit, denn es war auf die anderen Länder angewiesen. (Die Geschichte wiederholt sich!)

Man brauchte eine eigene Börse, um das Königreich zu schützen, und so kam es, dass sich bald die grauen Mauern der ROYAL EXCHANGE in der City erhoben, an der Ecke der Threadneedle Street, der berühmten Nadelöhrstraße, in der später auch die Bank von England ihren Sitz nehmen sollte.

Gresham hatte richtig gesehen. Es gibt keine liberale Wirtschaftsmacht ohne einen organisierten und geregelten Finanzmarkt, also eine Börse. Dank der Royal Exchange konnten die Großkapitalisten ihr Geld in Staatsanleihen anlegen oder diese wieder zu Geld machen, wenn sie es brauchten.

Seit der Gründung der Royal Exchange war die Londoner Börse das Nervenzentrum eines unermesslichen Imperiums. Ja, vielleicht wäre dieses Imperium ohne sie gar nicht entstanden.

Es gibt kein Finanzzentrum ohne Parasiten, das heißt professionelle Börsenspieler, denn die Möglichkeit der Spekulation lockt sie an wie das Licht die Motten. Die Zunahme der englischen Staatsschulden erhöhte den Umsatz in Staatsanleihen und lockte Spekulanten aller Art an. Allerdings ermöglichten es gerade Spekulanten der Regierung immer wieder, neue Emissionen aufzulegen.

Neben den großen Geldgebern, den Kaufleuten, die sich den Importen aus Indien widmeten, gab es eine Menge von Zwischenhändlern, kleinen Spekulanten und Maklern. Diese Leute stürzten sich wie wild auf die Geschäfte, bei denen ihre Kollegen in Amsterdam so erfolgreich gewesen waren.

Im Jahr 1666 hatte der König von England den Juden offiziell erlaubt, sich im Land niederzulassen. Sie kamen in großer Anzahl von Holland herüber, um ihr Glück in London zu versuchen. Zu ihrem Reisegepäck gehörten alle Kniffe der Börsenwissenschaft. Bald machten sie Schule an der Royal Exchange.

Die Aristokratie des Handels verabscheute die Neuankömmlinge und ihre englischen Nachahmer. Diese „Zugereisten", die so laut sprachen, störten den Frieden ihres ehrwürdigen Börsenpalastes und sollten daraus vertrieben werden.

So kam es, dass das Parlament ein Gesetz gegen sie erließ. Um den nunmehr legalisierten Erschwernissen zu entgehen, flüchteten sich die Broker, Jobber und ihresgleichen von der Royal Exchange in die gastlicheren Gefilde der benachbarten Kaffeehäuser. Hier florierten die Geschäfte; immer neue Gesellschaftsschichten interessierten sich für Effekten. Die Transaktionen überschritten bei Weitem die Umsätze an der Royal Exchange, die in ihrer Entwicklung nachhinkte.

Die Mitglieder der Royal Exchange forderten die Vertriebenen, als sie deren Erfolg sahen, auf, zu ihnen zurückzukehren. Aber es war zu spät. Diese hatten sich bereits zu einer Vereinigung unter dem Namen „Stock Exchange" zusammengeschlossen und organisierten den Effektenmarkt. Aus eigenen Mitteln erwarben sie das Gelände, auf dem sich 100 Jahre später das Gebäude der London Stock Exchange erheben sollte. Erfolg ruft Neid hervor. Pamphlete, Schmähschriften, Karikaturen machten die Runde, auf denen Makler und Spekulanten als Raubvögel dargestellt waren, die gewinnsüchtig das menschliche Elend ausschlachteten. Es herrschten allerdings lose Sitten und die Missbräuche waren zahlreich. Die großen Spekulanten verstanden es, die Karten durcheinanderzubringen und die Kleinen auszubeuten.

Sir Henry Furnese, der Direktor der Bank von England, besaß ein ausgezeichnetes Nachrichtennetz. Sobald es eine wichtige Neuigkeit gab, sandten ihm seine Vertrauensleute auf dem Kontinent ihre Informationen mit Brieftauben.

Wollte er dann kaufen, führten seine Agenten an der Stock Exchange eine große Komödie auf. Mit gerunzelter Stirn und geheimnisvoller Miene liefen sie umher, als wären sie im Besitz einer schlechten Nachricht. Sie lenkten die Aufmerksamkeit auf sich, indem sie ein paar Verkaufsorders erteilten, und angesichts der hohen Stellung des Chefs wurde auch die kleinste ihrer Gesten belauert. Alarmiert folgten die Spekulanten ihrem Beispiel und durch die zahlreichen Verkäufe senkte sich der Preis. War sein Plan gelungen, kaufte er bei den nun tiefen Preisen. Schon damals bediente man sich eifrig falscher Gerüchte. Gegen Ende der Regierungszeit von Königin Anna hieß es plötzlich, die Königin sei tot. Dies löste eine allgemeine Panik aus, die Spekulanten verkauften um jeden Preis, es gab einen Kurssturz in Staatspapieren. Damals rafften ein gewisser Manasse Lopez, ein hartgesottener Börsianer aus Amsterdam, und einige seiner Freunde die Papiere zu den niedrigsten Kursen zusammen. Am nächsten Tag ging es der Königin wieder gut, die Kurse stiegen und Lopez strich die Preisdifferenz ein.

Dieses System wird auch heute noch häufig angewandt – ganz zu schweigen von den falschen Nachrichten, die von selbst in überreizten Gehirnen entstehen.

Die Börse ist nicht nur das Opfer alarmierender Nachrichten, sie ist auch ihre Quelle. Man kann so genau feststellen, ob die Kurse die Nachrichten machen oder die Nachrichten die Kurse. Sinken die Kurse aus irgendeinem Grund, dann brütet die Fantasie des Publikums auf der Stelle imaginäre Paniknachrichten aus.

Die beiden englischen Revolutionen hatten viel Geld verschlungen und das Volk hatte die Kosten getragen. Es trug auch die Kosten für die Kriege, welche die Herrscher mit mehr oder weniger Erfolg führten. Die Finanzminister verstanden es, immer neue Subsidien zu fordern, für den Ruhm und die Größe Alt-Englands wurden ständig neue Anleihen emittiert. Sie vergrößerten die bereits sehr beträchtliche Schuldenlast des Landes.

Im Jahr 1716 wurde eine Staatsanleihe von 600.000 Pfund zu vier Prozent nicht voll gezeichnet. Der Zinssatz war viel zu niedrig, um Spargelder herauszulocken, denn die Spekulation in der Allee der Wechselgeschäfte machte durch ungleich einträglichere Operationen über Nacht aus Kutschern Millionäre.

Zweieinhalb Jahrhunderte später findet man beim Sparer dieselbe Mentalität. Die Aversion gegen Wertpapiere mit festen Erträgen war eine Zeit lang sogar noch stärker geworden. Der Grund dafür ist die ständige Geldentwertung.

Die Erfahrungen der letzten 10, 20 Jahre haben bewiesen, dass Industrie-Aktien der beste Schutz gegen die Inflation waren und gleichzeitig die Möglichkeit bieten, an dem außerordentlichen Aufschwung der Weltwirtschaft teilzunehmen. Im Kielwasser dieser neuen Welle schwimmen, Seite an Seite mit der Boheme der Börse, die kleinen Kapitalisten, Kirchen, Pensionskassen von Firmen, karitative Anstalten, die früher die Zeichnung von Obligationen mit festen Erträgen vorzogen. Man gewann Geschmack an Aktien, die man früher für eine Sache der vulgären Spekulation gehalten hatte. Aus politischen, wirtschaftlichen und sonstigen Gründen, die hier zu weit führen würden, dürfte diese Welle mit kürzeren oder längeren Unterbrechungen noch lange anhalten.

Als die englische Regierung im Jahr 1711 offiziell die Gründung der „Kompanie der Südmeere“ unterstützte, geschah dies vor allem, weil sie durch Anleihen zu festen Zinsen keine neuen Gelder mehr aufbringen konnte. (Genau wie es sich einige Male während der letzten 30 Jahre wiederholt hat.)

Mit dem Segen des Kanzlers Harley, Graf von Oxford, ergaben sich die würdigen Gentlemen der City einem Handel, der in keiner Weise zum Sittenkodex des geistig hochstehenden 18. Jahrhunderts in Widerspruch stand: der Verschiffung schwarzen Elfenbeins, das heißt dem Sklavenhandel nach den spanischen und portugiesischen Kolonien in Südamerika.

Der Gegenstand des Unternehmens wurde nicht verheimlicht und die Aktien der Kompanie waren für die Sparer viel verlockender als die Anleihen der Regierung Seiner Majestät.

Unsere Zeit hat etwas Besseres gefunden als schwarzes Elfenbein: das schwarze Gold, die Erdöl-Aktien, die jahrelang auf Sparer eine magnetische Anziehungskraft ausübten und wovon einige Regierungen zu profitieren verstanden.

So hat die französische Regierung die Gründung zahlreicher Erdölgesellschaften unterstützt. Sie konnte dadurch die Kapitalien dem nationalen Kreislauf erhalten und verhindern, dass sie in Devisen und ausländischen Wertpapieren angelegt wurden. Mit Emissionen neuer Staatsanleihen hätte sie dies nicht zustande gebracht.

Die „South Sea Company" verkaufte ihre Aktien für Millionen Pfund Sterling. Dann kaufte die „Company" mit den erlösten Millionen Staatsanleihen, die das Publikum nicht mehr aufgenommen hätte.

Der Kaufpreis lag unter dem Nennwert, obwohl die Papiere zum Nennwert in die Bücher eingetragen wurden, sodass auf dem Papier ziemlich beträchtliche Gewinne zu verzeichnen waren, wodurch sich immer wieder Leichtgläubige verführen ließen. Das war auch bitter nötig, denn der Sklavenhandel selbst war nicht sonderlich einträglich. Angekettet in den Bäuchen der Schiffe ertrug „die Ware" die Überquerung des Atlantiks schlecht. Wenn die Schiffe in den Häfen der Neuen Welt eintrafen, gab es Ausfälle und „die Ware" war in schlechtem Zustand.

Doch die Enttäuschungen zählten nicht. Das Publikum wollte eben spekulieren und tat es über jede Erwartung hinaus. Der Bazillus der Spielsucht hatte die Engländer erfasst, vom Herzog bis zum Lumpensammler. Die Aktien der „South Sea" stiegen rapide. Im Mai 1720 betrugen sie 500, im Juni 890, zwei Tage später 940. Sie stiegen dann weiter auf 1.100 und sogar auf 2.000.

Das Beispiel wirkte ansteckend und nach dem Muster der „South Sea" schossen Hunderte von Gesellschaften wie Unkraut aus dem Boden. Betrügerische Firmen entstanden, welche die lächerlichsten Geschäfte betrieben: angefangen beim Pferdehandel, der Einbringung von Strandgut an den gesamten irischen Küsten, der Verbesserung der Häuser auf allen englischen Inseln, der Herstellung von Rädern für das Perpetuum mobile bis zu grandiosen Unternehmen, bei denen man ganz einfach vergessen hatte, den Geschäftsgegenstand anzugeben.

Man stand Schlange, um Aktien für diese Gesellschaften zu zeichnen, die Luftblasen („bubbles") genannt wurden – ein beunruhigender Name, der jedenfalls vorausahnen ließ, dass alles eines Tages platzen würde.

Sir Isaac Newton schüttelte missbilligend den Kopf und sagte: „Ich bin sehr wohl imstande, die Bahn der Himmelskörper zu berechnen, die Bahn einer verrückt gewordenen Menge aber ganz bestimmt nicht."

Eines Tages platzte eine dieser kleinen unseriösen Gesellschaften, die ihren Verpflichtungen nicht mehr nachkommen konnte. Dies löste den Sturm aus.

Man stellte mit Entsetzen fest, dass in diesen Luftblasen nur Wind, nichts als Wind war. Wie von einer ansteckenden Krankheit erfasst, flogen sie fast alle auf. Die Aktien der großen „South Sea Company", die beileibe kein Schwindelunternehmen war, wurden in das allgemeine Chaos hineingerissen und bröckelten ebenfalls ab. Ein solches Abbröckeln vollzieht sich häufig unabhängig vom Geschäftsgang oder der finanziellen Situation einer Firma. Wenn die Kurse zu hoch gestiegen sind und eine gewisse, von der Vernunft diktierte Grenze überschritten haben, kehren sie meist auf die Erde zurück. Das ist ein Naturgesetz.

Die ganze Torheit des Südseeschwindels verursachte ebenso viel Verluste, wie sie Vermögen geschaffen hatte. Alle Angestellten der Gesellschaft spekulierten und alle mussten die Folgen tragen. Man erzählte sich, dass selbst der Prinz von Wales 40.000 Pfund verloren habe und seinen Posten als Vorsitzender des Aufsichtsrates bei einer dieser anrüchigen Firmen in dem Augenblick niederlegte, als eine gerichtliche Untersuchung eingeleitet wurde.

Immerhin waren die „bubbles" nicht völlig nutzlos gewesen. Das Spekulationsfieber hatte wie eine Art Sauerteig auf das Wirtschaftsleben gewirkt. In dieser Epoche der Torheit begann die Entwicklung der Baumwollindustrie in Manchester, der Eisen- und Stahlindustrie im Gebiet von Birmingham. Der „South Sea Bubble" hat in England eine fruchtbare Saat hinterlassen. Aus ihr ging die industrielle Entwicklung des Landes hervor.

John Law, der Börsenkönig von Paris

Während dieser Zeit spekulierte man auch in Frankreich, und zwar noch unvernünftiger und zudem mit weniger glücklichen Folgen. Für diese Spekulationswut dient häufig der Name des Schauplatzes, an dem sie sich austobte: die Rue Quincampoix, in der seit Beginn des 18. Jahrhunderts die Bankiers ihre Kontore eingerichtet hatten.

Musterschüler machen ihren Weg. JOHN LAW war ein für das Rechnen bemerkenswert begabter Schüler und als großer Spieler und großer „Kombinator" hatte er in den verschiedenen Ländern, in denen er sich umtat, überaus gut verdient. Sein Name war zwar John Law, aber in Frankreich nannte man ihn kurzweg Lass. In Paris galt er als ein auf dem Gebiet der Bankgeschäfte, des Handels und der Währung überaus erfahrener Mann und dies erweckte den Wunsch des Regenten, Onkel des minderjährigen Ludwig XV., ihn kennenzulernen. Frankreichs Kassen waren leer und dieser schlaue und liebenswürdige Schotte, der, wie die Damen am Hofe sagten, schöner war, als einem Mann eigentlich erlaubt ist, konnte sie vielleicht wieder füllen.

Der Regent und der Schotte wurden die besten Freunde. Nachdem John Law durch königlichen Erlass unbeschränkte Vollmacht für die Emission von Schuldverschreibungen erhalten hatte, gründete er die Nationalbank, die erste französische Bank im heutigen Sinne des Wortes. Dann wandte er sich der Hochfinanz zu und rief die Mississippi-Gesellschaft ins Leben, die sich mit der Kolonisation von Louisiana, Handelsgeschäften und der Ausbeutung von Bodenschätzen befasste.

Neben seinen theoretischen Fähigkeiten als Finanzmann war Law ein hervorragender Psychologe, der es verstand, die Lust am Gewinn zu wecken. Er war der Erste, der begriff, wie man ein Nichts in Erfolg verwandelt, wie man alle Schichten des Volkes dafür gewinnt, große Mengen von Wertpapieren zu zeichnen. In diesem Zusammenhang kann ich nicht umhin, an den Slogan der IOS zu denken: „Gebt uns euer Geld, wir machen euch reich."

Langsam heizte Law die Spekulationen an, bis sie den Siedepunkt erreicht hatten und über jede Kontrolle hinwegsprudelten. In den Werbeschriften der Mississippi-Gesellschaft waren die Reichtümer dieser neuen Gebiete überaus anziehend beschrieben: Berge von Gold und Silber in idyllischen Landschaften. Kolorierte Stiche zeigten, dass der Traum des harmlosen Eingeborenen lukrative Wirklichkeit geworden war: Gegen einen Schluck Schnaps oder drei Glasperlen tauschten die Wilden ganze Klumpen feinen Goldes ein.

Diese meisterhaft dirigierte Werbekampagne hatte einen Strom von Kapital in die Rue Quincampoix geleitet. Die Kompanie legte immer neue Aktien auf, die Hoffnung auf Hausse wurde sorgsam und ständig genährt.

Die Plätze in den Postkutschen nach Paris, wo man die Aktien des Monsieur Law kaufen konnte, wurden schon Monate im Voraus bestellt. Ein kleiner Buckliger verdiente ein Vermögen damit, dass er seinen Höcker als Schreibunterlage anbot.

Einige Schöne am Hofe schreckten nicht vor den ungewöhnlichsten Mitteln zurück, um Aktien zu erhalten. Innerhalb von drei Wochen wurden 300.000 Aktien auf den Markt geworfen und sie waren vergriffen, bevor die Tinte getrocknet war. (War es nicht dasselbe bei den IOS-Aktien?)

Die Dividenden, welche Laws Papiere einbringen konnten, waren uninteressant. Jeder rechnete nur mit dem Kursgewinn, der bis zum 20-Fachen des Emissionspreises betrug.

Im Dezember 1719 wurde der Rekord gebrochen. Die Aktien erreichten den Kurs von 18.000 Pfund, was dem 36-Fachen ihres Nominalwertes entsprach. Ganz Europa blickte gespannt auf dieses aufregende Schauspiel. In gelehrten Abhandlungen diskutierte man den Wert des Systems, das sich aber in Nichts auflöste, bevor alle Überlegungen zu Ende gedacht waren.

Es genügte außerdem, einen Bleistift zur Hand zu nehmen und die Dividenden auszurechnen oder sich die Frage zu stellen, ob es überhaupt eine Aussicht auf Dividenden oder Jahresgewinne gab. Da und dort wurden ein paar Verkäufe getätigt und schon begann die Auflösung. Trotz seiner verzweifelten Bemühungen gelang es Law nicht, die Panik aufzuhalten. Die Aktien rutschten unaufhaltsam ab.

Im Oktober 1720 hatten sich die 18.000-Pfund-Aktien festgefahren, sie waren unverkäuflich geworden und auf 40 Pfund gefallen. Noch immer stand man den ganzen Tag hindurch in der Rue Quincampoix Schlange. Jetzt aber, weil man sein Geld zurückhaben wollte. Dramatische Szenen lösten den Jubel ab.

„Alle, die vor sechs Wochen reich waren, sind heute arm. Law hat den Staat umgestülpt wie ein Kleiderhändler einen Mantel“, schrieb Montesquieu, schockiert über den Skandal.

Als gebrochener Mann und mit leeren Taschen musste John Law Paris bei Nacht und Nebel verlassen, denn es bestand die Gefahr, dass die Menge ihn lynchen würde. In großer Armut und verlassen ist er 1729 in Venedig gestorben.

Das Schicksal von Herrn Cornfeld und Co (IOS, Gramco et cetera) ist bisher weniger dramatisch verlaufen. Sie leben auch heute noch im Luxus und Herr Cornfeld protzte erst kürzlich in einem Interview in Hollywood, dass er sein Privatvermögen noch immer auf 40 bis 50 Millionen Dollar schätze. Und das alles auf Kosten der kleinen Sparer! Erstaunlich bleibt nur, dass es bis heute auch nicht zum kleinsten Zwischenfall mit einem seiner Opfer gekommen ist. Die Chuzpe dieser Fondsherren und die Dummheit der kleinen Sparer sind wahrlich nicht zu überschätzen. Darüber mehr im Kapitel über Offshore-Fonds.

Abenteuerliche Pariser Börse im 19. Jahrhundert

Um in Zukunft ähnliche Katastrophen zu vermeiden, wurde die PARISER BÖRSE 1724 offiziell durch ein Dekret ins Leben gerufen. Doch während der folgenden unruhigen Zeiten irrte sie heimatlos auf der Suche nach einem eigenen Gebäude umher.

In der Rue Quincampoix, die von allen wie die Pest gemieden wurde, wurden die Geldgeschäfte untersagt und man ließ sogar eine Wache aufziehen. Auch die Place Louis-le-Grand, die heutige Place Vendôme, musste aufgegeben werden, weil der Lärm der Börsianer den Kanzler d'Aguesseau störte, der dort wohnte.

Die heimatlose Börse flüchtete sich in die Gärten des Hôtel de Soissons, wo heute die Warenbörse untergebracht ist. Der Grundstückseigentümer vermietete sehr teuer etwa 100 Holzbaracken, die den wie Kaninchen eingepferchten Börsenmaklern als Obdach dienten. Die Geschäfte wickelten sich von sieben Uhr morgens bis sieben Uhr abends ab und waren bald so lebhaft, dass ein königliches Dekret sie verbot, wobei zum ersten Mal der Ausdruck „Börse" verwendet wurde.

Das Palais Mazarin, die heutige Nationalbibliothek, war die nächste Etappe bei diesen steten Umzügen. Die riesigen Säle und Galerien boten den Maklern und Spekulanten eine weit geräumigere Unterkunft.

Die Revolution wurde der große Kehraus für alles und in erster Linie für die Herren der Finanz. Sie flüchteten sich in die Kirche an der Place des Petits-Pères, die selbstredend ihrer eigentlichen Bestimmung entzogen war und erst später wieder zur Notre-Dame-des-Victoires wurde. Erst im Jahr 1826 entstand die heutige Börse, ein griechischer Säulentempel von der gleichen Farbe wie die alten Kupferdächer von Paris, entworfen von dem Architekten Brongniart.

Die gigantischen Börsenskandale um die „South Sea Bubble" und die „Mississippi-Kompanie" waren noch in guter Erinnerung. Sie wirkten noch lange nach. Die Folge war eine tiefe Abneigung gegen die Spekulation, gegen Aktien, die fast ein halbes Jahrhundert anhalten sollte.

Von den Rothschilds zur ersten industriellen Revolution

Die Napoleonischen Kriege verliehen der Londoner Stock Exchange wiederum einigen Glanz, und zwar durch die Initiative der Rothschilds, der halboffiziellen Bankiers der englischen Regierung, die zahlreiche Anleihen zur Finanzierung der Kriegszüge herausbrachten. Die Rothschilds machten sich während des 19. Jahrhunderts dadurch einen Namen, dass sie zuerst die Geschäfte mit englischen Staatspapieren und anschließend mit Staatspapieren aller Länder belebten. Man nannte sie die „Bankiers der Könige und die Könige der Bankiers".

Die Spekulation hat ihre Lieblingsobjekte. Sie wird vom Geschmack des Tages beeinflusst, wie auch von den jeweiligen politischen Ereignissen. Die Kolonisierung von Louisiana war der Auftakt zur Spekulation mit den Aktien der Mississippi-Kompanie gewesen. Die Auflösung der spanischen Kolonien in Amerika im ersten Viertel des 19. Jahrhunderts löste an der Londoner Börse ein neues Spekulationsfieber aus.

Jede ehemalige spanische Kolonie machte ihre „Lehrzeit" der Freiheit durch. Die Einbildungskraft entzündete sich von Neuem an den fantastischen Reichtümern in Übersee, diesmal an vom spanischen Joch befreiten Reichtümern. Wieder ließ man sich durch den Sirenengesang von Edelsteinen und kostbaren Metallen einlullen. Es ging um Kupfer, Silber und Zinn. Zahlreiche „Mercadets" nach dem Vorbild von Balzacs Börsenspieler tauchten auf. Mithilfe der Aktiengesellschaften sollten die neuen Quellen des Reichtums der Börse zugeführt werden, Bergwerksgesellschaften in Chile, Perlenfischereien in Kolumbien, Silberminen in Peru, Kupferminen in Mexiko. Schon der exotische Anhauch dieser Unternehmen lockte Tausende von Leichtgläubigen an. Die großen Hoffnungen endeten wieder mit großen Enttäuschungen.

Die frisch aus dem Ei geschlüpften lateinamerikanischen Regierungen hatten es durchaus nicht eilig, ihre Anleihen zu honorieren. Die Firmen arbeiteten ohne jeglichen Gewinn und von Dividenden war keine Rede. So kam es im Oktober 1825 zu einem neuen Börsenkrach.

Er war kaum vergessen, da machte sich die Spekulation schon an neue Objekte heran. Die Erfindung der Dampfmaschine, des mechanischen Webstuhls, der Lokomotive gaben ihr einen ungeahnten Auftrieb. Die neuen mechanischen Wunderwerke reizten die Fantasie, verzauberten die Vorstellungskraft und brachten Leute zum Spekulieren, die früher nie daran gedacht hatten.

Die Spekulation wirkte stimulierend auf die Erfindungen. Sie förderte ihren Einsatz in der Praxis und so wurde sie zum Motor der industriellen Expansion. Der Kapitalismus des 19. Jahrhunderts war geboren.

Die Spekulation hatte die Möglichkeiten der neuen Erfindungen richtig eingeschätzt, zum Beispiel auf dem Gebiet der Eisenbahnen. Aber sie irrte sich im Rhythmus dieser Entwicklung.

Der gleiche Irrtum wiederholt sich übrigens immer wieder in der Geschichte der Börse, und zwar jedes Mal, wenn eine neue Industrie geboren wird, wenn wir von einer Welle zur anderen getragen werden.

Wir finden die gleichen Übertreibungen gegen Ende des 19. Jahrhunderts bei den Goldminen, zu Beginn des 20. Jahrhunderts hinsichtlich der Automobil- und der Erdölindustrie, heute auf dem chinesischen und pharmazeutischen Sektor und in der Elektroindustrie.

Die industrielle Entwicklung vollzieht sich in großen Bewegungen. Sie schwingen nach oben, fallen zurück, aber niemals bis zu ihrem Ausgangspunkt. Es handelt sich um gewaltige Zickzack-Bewegungen mit steigender Tendenz.

Bei jedem industriellen Aufschwung entsteht eine große Zahl von Unternehmen und bei jedem Rückgang verschwinden wieder diejenigen, die nicht lebensfähig sind. Doch die Durchschnittskurve steigt kontinuierlich, die Industrie entwickelt sich mehr und mehr.

Dieser Mechanismus wirkt wie ein Sieb. Eine große Zahl von neuen Industrien überlebt ihre Kinderkrankheiten nie.

Wie viele Automobilgesellschaften sind an ihren Verlusten erstickt, bis General Motors, Ford oder Chrysler ihre heutige Größe erreichten! Wie viele Erdölgesellschaften sind von der Bildfläche verschwunden, bevor die British Petroleum, Standard Oil, Royal Dutch und andere ihre internationale Dimension erreichten!

Bevor diese Aussiebung stattfindet, macht die Börse eine Periode der Hysterie durch, die Kurse bewegen sich unkontrollierbar im Zickzack.

Man stelle sich einen Mann vor, der mit seinem Hund eine Straße entlanggeht. Der Mann geht gleichmäßig weiter, das ist die Industrie. Der Hund springt vorwärts, springt hierhin und dorthin, kommt zu seinem Herrn zurück, läuft wieder davon und kommt wieder zurück. Sein Weg stellt die Bewegungen der Wertpapiere dar. Beide kommen voran, der Herr und der Hund. Schließlich erreichen sie gemeinsam das Ziel ihres Spazierganges.

Während der Mann einen Kilometer zurückgelegt hat, ist der Hund den gleichen Weg drei- oder viermal hin- und zurückgelaufen. So ähnlich bewegen sich die Kurse an einer in Unordnung geratenen Börse. Sie machen zwei Schritte voran und einen Schritt zurück und begleiten so die industrielle Expansion.

Die „Eisenbahnmanie" und die Ära Balzac

Die Entwicklung der Eisenbahnen brachte eine wahre „Eisenbahnmanie". Sie hielt die Londoner Börse, alle europäischen Börsen und später die Vereinigten Staaten in Atem. Die befriedigenden Ergebnisse der ersten Jahre zogen das Publikum an. Ermutigt durch den niedrigen Eisenpreis, spekulierte man auf den Ausbau des Schienennetzes. Die Leidenschaft für Börsengeschäfte war auch eine Leidenschaft für den Fortschritt.

Im September 1844 bewilligte das britische Parlament 90 Projekte für neue Eisenbahnlinien. Niemand kümmerte sich darum, ob diese Projekte auch rentabel waren. Man spekulierte hemmungslos mit Aktien, nur um des Spiels willen und ohne die Geschäftsergebnisse der Gesellschaften in Rechnung zu ziehen. Man kaufte die Aktien nicht, um sein Geld anzulegen, sondern nur, um sie schnell wieder zu einem höheren Kurs loszuwerden.

Die Torheit hörte nicht auf, bis man eines Tages feststellte, dass – wie schon bei anderen Börsenkatastrophen – die Gewinne der neu gegründeten Gesellschaften eine so unvernünftige Spekulation nicht rechtfertigen, und die Kurse abzubröckeln begannen.

Als sich König Louis-Philippe im Jahr 1848 durch eine Hintertür heimlich aus dem Tuilerien-Palast davonstahl, war es die Pariser Börse, die den Stoß auffing. Er wirkte sich auch auf die Nachbarländer aus. In ganz Europa wackelten die Kronen, die Kurse fielen an der Börse.

Nach dem Staatsstreich von Louis Napoléon begann eine neue Ära. Das patriotische Schlagwort lautete: Das Kaiserreich ist der Friede. Der wirtschaftliche Unternehmungsgeist erreichte seinen Höhepunkt, es war die große Zeit, in der Banken, Kreditinstitute und Immobiliengesellschaften gegründet wurden.

Die Entdeckung von Gold in Kalifornien und in Australien stachelte die Spekulation an. Man glaubte, Gold mache reich, da genüge schon die Tatsache, dass es Gold sei. Viele Unternehmen befassten sich ausschließlich mit dem Spiel an der Börse, ohne produktiv zu wirken. (Heute würden sie alle in den Kurssälen der Broker sitzen.)

Das in den kalifornischen Goldminen geförderte und aus dem Sand der australischen Flüsse herausgesiebte Gold trat seinen Weg in die Keller der Notenbanken an, um dort einen Dornröschenschlaf zu halten. Es schuf neue Möglichkeiten der Spekulation und vergrößerte ihren Umfang, ohne den Reichtum der Menschheit aktiv zu mehren.

Der schwarze Freitag 1869

Gerade dieses Gold wurde an dem berühmten FREITAG, DEM 23. SEPTEMBER 1869, Anlass einer tragischen Katastrophe an der New Yorker Börse. Wie in jeder unruhigen Zeit war auch während des amerikanischen Bürgerkrieges der Papiergeldumlauf stark angeschwollen und bewirkte eine gewisse Inflation in Papierdollars, den sogenannten „greenbacks".

Unter Führung von Jay Gould und seinem Genossen Fisk wurde an der Wall Street ein Syndikat gegründet, das einen prächtigen Börsencoup vorbereitete. Beide hatten bereits eine Reihe anrüchiger Eisenbahngeschäfte auf dem Gewissen und um ihr Ziel zu erreichen, war ihnen jedes Mittel recht – selbst ein Dolchstoß in den Rücken. Mit Bestechungsgeschenken aller Art, bis hinauf zum Schwager des Präsidenten, General Ulysses Grant, war es ihnen gelungen, den Augenblick hinauszuzögern, in dem die amerikanische Regierung Gold auf den Markt werfen würde, um den Dollar zu stützen.

Sie kauften zuerst Gold auf eigene Rechnung, dann erteilten sie etwa zwölf Brokern den Auftrag, Provokationskäufe zu tätigen, um den Preis des gelben Metalls in die Höhe zu treiben. Angesichts der ständig steigenden Kurse war jeder bemüht, Gold gegen Kasse und auf Termin zu kaufen. Angesichts dieser Gold-Hausse verwandelte sich die Atmosphäre in eine Panik, nämlich eine Baisse-Panik hinsichtlich des Dollar. Die Hysterie um Goldpreise haben auch wir schon einige Male erlebt.

Am 23. September traf ein Telegramm vom Kabinett des Präsidenten Grant ein mit der Ankündigung, dass eine Intervention der Regierung unmittelbar bevorstünde: „Die Regierung wird eine große Menge Gold auf den Markt werfen, um den Dollar steigen zu lassen." Gould und Fisk fuhren kaltblütig fort, durch ihre bevollmächtigten Broker so viel Gold wie nur möglich kaufen zu lassen, und gleichzeitig stießen sie heimlich das ganze Gold ab, das sie besaßen.

Sofort nach Eingreifen der Regierung begann der Goldpreis abzubröckeln, stürzte dann rapide, und abends war die Katastrophe da. Die Verwirrung war vollkommen, denn zu den Verlusten, die das Publikum erlitt, kam noch, dass Gould und Fisk sich weigerten, die riesigen Goldmengen abzunehmen, die ihre eigenen Makler aufgrund ihrer mündlichen Orders gekauft hatten.

Die Clique leugnete eiskalt, diese Aufträge erteilt zu haben, ohne sich um das Schicksal ihrer Beauftragten zu kümmern. Fast alle mussten ihre Zahlungen einstellen, was eine Kette von Bankrotten auslöste. Am Ende des Tages wusste niemand mehr, wer zahlungsfähig war und wer nicht. Jay Gould, Jim Fisk und die ganze Gould-Clique strichen händereibend ihren Gewinn ein, während ihre Makler an den Bettelstab gebracht waren.

Dieser Sommertag des Jahres 1869 bleibt in der Geschichte der Wall Street als der Tag der Gemeinheit in Erinnerung, als das Pearl Harbor der Börse.

Das hinderte Gould nicht, mit ebenso viel Unverfrorenheit und Erfolg seine betrügerischen Machenschaften bei den Eisenbahnen fortzusetzen. Auf ihn angewandt, könnte man den Ausdruck Gangstertum in Bankstertum abwandeln.

Eine ähnlich maßlose Goldspekulation, die für manche Beteiligten mit einer Tragödie endete, spielte sich 1924 ab. Damals gewann Ministerpräsident Poincaré die Schlacht um den Franc. Nur sind die europäischen Börsensitten grundverschieden von denen im amerikanischen „Wilden Westen" jener Zeit.

Es gibt einen Ehrenkodex, der zur Bestrafung eines Sünders führt. Die Spekulanten hatten gegen den Franc gespielt, sie verloren und sie mussten bezahlen.

Die Gründerzeit

Doch kehren wir zurück ins 19. Jahrhundert. Die wirtschaftliche Entwicklung in Europa schritt mächtig voran, zeitweise sprungartig, zeitweise durch Hindernisse gehemmt, je nach den Ländern und den jeweils aktuellen Ereignissen. In Deutschland nannte man diese Phase die Gründerzeit. Damals wurde der Industriekapitalismus geboren, es entstanden die Immobiliengesellschaften und die großen Finanzinstitute (die D-Banken). Deutschland erfreute sich einer großen Prosperität. Die fünf Milliarden Goldfranc Kriegsentschädigung nach der französischen Niederlage von 1871 hatten zur wirtschaftlichen Entfaltung beigetragen.

Damals begann auch in Österreich-Ungarn der Aufstieg neuer sozialer Schichten. Sozialreformen wurden unumgänglich, sie wurden von den Linksparteien und dem mit unheimlicher Kraft aufsteigenden Sozialismus gefordert. Wiederholte Lohnerhöhungen beschnitten die Gewinne der Unternehmen und 1873 war der Gefahrenpunkt erreicht.

Der Börsenkrach in Wien brach in einem Augenblick aus, da niemand ihn erwartete. Die Liste der Selbstmorde wurde immer länger, ob es echte oder unechte Selbstmorde waren, bleibt dahingestellt, denn einige ruinierte, aber sehr boshafte Spekulanten verschwanden unter Hinterlassung alter Kleidungsstücke am Donauufer rechtzeitig von der Bildfläche.

Von Wien aus schlug die Welle rasch über die Landesgrenzen hinaus, sie erreichte ganz Deutschland, von München bis Hamburg, von Stuttgart bis Danzig.

Der Börsenkrach von 1873 ist ein Meilenstein in der Geschichte der Finanzen und der Spekulation, ein Meilenstein der Zahlungsunfähigkeiten, der Selbstmorde, der Tränen und des Zähneknirschens.

Doch die lebendigen Kräfte des Jahrhunderts gewannen bald wieder die Oberhand. Die Wunden verheilten rasch, die Zeit ging weiter. Die Nachrichtenübermittlung machte Fortschritte, Dampfschiffe, Eisenbahnen, Unterseekabel webten ein immer dichteres Netz um die ganze Erde. Dank des Suezkanals rückte der Orient näher an Europa.

Die Magie des Goldes in Frankreich

Gegen Ende des 19. Jahrhunderts, jenes Jahrhunderts, in dem so viel geschehen war, glaubte man, der Traum der goldsuchenden Menschheit habe sich erfüllt. Man weiß nicht, wer als Erster die GOLDMINEN IN TRANSVAAL entdeckt hat, aber man bildete sich ein, die Schatzkammern der Königin von Saba gefunden zu haben.

Die Illusionen waren groß und die Schwierigkeiten zu Anfang zahlreich: Mangel an gelernten Arbeitern, hohe Materialpreise, besonders für das im Bergbau unerlässliche Dynamit, Transportschwierigkeiten, Golddiebstähle durch die Arbeiter et cetera. Aus dem Lager der Golddiggers wurde bald eine prunkvolle Stadt, Johannesburg, das Cecil Rhodes zum Gibraltar der Finanzen machen wollte.

Das Gold war kein Hirngespinst, es war wirklich da, es brauchte nur gefördert zu werden, und seine Existenz bewirkte einen neuen Boom. Wieder floss Kapital der englischen Börse zu, obwohl es noch nicht so lange her war, dass die Enttäuschungen mit den südamerikanischen Wertpapieren die Atmosphäre merklich abgekühlt hatten. Eine Reihe neuer Gesellschaften wurde gegründet, wieder begann der Reigen der Spekulation.

Man war vom Gold hypnotisiert wie früher die Alchimisten. Vermögen wurden im Handumdrehen erworben. Ein ehemaliger Zirkusclown, Barney Barnato, war der Dirigent dieses allgemeinen Aufruhrs. Ohne Unterschied wurden alle auf den Markt geworfenen Aktien vom Publikum aufgenommen.

Kaum war eine Gesellschaft gegründet, erhöhte sie schon ihr Kapital und die neuen Anteilscheine waren noch nicht vollständig gezeichnet, da bereitete man schon wieder neue Kapitalerhöhungen vor.

Die 1867 gegründete Limpopo Mining Company fand bald Hunderte von Nachahmern. Die Deutschen hatten sich in das Spiel eingeschaltet und das Kapital des Reiches ergoss sich auf den Markt, einen Markt, der dieses Kapitals eigentlich gar nicht bedurfte.

Auch die Franzosen wurden von der Goldleidenschaft ergriffen und steckten Millionen in die Spekulation.

Die französischen Sparer haben ihr Kapital immer gern für die Erschließung von Bodenschätzen zur Verfügung gestellt, ob es nun die Goldminen von Witwatersrand in Transvaal, die Kupferbergwerke in Rhodesien und Spanien, die Erdölvorkommen in der ganzen Welt oder auch Uranbergwerke waren.

Damals handelte es sich um Gold, das in Frankreich seit eh und je fast wie ein geheiligter Fetisch behandelt wird.

Man erzählte sich die verschiedensten Anekdoten. Der Londoner Bankier Beit von der Firma Beit & Co. schickte seiner in Hamburg wohnenden Mutter ein kleines versiegeltes Paket, das Aktien enthielt. Im Begleitbrief erklärte er ihr – unter dem Siegel der Verschwiegenheit –, dass die Aktien bald um das 10-Fache steigen würden. Aber sie dürfe unter keinen Umständen das Paket öffnen, bevor nicht auch ihr Sohn sich für eigene Rechnung Aktien gekauft habe.

Der Bankier rechnete mit der weiblichen Neugier und der Gutmütigkeit seiner Mutter … Sie konnte sich natürlich nicht zurückhalten, öffnete das Paket und bei einer Tasse Tee erzählte sie die Geschichte ihren besten Freundinnen, die wieder nichts Eiligeres zu tun hatten, als sie ihren besten Freundinnen weiterzugeben …

In Windeseile durchlief der Tipp die ganze Stadt, natürlich immer unter dem Siegel der Verschwiegenheit. Und ein paar Tage später kaufte Hamburg in London alle Aktien auf, die der Bankier Beit nicht losgeworden war.

Im Sommer 1895 erreichte diese Spekulationswut ihren Zenit. Die Kurse gerieten außer Rand und Band. Die Aktien des „Coronation Syndicate“ stiegen innerhalb weniger Wochen von 10 auf 2.000 Pfund. Es handelte sich dabei nicht einmal um eine Bergwerksgesellschaft. Die Tätigkeit des „Coronation Syndicate“ bestand lediglich darin, andere Firmen auf die Beine zu stellen.

Die Finanzierungsgesellschaften, die diesen Wirbel ausgelöst hatten, waren nun nicht mehr im Mindesten daran interessiert, den Markt aufrechtzuerhalten. Ihre Papiere waren platziert.

Das Gebäude war so baufällig, dass der kleinste Windhauch genügte, um es zum Einsturz zu bringen. Der Anlass war unauffällig, man wusste kaum, wie es eigentlich geschah.

Was war der wirkliche Grund? Vielleicht waren es die enttäuschenden Schürfungsergebnisse einer Gesellschaft oder die Arbeitsunterbrechungen einer anderen oder vielleicht auch politische Schwierigkeiten. Im Grunde ist dies gleichgültig. Irgendein Ereignis von ganz untergeordneter Bedeutung konnte den Todesstoß versetzen.

Die Aktien verloren neun Zehntel ihres Wertes und ungezählte Firmen, von denen man heute nicht einmal mehr den Namen weiß, verschwanden. Nur wenige Gesellschaften kamen um diese Klippe herum. Sie bereiteten ihren Aktionären angenehme Überraschungen. Seit mehr als einem halben Jahrhundert werden regelmäßig ansehnliche Dividenden gezahlt, neue Vorkommen aufgebaut und weitere Gebiete für die Ausbeutung erschlossen.

Die südafrikanischen Goldminen haben seither viel von ihrem Reiz verloren, doch dank der hysterischen Spekulation auf Goldpreise flackert das Interesse für diese Werte hier und da wieder auf. Berechtigt oder unberechtigt, denn das politische Damoklesschwert, das über Südafrika schwebt, macht die Wertfestsetzung sehr schwierig.

Jeder Markt erlebt seine Katastrophen

Ende des 19. Jahrhunderts verlangsamte sich das Tempo der wirtschaftlichen Entwicklung in Europa ein wenig. Die Vereinigten Staaten liefen aber noch auf vollen Touren. Im ganzen Land herrschte eine fantastische Prosperität. Die riesigen Trusts lieferten sich erbitterte Kämpfe und eine verrückte Spekulation hielt die Wall Street in Atem. „Der Markt wird durch einige reiche Übeltäter gestört", sagte Präsident Theodore Roosevelt.

Damals gab es noch kein wirksames Banksystem, das geeignet gewesen wäre, den Geldmarkt in Schach zu halten. Alle verfügbaren Geldmittel wurden von der Spekulation aufgesaugt. Man zahlte jeden Zinssatz, denn solange die Hausse dauerte, konnte man seinen Einsatz drei- bis viermal einstreichen. Diese Situation war ein Hindernis für den wirtschaftlichen Fortschritt, denn Handel und Industrie verfügten nicht mehr über das nötige Kapital, das von der Wall Street verschluckt wurde.

Als ein Journalist den alten John Pierpont Morgan fragte, wie lange die Hausse dauern würde, gab dieser zur Antwort: „Ich weiß nicht, junger Mann, aber wenn die Leute erkannt haben, dass man nicht mit Geld zu 125 Prozent pro Jahr spekulieren kann, dann wird alles zusammenkrachen."

Morgans Antwort schlug wie ein Blitz ein. Die Leute, die noch am Vorabend keinen Gedanken an die Zinsen verschwendet hatten, die sie für ihre Bankschulden bezahlten, nahmen eine Feder zur Hand und rechneten. Und wie immer wollten auch diesmal alle Beteiligten zur gleichen Zeit durch die gleiche Tür.

Zuerst verkauften die Leute ihre mit Bankschulden belasteten Aktien. Es folgten diejenigen, deren Aktien voll bezahlt in ihren Kassenschränken lagen. Geschickten Manipulationen von Morgan, der rechtzeitig den Markt wieder flüssig machte, ist es zu danken, dass die Wall Street nicht vollständig zugrunde ging.

Dieser Börsenkrach hatte übrigens eine wichtige Folgeerscheinung: die Gründung des Federal Reserve System. Dieses Netz von Notenbanken hat seither dazu beigetragen, kleinere Krisen einzudämmen und die Schwierigkeiten der Übergangszeit nach dem Ersten Weltkrieg zu überwinden. Dann ging die Geschichte der Wall Street ohne große Aufregungen weiter bis zu einem neuen tragischen Meilenstein: 1929.

Man darf sagen, jeder Markt und jedes Finanzzentrum hat seinen Krach oder seine Katastrophen erlebt, mit mehr oder weniger schmerzhaften Folgen: Antwerpen und Genua, als Philipp II. die Bezahlung seiner Schulden einstellte; der Krach des Grand Parti in Lyon; Amsterdam und seine Tulpen; London und die South Sea Bubble; Paris und die Rue Quincampoix; der Goldkrach an der Wall Street im Jahr 1867; der Wiener Börsenkrach vom Jahr 1873; die südafrikanischen Goldminen am Ende des 19. Jahrhunderts; der schwarze Freitag in Berlin am 13. Mai 1927; die Panik von 1929, die von New York aus auf die ganze Welt ausstrahlte; die Streichhölzer in Schweden et cetera et cetera. 1937 kam es wieder zu einem Krach an der Wall Street, der zwar kürzer, aber noch heftiger war als der von 1929 (die US-Steel stürzten innerhalb einiger Wochen von 124 auf 23). Tausende von Spekulanten verloren wieder ihr letztes Hemd. Trotzdem war drei Jahre später alles wieder vergessen und mit Beginn des Zweiten Weltkrieges setzte eine neue Börsenhausse ein, die bis zum Tag von Pearl Harbor dauerte. Das Gleiche wiederholte sich seither mehrmals. Die Börse steigt, steigt, bis es zu einem Zusammenbruch kommt. Tausende verlieren ihre Sparpfennige, doch wenige Jahre später ist alles wieder vergessen und das Spiel um das leichte Geld beginnt von Neuem.

Die unruhigen 20er-Jahre in Paris

Wie die Entdeckung Amerikas oder die Französische Revolution hat die amerikanische Wirtschaftskatastrophe 1929 das Gesicht der westlichen Welt und ihre soziale Struktur vollständig verändert.

Sie geistert noch heute wie ein Gespenst durch unser Leben. Für eine ganze Generation wurde das Jahr 1929 zur Wendemarke. Häufig hört man in Unterhaltungen die Redewendung: „Das war, erinnern Sie sich, vor 29", oder: „kurz nach 1929". Doch vor dem schwarzen Donnerstag im Oktober hatte es viele rosenrote Wochen und glückliche Jahre gegeben, in denen es sich gut leben ließ. „God's own country", „Gottes eigenes Land". Amerika strotzte voll Kraft im wiedergefundenen Paradies der Prosperität.

Aus einem Schuldnerstaat vor dem Krieg waren die Vereinigten Staaten zum Gläubiger der ganzen Welt geworden. Die industrielle Produktion wuchs ständig, der Verbrauch ebenfalls, beide aufgeputscht durch eine Wunderdroge: die Ratengeschäfte.

Alle landwirtschaftlichen oder industriellen Rohstoffe, alle Wertpapiere stiegen unablässig. Die Fernschreiber an der Wall Street spuckten in einem betäubenden Rhythmus kilometerlange weiße Papierstreifen aus. Alle Amerikaner, der Mittelstand, die kleinen Leute, die kaum in Ellis Island gelandeten Einwanderer, alle ahmten das Spekulieren der Geldaristokratie nach.

Doch das Gerüst der Spekulation ruhte auf einem Koloss mit tönernen Füßen: dem Kredit. Herzlich wenig Leute waren sich darüber im Klaren. Das Leben war doch so schön!

Henry Ford I. erprobte seine neuen Modelle. Nachts applaudierte man im Ziegfeld-Theater den Dolly Sisters.

Mit Paul Whiteman folgte man den Melodien von George Gershwin, der später mit der „Rhapsody in Blue" zum größten amerikanischen Komponisten wurde. Dieser Sohn armer jüdischer Einwanderer war der Ehrengast auf den glanzvollen Partys der Aristokratie der Fifth Avenue. Jean Harlow beherrschte die Filme der Warner Brothers. Mit ihren hellblauen Augen, den Platinhaaren und den geschmeidigen Bewegungen war sie das „glamour girl" Nummer 1 von Hollywood. Es war die heroische Epoche der Prohibition und der „speakeasies". Im berühmten Twenty One (Nummer 21 der 52. Straße Ost) lauschte man hingerissen den Schallplatten von Al Jolson und Eddie Cantor, während man aus den Teetassen Whiskey schlürfte. Die Extravaganzen, die Eroberungen des schönen John Barrymore lieferten den Gesprächsstoff. Die unsichtbaren Drahtzieher dieser betäubenden Show, die professionellen Geldleute der Wall Street (heute heißen sie Fondsmanager und Konglomerat-Finanziers), hüteten sich, auch nur den Anschein einer Gefahr ahnen zu lassen. Präsident Calvin Coolidge, sein Nachfolger Herbert Hoover und sein Finanzminister Mellon erklärten mit der ganzen Autorität der amerikanischen Regierung öffentlich, es bestünde kein Grund, dass all dies eines Tages aufhören würde.

Auch Europa war von einer ähnlichen Spekulationswut ergriffen.

Großbritannien wurde nach Überwindung seiner sozialen Schwierigkeiten wieder flott. Es hatte sich von den monatelangen Streiks erholt und gewann die verlorene Energie zurück. Die Börse begann, langsam, aber sicher wieder aufzublühen.

In Deutschland hing der Boom vor allem vom ausländischen Kapital ab. Jahrelang hatte Amerika jährlich mehr als 250 Millionen Dollar zur Verfügung gestellt, die in der deutschen Wirtschaft investiert wurden. Heute würde dies zweieinhalb Milliarden Dollar entsprechen. Ihr Zustrom gab der Berliner Börse Nahrung.

Nicht einmal zehn Jahre nach ihrer Emission wurden diese Anleihen durch den Reichsbankpräsidenten Dr. Schacht verleugnet.

30 Jahre später hat aber die neue Bundesrepublik unter Kanzler Adenauer sie samt und sonders, mit allen unbezahlten Zinsen, anerkannt: Sie wurden zu Kassenschlagern auf den internationalen Märkten und brachten klugen Spekulanten die größten Gewinne.

Gleichzeitig mit den Dollars waren amerikanische Ingenieure und Techniker gekommen, um den Schlotbaronen an der Ruhr bei der Modernisierung ihrer Fabriken und Arbeitsmethoden nach amerikanischem Muster zu helfen.

Italien erlebte seinen Honigmond mit Mussolini. Wenn es auch einen Teil seiner Freiheit einbüßte, so hatte es doch den Grundstein für eine moderne Volkswirtschaft gelegt.

Ein magisches und beruhigendes Wort erhellte die Zukunft: der Friede. Die Verträge von Locarno, dann der Briand-Kellogg-Pakt hatten den Krieg auf immer für ungesetzlich erklärt. Briands schöner Bariton verkündete rhetorisch-schwungvoll diese ideale Politik.

Bei der Genfer Konferenz von 1927 war sogar die Rede davon gewesen, bald die Zollsätze zu senken. Es waren die ersten Vorboten des europäischen Traums, der 30 Jahre später mit dem Gemeinsamen Markt Wirklichkeit werden sollte.

In Frankreich war es Poincaré gelungen, die Inflation in Schach zu halten und die Währung zu stabilisieren. Nachdem der Franc-Kurs drei Jahre lang floating geblieben war und seinen realistischen Preis gefunden hatte, wurde er 1929 de jure stabilisiert. Dank dieser Situation erreichte der Wiederaufbau Frankreichs seinen Höhepunkt. Das Experiment der flexiblen Wechselkurse hatte in Frankreich zu einem sehr positiven Ergebnis geführt. Die reichen Bürger rieben sich die Hände, wenn sie die Börse verließen: Die Aktien waren ständig im Vormarsch. Die Festigkeit der Währung, der gute Stand der Finanzen hatten Kapitalien aus aller Welt nach Paris gelockt.

Doch dieser Geldstrom, der die einen bereicherte, machte andere unglücklich. Das auf den Schlachtfeldern besiegte Mitteleuropa hatte sich mit der Spekulation auf die Franc-Baisse vollends zugrunde gerichtet.

Die Spekulanten aus Wien, Prag oder Budapest hatten bereits den Ruin ihrer eigenen Währung erlebt. Sie glaubten, daraus eine nützliche Lehre gewonnen zu haben. Sie entschieden sich gegen den Franc.

Doch diese Rechnung war verhängnisvoll. Poincaré rettete den Franc, es war ein spektakulärer Erfolg. Der gestrenge Präsident hatte ihn errungen, weil er das Vertrauen in den Franc wiederherzustellen vermochte und weil ihm der amerikanische Bankier J. P. Morgan die nötige „Munition" dazu geliefert hatte.

Damals schon hatte Uncle Sam Frankreich unter die Arme greifen müssen. Viel Dankbarkeit hat es dafür nie gezeigt – bis heute nicht.

Die unglückliche Franc-Spekulation versetzte den Börsen von Wien, Budapest und Prag den Gnadenstoß. Eine deprimierende Atmosphäre der Armut und Arbeitslosigkeit herrschte in Ungarn und Österreich.

Zu dieser Zeit studierte ich Philosophie und Kunstgeschichte an der Universität in Budapest. Aussichten auf eine bessere Zukunft gab es damals in Ungarn nicht.

Die Idee meines Vaters, mich in den Sommerferien nach Paris zu schicken, war für mich eine unverhoffte Möglichkeit, diesem Reich der Traurigkeit zu entfliehen.

Paris … „J'ai deux amours, mon pays et Paris" – ich habe zwei Lieben, meine Heimat und Paris. Die Bananencolliers der bezaubernden Tochter der Antillen, Josephine Baker, wippten im Takt zu diesem Lied, das ich zu meinem Glaubensbekenntnis gemacht habe. Josephine Baker ist heute eine alte Dame, genießt aber immer noch großen Respekt wegen ihrer sozialen Tätigkeit.

Paris, das bedeutete eine Welt von Luxus, Vergnügen und Festlichkeiten, die ich kennenlernen wollte, als ich, wie Balzacs Held Rastignac seiner Postkutsche, eines schönen Abends dem Orientexpress entstieg. Ich wusste noch nicht, dass diese Welt verbotener Paradiese zum Greifen nahe lag und doch unerreichbar bleiben würde, wenn man nicht den Schlüssel besaß, um sich Zutritt zu verschaffen: das *Geld*. Ich hatte nicht genug in der Tasche, bei Weitem nicht.

Das Schauspiel war faszinierend. Aber ihm von außen zuzusehen, genügte nicht.

Mit Schildpattbrille und schwarzen Fransenhaaren erschien Foujita auf dem Montparnasse, gefolgt von Kiki, seinem Lieblingsmodell, um mit seinen Freunden Kisling, Vértes und anderen an den Tischen der Rotonde und des Dôme zu diskutieren.

Die eleganten Damen ließen sich nach Longchamp und Auteuil begleiten, um beim Rennen die Kleider zu zeigen, die Poiret für sie entworfen hatte. Auf seiner Jacht in Boulogne empfing der berühmte Schneider als Grandseigneur seine Freunde aus der besten Gesellschaft und spielte ihnen, wenn schon der Morgen dämmerte, die neuesten Melodien aus New Orleans vor. Auf der Champs-Élysées gab es noch kein Kino, aber man stand auf den Boulevards Schlange, um Chaplins Amerika in „Goldrausch" und den Orient in „Dieb von Bagdad" zu entdecken.

In den damaligen Romanen machte man sich mit der Sprache des Volkes vertraut und so gewappnet konnte man sich – denn das war chic – in den Bars des Pigalle unter das Volk mischen.

An den anderen Abenden ging man, nachdem man mit dem größten Star der Welt, dem unvergessenen Maurice Chevalier, das neueste Couplet „Valentine" mitgesummt hatte, bei Maxim soupieren. Oder die Herren blieben im Café Weber unter sich, um sich über das neueste Automodell oder die Beine der Mistinguett zu unterhalten. Am Montag berichteten die Zeitungen unter den Tagesnachrichten, dass André Citroën beim Baccara in Deauville die Bank gesprengt habe. Die Engländer nahmen die Rasenflächen von Touquet in Beschlag.

Wie ein Kind, das sich an der Scheibe einer Konditorei die Nase platt drückt, so bestaunte ich dieses ungeheure Leben und Treiben.

Aber bald musste ich wieder abreisen und als ich in das traurige und beängstigende Budapest zurückgekehrt war, hatte ich nur einen Gedanken: wieder nach Paris zu fahren. Bis dahin musste ich Mittel und Wege gefunden haben, um mich bei diesem Spiel einschalten zu können und davon zu profitieren. Ich hatte begriffen – das hatte sich als unumstößliche Gewissheit in mir festgesetzt –, dass es nur einer Sache bedurfte: *Geld.*

Ich geriet in eine heftige psychische Krise. Rückblickend weiß ich, wie bedeutsam dieser Wendepunkt in meinem Leben war.

Ich hatte das Geld auf ein Postament erhoben und dachte ununterbrochen daran. Zunächst war es ein Mittel, um ein Ziel zu erreichen, dann wurde es selbst zum Ziel und ließ mich alles andere unterschätzen. Meine Ethik, mein eigenes Wertsystem hatte sich völlig gewandelt. Nichts interessierte mich mehr, nur das Geld. Kunst, Musik, Bücher hatten ihre Anziehungskraft verloren. Ich war damals einfach nicht fähig, eine, wenn ich so sagen darf, unentgeltliche Freude zu genießen. Ich träumte von einem Kassenschrank voller Geld, von Geldsäcken, die ich betrachten, befühlen, hin- und herschaffen konnte wie Volpone seine Schätze.

Diese Geisteshaltung führte zunächst zu einem gefährlichen Reflektieren über mich selbst, dann zu einer gewissen Trägheit im Handeln. Wozu sich bis in ein Geschäft bemühen, nur um ein Luxusauto zu kaufen, wenn man es – wann immer man will – haben kann, vorausgesetzt man hat das nötige Geld in der Tasche!

Auf der einen Seite stieg die Bewertung des Geldes im gleichen Maße, wie auf der anderen Seite die reellen Werte, die man damit kaufen konnte, sanken. Dieser übertriebene Materialismus führte dazu, dass meine Vorstellungen über Wirtschaftsprobleme deflationistisch beeinflusst wurden.

Ich steigerte meine abscheuliche Religion ins Absurde und gelangte zu einer verallgemeinernden Missachtung aller Werte, die sich durch Bargeld ausdrücken lassen. Das war der geeignete Boden, um „Baissier" zu werden. Werte in Bargeld auszudrücken bedeutet, für alle den Preis festzusetzen. Da ich im Geist den Wert des Geldes überschätzte, fand ich den Preis jeder Ware zu hoch und wartete darauf, dass er in Zukunft fallen würde.

Ich konnte nur auf Baisse spekulieren. Außerdem wollte ich nichts anderes als Baisse: Wenn Rothschild verliert, weil seine Werte sinken, und ich bei derselben Baisse verdiene, dann verringert sich entsprechend der Abstand zwischen ihm und mir … Das war meine einfältige, tägliche Überlegung.

Ich hatte nur einen einzigen Wunsch: wieder nach Paris zu fahren und mich auf die Spekulation an den internationalen Börsen zu stürzen. Die

Ereignisse kamen mir entgegen. Zum zweiten Mal entstieg ich am Pariser Ostbahnhof dem Orientexpress.

Der Wirbel des Pariser Lebens war aufregender denn je. Ich hatte meine Kreditbriefe in der Tasche, das heißt, ein Empfehlungsschreiben an einen Börsenmakler, einen Freund meines Vaters, bei dem ich meine ersten Versuche machen sollte.

Mein erster Tag im „Tempel"

Der große Tag kam bald; die Erinnerung an meinen ersten „Besuch im Tempel" wird nie verblassen.

Wie in einem riesigen Spielcasino lag das Geld in der Luft. Es war überall. Man brauchte nur eine Antenne zu haben, um es zu erwischen. Wollte ich meinem Mentor glauben, so war das nicht schwer, es genügte, raffiniert im Strom der Hausse mitschwimmen zu können, Vertrauen zu haben. „Und am Ende des Monats geht man kassieren", sagte er mit einem breiten Lächeln und klopfte mir auf die Schulter. (In Paris gab es immer Terminhandel, das heißt, die Verlust-und-Gewinn-Differenzen wurden immer am Ende des Monats geregelt.)

Ich verstand, ehrlich gestanden, nicht viel von dem Tohuwabohu, in dem sich einige 100 Personen bewegten. Die fremden Namen mir unbekannter Wertpapiere dröhnten in meinen halbtauben Ohren. Jüngere Burschen eilten von einer Gruppe zur anderen. Mit dem kleinen Auftragszettel ihrer Kundenwünsche in der Hand, liefen sie in dem Gebäude hin und her, stießen und drängten sich, ehe sie wieder in verschiedene Richtungen auseinanderliefen.

In der Mitte, am „Ring", standen 70 Herren, Sommer wie Winter dunkel gekleidet, die 70 Mitglieder der Compagnie des Agents de Change (vereidigte Kurssensale). Mit den Ellenbogen stützten sie sich auf die Balustrade, die sie vom Publikum trennte.

Wie die anderen schrien sie in diesem Höllenlärm: „Ich gebe, ich nehme." Die ganze Welt schien am tumultuösen Spiel teilzunehmen.

Die einen rannten zu den Telefonzellen, um die ersten Ergebnisse durchzugeben. Andere flüsterten, die Hand abschirmend vor dem Mund, aufgeblasen vor Wichtigkeit. Wieder andere kritzelten fieberhaft Zahlen in kleine, schwarze Hefte.

Die allgemeine Nervosität ergriff mich überhaupt nicht. Je mehr ich in diese neue Welt eindrang, umso mehr wurde ich von dieser aufschneiderischen Atmosphäre abgestoßen. Jeder behauptete, die beste Information geben zu können, prahlte, er gewinne bei dem Börsencoup, seine Kunden seien immer richtig beraten, er kenne den unfehlbaren Tipp und so weiter. Man hätte glauben können, es gebe hier nur Genies oder Propheten. Alle berichteten selbstgefällig von ihren Erfahrungen oder Erfolgen und jeder zweite Satz begann mit den Worten: „Ich hatte es dir doch gesagt."

Heute ist es noch ganz genauso. Wenn du selbst an die Börse kommst, wirst du diese Atmosphäre kennenlernen. Man spricht nicht über Kunst, Politik oder meinetwegen über Frauen, wie du es im Kreis deiner Brüder gewohnt bist. Die Gespräche drehen sich ausschließlich um Geld, wie viel man gewonnen oder verloren hat oder wie viel man hätte gewinnen können oder sollen. Man schätzt die Menschen ausschließlich nach dem ein, was sie besitzen und in welchem Maße sie für den einen oder anderen Makler als Kunde von Interesse sein können. Glücklicherweise – oder leider – wirst du dich an diese Atmosphäre gewöhnen.

Ich hatte noch keinerlei Erfahrung auf diesem Gebiet, doch der einfache gesunde Menschenverstand sagte mir, dass dies alles nur Bluff sein könne. Die Logik, die Erklärungen, die Überlegungen, auf denen die Wunderspekulationen beruhten, erschienen mir primitiv, kindisch und falsch. Mir drängte sich immer stärker der Gedanke auf, wenn all diese Leute auf Hausse spekulieren, dann muss ich genau das Gegenteil tun und AUF BAISSE SPIELEN.

Zu meiner Geringschätzung der reellen Werte kam nun auch noch die Geringschätzung der Leute, die ich an der Börse traf. Als ich die Stufen hinabschritt, war mein Entschluss gefasst. Die Baisse würde mich gewinnen lassen und mir überdies die – boshafte – Genugtuung verschaffen, alle diese Angeber verlieren zu sehen.

Ich brauchte nur noch meine Spekulationsobjekte zu wählen und den Mechanismus der Baisse-Spekulation zu lernen. Dieser Mechanismus, der dem Neuling so kompliziert erscheint, ist jedoch sehr einfach.

Der Spekulant Maier glaubt, dass die Aktien der Firma „Luftschloss Bau AG" oder „Mond-Immobilien AG" fallen werden. Nehmen wir an, beide Papiere stehen auf 100. Er hält den Kurs für zu hoch und erwartet, dass der eine oder andere fallen wird.

Er verkauft die Aktien heute zu 100, obwohl er sie noch nicht besitzt, muss sie aber am Monatsende liefern. Einige Tage danach fallen die Aktien von 100 auf 80. Maier kauft sie dann zu 80, auch auf Termin, das heißt, sie werden ihm zum Monatsende geliefert. Beim Monatsultimo werden die Transaktionen abgewickelt. Maier bekommt die Aktien zu 80, die er dann zu 100 abliefert. Damit steckt er einen 20-prozentigen Gewinn ein.

Dagegen fallen die „Mond-Immobilien-Aktien" keineswegs, denn Apollo II ist erfolgreich auf dem Mond gelandet und zur Erde zurückgekehrt und bei dieser guten Nachricht steigen die Aktien von 100 auf 140. Maier gerät in eine Panik, die Mond-Immobilien-Aktien, die er noch besitzt und Ende des Monats zu 100 liefern muss, könnten weiter steigen. Er kauft sie also mit 140, auch auf Termin, und am Ultimotag hat er das Geschäft mit einem Verlust von 40 Prozent abgeschlossen.

Nehmen wir aber an, Maier ist überzeugt, dass die Aktien trotz Apollo wieder fallen werden. Er sagt also seinem Makler, er wolle die Papiere nicht am Monatsende liefern, sondern das Lieferdatum um 30 Tage verschieben. Sollte das Papier dann immer noch nicht gefallen sein, kann er den Liefertermin abermals hinausschieben und das immer wieder, vorausgesetzt, dass er an jedem Ultimo den schon bestehenden, vielleicht nur vorübergehenden Verlust bezahlt.

Der Hausse-Spekulant kauft zuerst, um dann zu verkaufen, während der Baisse-Spekulant zuerst verkauft und später kauft.

Baisse-Spekulationen sind möglich an Börsen mit einem Terminmarkt. Fast alle europäischen Börsen haben einen Terminmarkt, der Baisse-Spekulationen gestattet, wenn sich die Gelegenheit ergibt.

Die New Yorker Börse hat jedoch keinen Terminmarkt und das kompliziert und beschränkt die Baisse-Spekulation rein technisch. Wie viele Gelegenheiten wurden in den vergangenen Jahren an der Wall Street versäumt! Aber in Paris, London, Mailand, Amsterdam, Stockholm, Zürich oder Brüssel kann man ebenso „leicht" auf Baisse wie auf Hausse spekulieren. Die Baisse-Spekulation ist viel weniger verbreitet, als man meinen sollte. Auf 100 Spekulanten kommen sicher 99 Haussiers, und nur ein Baissier zu sein, gilt an sich schon als eine geistige Entartung, fast als eine perverse Sucht nach dem Schmerz – aber es handelt sich dabei um den Schmerz der anderen.

Heute glaube ich nach all meiner Erfahrung, die ich damals noch nicht besaß, dass mich außer meiner gefühlsmäßigen Reaktion gegen die Atmosphäre der Superspekulation auch einfach gesunder Menschenverstand geleitet hat. Ich konnte bei einem künstlichen Boom die Diagnose der Inflation noch nicht stellen, aber ich fühlte instinktiv die Gefahr. Ich erkannte die Symptome einer ungesunden Situation, die für den Zusammenbruch reif war. Es war vielleicht auch nur die Rebellion des guten Geschmacks, eines klassischen Gefühls für das Maß aller Dinge angesichts dieser Orgie von schlechtem Geschmack, die sich vor meinen Augen abspielte.

So eine unkontrollierbare Geldinflation, das heißt Geldvermehrung, läuft im Wesentlichen auf eine Störung des Gleichgewichts der Werte hinaus; man verdient leicht, zu leicht, so leicht, dass man mit einer Banknote seine Zigarre anzünden könnte. Das beleidigte meine ureigensten Gefühle. Ich, der doch das Geld auf ein so hohes Postament gestellt hatte, musste zusehen, dass es als Fidibus gebraucht wurde!

Diese anomale Situation förderte den Erfolg des Wertlosen auf Kosten des Wertvollen. Von der Börse bis zu den kleinsten Spielhöllen herrschte die gleiche miese Atmosphäre. Jedermann konnte König sein, er musste nur kaufen, um morgen zu verkaufen.

Diese Melodie schien mir vertraut: Sie erinnerte mich an die Tulpen, an die Ostindische Kompanie, die Rue Quincampoix, die South Sea Bubble. Ich hatte sie mit meinen eigenen Ohren in Mitteleuropa vernommen. Das musste mich beunruhigen; es war etwas faul im Reich der Finanzen …

Von meinen Gefühlen und Überlegungen geleitet, begann ich, auf Baisse zu spekulieren, und ich verkaufte leer per Termin ein ganz gemischtes Sortiment von Wertpapieren, in der Absicht, sie später billiger zurückzukaufen.

Die größte Finanzkatastrophe der Geschichte oder: Der Baissier im Glück

Nach so vielen Historikern und Nationalökonomen muss nicht auch ich noch einmal unterstreichen, dass das Jahr 1929 DIE GRÖSSTE FINANZIELLE KATASTROPHE DER WELTGESCHICHTE gebracht hat. Sie platzte urplötzlich wie eine Naturkatastrophe mitten in eine Atmosphäre wirtschaftlicher Euphorie, die teilweise von der amerikanischen Regierung (Präsident Hoover) künstlich aufrechterhalten wurde.

Angelsächsische Wirtschaftswissenschaftler bemühen sich, die Krise von 1929 aufzuklären, indem sie ihr, je nach dem eigenen Standpunkt, eine andere Erklärung geben.

Einige meinen, die Diskontsatzerhöhung der Bank von England sei das auslösende Moment gewesen. Andere bestreiten dies, da die Federal Reserve Bank ihren Zinssatz schon mehrmals erhöht hatte und die Wall Street trotz Wind und Wetter weiterblühte. Manche glauben, die allgemeine Vertrauenskrise sei durch den Photomaton-Krach in London ausgelöst worden. Das war mehr als ein Finanzkrach, es war ein Skandal, der erste seit dem Krieg von 1914 bis 1918. Man nannte Clarence Hatry, den Chef der Photomaton, einen Betrüger. Dieses Wort sollte später noch allzu häufig auf andere Börsengrößen angewandt werden.

Die psychologischen Rückwirkungen des Hatry-Skandals im September 1929 waren äußerst gefährlich. Das Vertrauen war mit einem Schlag zerstört: Man stellte Fragen. Waren die neuen Industrien nicht auf Sand gebaut? Radio, Kunstseide, Autos, all diese Industrien, die sich so schnell entwickelten, würden sie nicht eines Tages mit Verlust arbeiten? (Heute würde man im gleichen Sinne von Electronics und Computern sprechen.)

Man begann, an der Rentabilität der Konzentration großer Kapitalien zu zweifeln, das heißt an der Ehrlichkeit der Trusts und Holdinggesellschaften. Schon damals standen diese Vorfahren der Mischkonzerne und Investmentfonds in voller Blüte. (Die meisten Holdinggesellschaften mussten viele Jahre später unter Präsident Roosevelt aufgelöst werden.) Die Muttergesellschaften brüteten (ebenso wie heute) Tochtergesellschaften aus, die dann die Aktien der ersteren aufkauften. Man wusste nicht mehr, wer die Tochter und wer die Mutter war. Nur eines war klar: Aktien stiegen, berechtigt oder unberechtigt, mit oder ohne Gewinn der Gesellschaften. Denn wie heute konnte man dem Publikum alles versprechen. Nichts ist leichter, als Wertpapiere zu verkaufen, wenn man den

Leuten zeigen kann, wie hoch sie schon geklettert sind. Ebenso schwer ist es, das Publikum für Aktien zu interessieren, wenn die Kurse schon gefallen sind und sehr tief stehen, denn die Laune des Publikums folgt den Launen der Kurse.

Und dann kam der Zusammenbruch am 22. Oktober. Gestern stand das Barometer noch auf Schön und heute blitzte und donnerte es aus heiterem Himmel. Für einige erfahrene Börsianer war es keine Überraschung. Es kam wie schon so oft in der Finanzgeschichte: Der Börsenboom schwillt mit den zufließenden Geldern und Krediten zu einem Riesenballon an, der dann durch einen Stecknadelstich platzen kann – und dieser Nadelstich kommt unfehlbar. Ich wiederhole, kein Börsenkrach, dem nicht ein Börsenboom vorangegangen ist, kein Boom, der nicht mit einem Krach endet – die Ereignisse überstürzen sich.

22. Oktober: Große Verkaufswelle und steigende Nervosität an der Wall Street.

23. Oktober: Die Börse bleibt flau, nur ein paar Gelegenheitskäufer wollen von billigeren Preisen profitieren.

24. Oktober: Zuerst Ruhe vor dem Sturm, dann rast er los wie ein Weltuntergang. Eine Lawine von Verkäufern, die ohne Käufer blieben, verschlang die Wall Street mit Haut und Haar. Zufällig beobachtete ein berühmter Besucher, Winston Churchill, von der Galerie aus, wie eine Panik das Publikum ergriff. Geschrei stieg von der Broad Street herauf, aufgeregte Menschenmassen rotteten sich zusammen und ließen sich von der Polizei nicht zerstreuen.

Ohne Hut und Regenschirm eilte Charles Mitchell, Präsident der National City Bank, der wichtigste Drahtzieher der Wall Street, im Laufschritt nach Wall Street Nummer 23, in J. P. Morgans schallgedämpftes Büro. Es lag in einem zweistöckigen Palais zwischen Wolkenkratzern, auf dem teuersten Grund und Boden der Welt.

Vor dem atemlosen Besucher bewahrte John Pierpont Morgan II. seine Ruhe. Er dachte an seinen Vater, John Pierpont Morgan I., der im Jahr 1907 bereits die Wall Street vor der Katastrophe gerettet hatte. Und nun, 22 Jahre später, kam man wieder hilferufend zu den Morgans.

„Es muss etwas geschehen oder alles geht zugrunde“, sagte Mitchell, das Orakel der Börse, mit zitternder Stimme.

„Berufen wir doch gleich eine Konferenz aller Bankiers ein“, antwortete J. P. Morgan. Man war sich des ganzen Ausmaßes dieses Dramas noch nicht bewusst. Am nächsten Morgen schrieb das *Wall Street Journal* verblendet und noch immer vertrauensvoll: „Es handelt sich nur um eine gesunde und natürliche Reaktion der Börse. Gewisse Wertpapiere erreichten übersteigerte Preise, eine Korrektur war notwendig." Das alles zeugte von unsinniger Naivität und ich getraue mich, das offen auszusprechen.

Es liegt auf der Hand, dass die Kurse der Aktien niemals ihrem wahren Wert entsprechen. Sie sind immer höher und tiefer. Hat eine Aktie überhaupt einen objektiv messbaren Wert? Wäre dem so, dann könnte man den genauen Wert einer Industriefirma angeben und es gäbe überhaupt keine Börse. Es gäbe einen festen Preis für die Aktien, der mithilfe eines Computers zu errechnen wäre. Dies ist aber nicht der Fall. Und deshalb versagen auch alle Experimente, mit Computern eine Börsentendenz voraussagen zu wollen.

Schätzungen und Beurteilungen einer Aktie hängen von der einzelnen Person ab: Ein und derselbe Mensch hat aber auch über die Aussichten und die Zukunft eines Unternehmens jeden Tag eine andere Ansicht. Viele Faktoren beeinflussen das Urteil. Die gute oder schlechte Stimmung des Käufers, persönliche Probleme spielen eine Rolle.

Entscheidend für die Börsentendenz sind meiner Ansicht nach zwei Grundfaktoren, alle anderen Faktoren münden schließlich in sie ein:

1. Das Verhältnis zwischen Geldmenge und neuen Wertpapieremissionen und
2. das psychologische Element; Optimismus und Pessimismus.

Am liebsten würde ich dieses Prinzip in einer mathematischen Gleichung ausdrücken. Sie sollte grundsätzlich das Prinzip aller Börsenanalysen sein:

T (TENDENZ) = G (GELD) + P (PSYCHOLOGIE).

Sind beide Faktoren, Geld und Psychologie, positiv, wird die Börse steigen. Sind beide negativ, wird sie fallen. Innen- und Außenpolitik, die soziale Entwicklung, wichtige Erklärungen von Staatsmännern, Entscheidungen der Regierungen, die ganze bunte Palette der Nachrichten lässt sich schließlich auf die soeben explizierten Grundfaktoren zurückführen. Auf diesen für die Börse so entscheidenden Komplex komme ich in einem besonderen Kapitel auf Seite 181 zurück.

Eben diesen Problemen sahen sich die fünf größten New Yorker Bankiers gegenüber, die sich im Büro von J. P. Morgan zur improvisierten Konferenz zusammenfanden.

Es galt, keine Zeit mehr zu verlieren. Die Panik (der psychologische Faktor) musste eingedämmt werden. So schnell wie möglich musste das Heilmittel gefunden werden: Geld. Der strategische Plan wurde in einer knappen Stunde entworfen. Die Bankiers verpflichteten sich, die für die damalige Zeit gigantische Summe von 240 Millionen Dollar einem Stützungsfonds zur Verfügung zu stellen, der die Wall Street durch seine Ankäufe wieder flottmachen sollte. Der Vizepräsident der Stock Exchange, Richard Whitney, wurde beauftragt, die Rettungsaktion zu leiten. Er erschien persönlich im großen Saal der Börse und erteilte mit lauter Stimme, damit ihn jeder hörte, Kaufaufträge zu Kursen, die man den ganzen Tag über nicht gehört hatte: 1.000 Aktien „Steel" zum Kurs von 205, nachdem diese Aktien schon bei 190 keine Käufer gefunden hatten.

Aber es war zu spät und die Bluttransfusion reichte nicht aus. Vom grenzenlosen Optimismus verfiel man in grenzenlosen Pessimismus. In den nächsten Tagen stürzten die Kurse unter einer Flut von Angeboten und die sinkenden Preise lösten noch weitere Verkäufe aus, genauso wie im Jahr zuvor die steigenden Preise immer neue Kaufaufträge gebracht hatten.

Die Gebäude der Wall Street blieben auch nachts hell erleuchtet und voller Betriebsamkeit, weil die Angestellten die Höhe der Garantiedepots der Kunden nachprüfen mussten. In aller Eile ließen die Makler Rundschreiben drucken, mit denen neues Geld für Garantien angefordert wurde. Die Telegramme überstürzten sich: „Bitte Deckung überweisen." Aber in den Umschlägen, die daraufhin kamen, waren keine Schecks, sondern nur Aufträge: „Verkauft." Das flüssige Geld war verschwunden.

Am 29. Oktober fand eine neue Konferenz, diesmal geheim, in den Souterrainräumen der Börse statt. Würde man die Börsen schließen? Es nutzt nichts, es ist zu spät, stellten die Bankiers niedergeschlagen fest. Die Verluste waren entsetzlich. Der Stock Market hatte einen verhängnisvollen Schlag erhalten, einen Keulenschlag, der das Wirtschaftsleben von Grund auf erschütterte.

Um wenigstens etwas zu retten, versuchte man, mit Worten das Vertrauen wiederherzustellen, die wundervolle „prosperity" zurückzubringen. Eine Pressekampagne, offizielle Erklärungen mit hoffnungsvollem Unterton, Aufforderungen, die Ruhe zu bewahren – alles war vergebens. Spekulanten und Publikum hatten den Kopf verloren und konnten den Nervenschock nicht überwinden. Für schöne Reden war es zu spät: Die öffentliche Meinung war völlig umgeschlagen. Allgemeine Hoffnungslosigkeit breitete sich genauso aus wie vorher der tolle Rausch. Es war nicht nur eine Nervenkrise, sondern ein schnell um sich greifender Bazillus. Eine Begleiterscheinung der immensen Börsenverluste war die täglich schlimmer werdende Lähmung der Kaufkraft. Die auf Kredit gekauften Wohnungen, Autos, Radios und Kühlschränke waren vor allem von dem Boom an der Wall Street abhängig. Der kleinste Angestellte hatte nicht gezögert, sein Budget zu überschreiten, weil er sich sicher glaubte, aus seinem Börsengewinn die Ratenzahlungen leisten zu können. All das war vorbei. Und vom Verbraucher übertrug sich die Krise auf die Produktionszweige. Vom leichten Leben, von der guten Stimmung blieb nichts als ein Aschenhäuflein übrig. „Betteln werden wir", sagten die Optimisten. „Aber bei wem?", war die Antwort der Pessimisten.

Hunderte Anekdoten geben mit Galgenhumor die Atmosphäre dieser trüben Jahre wieder. Ein Spekulant kommt eilig in ein Restaurant der Wall Street, bestellt Austern, eine Suppe, ein Steak, Gebäck und Kaffee. Da es ihm zu lange dauert, bis der Kellner die Austern öffnet, läuft er über die Straße, um rasch einen Blick auf die Meldungen zu werfen.

„Bestellen Sie die Austern ab!", brüllt er.

Er blickt wieder auf den „Ticker" – die Baisse verstärkt sich.

„Bestellen Sie die Suppe ab!"

Er dreht sich wieder zum „Ticker" …

„Bestellen Sie das Steak ab!"

So geht es weiter bis zum Kaffee. Statt Mittag zu essen, muss der arm gewordene Spekulant den Kellner bitten, ihm ein Glas Wasser und Aspirin zu bringen …

Die Wolkenkratzer standen leer, Symbole der Prosperität von gestern. Die Zahl der Selbstmorde wuchs unablässig.

Als ein Engländer in einem New Yorker Hotel ein Zimmer in einer der obersten Etagen verlangte, um die Aussicht besser genießen zu können, wurde er gefragt: „Wollen Sie da schlafen oder herunterspringen?"

Die Amerikaner, die eine Schwäche für Statistiken in guten und schlechten Zeiten haben, versäumten nicht, das Ausmaß der Katastrophe in Zahlen festzuhalten:

123.884 erfolgreiche Spekulanten, die mit einem Cadillac in der Wall Street vorgefahren waren, mussten zu Fuß nach Hause gehen.

173.397 verheiratete Männer mussten ihre Mätresse verlassen, die sie sich jetzt nicht mehr leisten konnten, und zu ihren angetrauten Ehefrauen zurückkehren.

Die Münze prägte 111.835.248 Nickel (5-Cent-Stücke) für die Leute, die nie vorher mit der Untergrundbahn gefahren waren und jetzt die Subway benutzen mussten.

Die soziale Hierarchie zerfiel. Millionäre von gestern verkauften Äpfel an den Straßenecken. Die Einwanderer verloren alles, was sie besaßen, nur nicht ihren Akzent. Eine Fabrik nach der anderen musste die Arbeit einstellen und Millionen von Arbeitslosen forderten Unterstützung von der machtlosen Regierung. Die Deflation drohte die Vereinigten Staaten immer mehr zu ersticken. Und es gab nicht den kleinsten Hoffnungsschimmer am Horizont. Überall krachte es.

Die Politiker, die Leute von Theater und Film bis zu den Superhellsehern bemühten sich vergeblich, das Ende des Albdrucks vorauszusagen. Sogar auf den Brettern sang man: „Es kommen bessere Zeiten, Prosperity ist auf dem Weg."

Die Tiefe des Abgrunds lässt sich am besten an Zahlen abmessen:

Aktienkurse in Dollar	1929	1932
Radio Corporation (Elektroindustrie)	115	3½
New York Central (Eisenbahnen)	256	5
Chrysler (Automobile)	135	5
General Motors (Automobile)	92	4½
General Electric (elektrische Apparate)	220	20
Montgomery Ward (Warenhaus)	70	3
United Steel (Stahlwerk)	375	22

In diesen dunklen Tagen brachten die Wahlen vom November 1932 einen von der Vorsehung geschickten Mann ins Weiße Haus: Franklin Delano Roosevelt. Er allein trug die Verantwortung für die Zukunft, für die Rettung eines Kontinents. Als Roosevelt die Regierung übernahm, hatte die Panik ihren Höhepunkt erreicht.

Als Erste schlossen die Banken des Staates Michigan vor Angst ihre Schalter. Ihnen folgten die Banken der 47 anderen Staaten (damals hatte die amerikanische Flagge nur 48 Sterne). Man fragte sich, was aus der Wall Street werden sollte. Die Banken konnten nach der Verabschiedung eines neuen Währungsgesetzes, das den Dollar um 40 Prozent abwertete, ihre Tätigkeit wieder aufnehmen.

Die Abwertung des Dollar war eine der zahlreichen Maßnahmen des New Deal. Die Heraufsetzung des Goldpreises von 20 auf 35 Dollar sollte die Geldmasse entsprechend aufblähen, um damit der erstickenden psychologischen Deflation entgegenzuwirken. Diese radikale Goldpreiserhöhung war eine dirigistische Maßnahme und der Kurs von 35 Dollar keineswegs das Ergebnis von Angebot und Nachfrage. Deshalb ist auch das Argument der heutigen Anhänger der Goldpreiserhöhung unlogisch, die erklären, dass sich der Goldpreis seit 40 Jahren nicht geändert habe; der Preis von 35 Dollar wurde damals als überhöhter Fantasiepreis willkürlich festgelegt.

Man stand am Beginn einer neuen Ära. Wirtschaftliche, finanzielle und soziale Reformen gaben den Vereinigten Staaten eine neue Struktur und machten aus einem kranken, sehr kranken Land einen neu aufblühenden Staat.

Der Mann, den die Wall-Street-Krise für 14 mühevolle Jahre an die Macht gebracht hatte, hat sich einen Ehrenplatz in der amerikanischen Geschichte erobert.

Das europäische Panorama war zwar sehr viel weniger dramatisch, es hatte sich aber während der letzten Jahre der Prosperität stark verdüstert. Durch die amerikanische Spekulationswut zog die Wall Street, der magnetische Schwerpunkt der Weltspekulation, alle verfügbaren Kapitalien an sich. Das wirkte sich auf die europäischen Märkte sehr schlimm aus. Die Spekulanten diesseits des Atlantiks gaben sich gar nicht erst die Mühe, ihr Geld zu sieben, acht oder selbst neun Prozent anzulegen, Zinssätze, die sie in Europa erhalten konnten. Sie kauften lieber Aktien, deren Wert sich manchmal in nicht ganz zwölf Monaten verdreifachte. In Europa wurde die Geldknappheit spürbar. Die Lage wurde umso angespannter, je mehr sich die amerikanischen Gelder zurückzogen und ins eigene Land heimkehrten.

Der Dollarstrom floss zunächst langsamer, dann versickerte er völlig. Das schwächte in erster Linie die Länder mit geringerer wirtschaftlicher Widerstandskraft.

Im Jahr vor dem Börsenkrach hatte der Boom alle Kapitalien angesaugt und nach dem Krach war kein Geld mehr flüssig. Andererseits hatte der europäische Handel seine größten Kunden fast verloren.

Die amerikanischen Banken hatten kein Geld, um Europa zu finanzieren, das amerikanische Publikum keines, um in Europa zu kaufen.

Bald mussten alle Regierungen in Mitteleuropa die Bezahlung der Coupons und die Amortisation ihrer Anleihen einstellen.

In Deutschland und Ungarn schlossen die Banken am 14. Juli 1931; das Chaos war grenzenlos. „Solide wie die Bank von England" – diese Redensart verlor in jenen traurigen Jahren ihre Berechtigung.

„Die alte Dame aus der Threadneedle Street", wie die Engländer die Bank von England nach dem Namen ihrer Straße liebevoll nennen, hielt traditionsgemäß geringe Goldreserven. Als das Kapital seinen Exodus begann, begab sich Norman Montagu, Gouverneur der Bank von England, persönlich zur Bank von Frankreich und bat um Gold. Aber die Kassen der Bank von England waren löchriger als die Fässer der Danaiden. Die internationale Spekulation setzte auf die Abwertung des Pfund Sterling. (Unter den Spekulanten aus aller Welt befand sich auch der damalige Ministerpräsident Pierre Laval.)

Die englische Regierung musste ein Embargo auf Goldverkäufe erlassen. Man konnte bei der Bank von England Pfund nicht mehr gegen Gold umtauschen und der Pfundkurs an den ausländischen Börsen sank. Der Coup war gelungen. Die Spekulanten konnten enorme Gewinne einstreichen.

Auch die Engländer waren zufrieden. Sie waren überzeugt, vergänglich sei das Gold und nicht ihr Pfund. Premierminister Mac Donald erklärte im Brustton der Überzeugung: „Solange das Pfund 20 Schilling wert ist, hat sich im englischen Währungssystem nichts geändert." Die „Daily Mail" verkündete stolz in einer Balkenüberschrift über acht Spalten: „Alles geht gut, das Pfund ist endlich von den Fesseln des Goldes befreit."

Dies war der erste Schritt und hoffentlich wird nun bald die Welt endgültig von diesem stupiden Mythos des Goldes befreit. Der Hindu-Poet Rabindranath Tagore hat recht gehabt, als er poetisch schrieb: „Fasst die Flügel des Vogels in Gold und er wird sich nie wieder in die Lüfte schwingen."

Seit 1928, seit die Kapitalien an die Wall Street zurückflossen, waren die europäischen Börsen langsam immer bedeutungsloser geworden. Aber nach dem Börsenkrach verschlechterte sich das Börsengeschäft in Europa zusehends. Das Gesetz der kommunizierenden Röhren wurde wirksam. Meine Position als Baissier begann, Früchte zu tragen. Wenn ich meine Gewinne addierte, stellte ich befriedigt fest, dass meine Konzeption, die ich schon bei meinem ersten Besuch an der Pariser Börse gefasst hatte, richtig war.

In Zahlen waren meine Gewinne nicht einmal sonderlich groß. Aber für mich gewannen sie Bedeutung als meine Rache, vor allem an den anderen und an ihrem Geld, und als Beweis für meine Intuition.

Ich hatte doppelt verdient. Denn auch die Kaufkraft des Geldes war gestiegen. Bei Deflation hat das Geld einen sehr viel größeren Wert als bei Inflation.

Während einer Inflationsperiode schmilzt der Geldwert tatsächlich zusammen und man benötigt schließlich einen Koffer voller Banknoten, um eine Restaurantrechnung zu bezahlen. In Zeiten der Depression gilt das Geld umso mehr, als alle Leute weniger davon haben.

In Europa war der Börsenkrach längst nicht so heftig wie an der Wall Street und auch nicht von solcher Panik begleitet. Die europäischen Börsen waren konservativer und die Unternehmen konnten sich auf eine solidere Basis stützen.

Nach der allgemeinen Börsenbaisse begünstigten mich die lokalen französischen Umstände – und vielleicht auch meine Spürnase, da ich einige Finanzkatastrophen mit enormen Folgen richtig vorausgesehen hatte.

Eines der schlimmsten Börsendebakel war der OUSTRIC-KRACH IM HERBST 1930.

Albert Oustric war unbestritten einer der Finanzkönige seiner Zeit. In Frankreich war er der erfolgreiche Konglomerat-Finanzier, der überall seine Hand im Spiel hatte. In den Salons wie an der Börse sprach man von seinen Erfolgen, von seinen zahlreichen, sehr komplizierten Geschäften, die von Peugeot-Autos, Linoleum und Schuhen bis zu bolivianischen Silberminen oder italienischer Kunstseide reichten. Seine Unternehmen waren das typische Beispiel eines heute modernen Mischkonzerns.

Oustric besaß das „Know-how" und handelte entsprechend. Für seine verschiedenen Geschäfte hatte er zwei Finanzierungsgesellschaften gegründet, die „Holding Francaise", im Börsenjargon die „Holfra" genannt, und „L'Extension de l'Industrie Francaise" (eine AG zur Entwicklung der französischen Industrie). Die Aktien dieser beiden Gesellschaften dienten ihm bei seinen Börsenmanipulationen lediglich als Mittel zum Zweck.

Durch massive Käufe, die er mithilfe von Krediten tätigte, trieb er die Kurse dieser Aktien künstlich in die Höhe. So veranlasste er eine große Anzahl von Spekulanten, in denselben Aktien auf Baisse zu spekulieren und Leerverkäufe zu tätigen, eben weil sie mit Recht annahmen, dass die Preise übersteigert waren. Auch ich gehörte dazu.

Die meisten Mittel Oustrics stammten aus Bankkrediten und von Börsenmaklern, also aus unsicheren Quellen, die von heute auf morgen versiegen können. Sein ganzes Börsenmanöver war auf eine Idee aufgebaut. Er hoffte, dass eine große Anzahl kleiner Baisse-Spekulanten in seinen Aktien Leerverkäufe tätigen würden und bei einem Ultimo nicht liefern könnten, da er schon alle Aktien aufgekauft hatte. Dann könnte er, Oustric, die Preise diktieren, zu denen die Baissiers ihre Leerverkäufe eindecken müssten. Solche Manöver können aber nur einem Finanzier glücken, der praktisch unbegrenzte finanzielle Mittel zur Verfügung hat.

Die kleinste Kreditbeschränkung konnte Oustrics Kartenhaus zum Einsturz bringen. Und so geschah es dann auch.

Die Holfra-Aktien, die ich zum Kurs von 180, 170 leerverkauft hatte, stürzten in die Tiefe und konnten an der Börse überhaupt nicht mehr quotiert werden. Die Gesellschaft ging in Konkurs und die Kursnotierungen ihrer Aktien wurden gestrichen. Ich konnte die Aktien zu drei Franken auf dem „Markt der nassen Füße" eindecken. Ein prozentuell so hoher Gewinn wird selten durch Börsenspekulationen erreicht. Der Krach ruinierte außer Oustric etwa 15 Börsenfirmen: Makler und eine große Zahl von Vermittlern und Gläubigern aller Art, Kunden, Freunde von Kunden und stille Gesellschafter. Er zog auch zwei alte Banken von sehr gutem Ruf mit in seinen Untergang. Die eine war die Bank der Fischer von Boulogne, die älter war als die Bank von Frankreich (gegründet 1776). Als Folge musste die Hochseefischerei 14 Tage lang eingestellt werden. Die Kettenreaktion zog sogar die englische Währung in Mitleidenschaft.

Das Pfund Sterling gab auf verschiedenen Finanzmärkten um einige Punkte nach, da die beunruhigten französischen Kreditinstitute auf einen möglichen Ansturm ihrer Kunden vorbereitet sein wollten und deshalb Pfund Sterling massiv verkauften.

Zwei Jahre zuvor hatte der Krach Hatry das Misstrauen in der City und an der Wall Street geweckt. Jetzt wurde die Pariser Börse von Sorge erfasst.

Ein zweiter Krach gab dem Markt den Todesstoß, der KRACH DEVILDER. Börsenmanöver und Methode waren die gleichen wie bei Oustric, DEVILDER wollte die Baisse-Spekulanten in die Klemme bringen.

Er endete wie sein Kollege; mit dem einzigen Unterschied, dass Devilder seinen Geschäften polnisches Petroleum und russisches Platin angehängt hatte. Werte, die wir zu 2.000 Franc leerverkauft hatten, konnten wir zu 50 Franc eindecken.

Weder Oustric noch Devilder waren Industrielle, Bankiers oder Finanzmänner. Beide waren geniale Pokerspieler, die mit der Psyche ihrer Partner am Spieltisch wohlvertraut waren. Sie verfügten aber nicht über Bargeld, sondern nur über kurzfristige Kredite und das führte sie zwangsläufig ins Verderben. Oustric wurde sogar zu einer Gefängnisstrafe von einigen Jahren verurteilt. Nach dem Krieg reüssierte er mit neuen Finanzgeschäften und starb vor kurzer Zeit, unbekannt und von der heutigen Börsenwelt vergessen.

Wir Baissiers hatten gewonnen. Jeden Abend machte ich Bilanz und rechnete meine Gewinne aus. Ich hatte viel verdient, aber durch den Verlust und den Schmerz der anderen. Hätte ich meinen Vater oder einen warnenden Onkel zur Seite gehabt, sie hätten mir bestimmt geraten, meinen neuen Reichtum aus dem Spiel zu ziehen und in mündelsichere Anlagen zu stecken. Ich war aber weit weg von meiner Familie. Der Erfolg ermutigte mich, ich legte meine Gewinne nicht auf die Sparkasse, sondern investierte sie in weitere Baisse-Spekulationen. Das Spiel reizte und außerdem ist es die größte Genugtuung, gegen jeden und alle recht zu behalten.

Ein Reicher unter Armen und die Kreuger-Tragödie

Ich war von diesem Erfolg wie berauscht. Nicht so sehr von dem Geld wie von der Bestätigung meiner Voraussagen. Meine Kollegen besuchten mich. Sie sahen in mir geradezu einen Propheten, der die Entwicklung – gegen die allgemeine Meinung – richtig beurteilt hatte. „Wie konnte dies nur geschehen“, fragten sie mich. „Alles ist möglich an der Börse, sogar das, was logisch ist“, war meine Antwort. Denn für mich war der Zusammenbruch der Oustric- und Devilder-Spielsyndikate genauso logisch, ja fast selbstverständlich, wie 40 Jahre später der Zusammenbruch von IOS, Gramco et cetera. Das Einzige, was mich erstaunte, war das Erstaunen der anderen.

Da ich jetzt die Mittel dazu hatte, wollte ich auch die Annehmlichkeiten des Lebens genießen. Dabei machte ich aber eine peinliche Entdeckung. Mein philosophischer Rationalismus und mein Börsenspürsinn hatten dazu geführt, dass ich viel verdiente, während die anderen verloren. Ein Vers von Wilhelm Busch kam mir damals oft in den Sinn: „Höchst fatal, bemerkte Schlich, hehe – aber nicht für mich.“ Mein Wunsch war in Erfüllung gegangen, aber das Schauspiel, das ich vor Augen hatte, betrübte mich aufs Höchste.

Meine Freunde, meine Kameraden, alle, die ich gernhatte, waren ruiniert. Sie hatten in dieser Krise entweder ihr Geld oder ihre Stellung verloren und wussten nicht, was ihnen die Zukunft bringen würde. Ich hingegen konnte mir jetzt jeden Luxus leisten und jedes Vergnügen, von dem ich je geträumt hatte.

Die eleganten Hotels und Restaurants standen mir offen, denn meine Brieftasche war gefüllt, aber – und jetzt kommt das große Aber: Die anderen waren nicht dabei. Die gute Atmosphäre war dahin, das fröhliche Lachen verklungen, an seine Stelle waren Verbitterung und schlechte Laune getreten. Ich war allein, allein mit mir selbst. Überall wurde etwas zum Verkauf angeboten, aber ich hatte keinen Spaß mehr am Kaufen. Ich begriff, dass Champagner und Kaviar kein Vergnügen machen, wenn die Freunde sich mit einer Tasse Kaffee begnügen müssen.

Ich wagte nicht, glücklich zu sein, und konnte es auch gar nicht. Ich kam mir schlechter vor, als ich war.

Darf man lachen, wenn die anderen weinen?

Eine Idee drängte sich mir auf. Wäre es nicht schöner, gleichzeitig mit den anderen zu verdienen – natürlich immer etwas mehr als die anderen –, aber doch im gleichen Strom zu schwimmen wie sie? Mein Erfolg bedrückte mich beinahe. Ich begann, an meiner Baisse-Philosophie zu zweifeln. Man kann nicht immer nur lachen, wenn die anderen weinen. „Der Baissier wird von Gott verachtet, weil er nach fremdem Gelde trachtet", heißt es im Börsenkatechismus. Und eines Tages trat das fatale Ereignis ein, das mich völlig verwandelte. Es war eine Tragödie, bei deren Schluss sich die Schauspieler nicht mehr erheben konnten.

Es war an einem Samstagnachmittag. In tiefem Ernst hatten sich die Pariser zum Staatsbegräbnis für Aristide Briand auf der Champs-Élysées eingefunden. Nach der Zeremonie zerstreute sich die Menge. Ich wusste nicht recht, was anfangen, und um mir die Zeit zu vertreiben, ging ich zum Plaudern in das Büro eines Freundes, eines amerikanischen Börsenmaklers. Natürlich warf ich einen Blick auf die letzten Börsenkurse.

Damals gab es an Samstagen nur eine sehr kurze Nachmittagsbörse – zwei Stunden. Bei einem sehr ruhigen Markt hatte sich jedoch etwas Merkwürdiges ereignet. Ein einziger Wert war Gegenstand riesiger Transaktionen, Hunderttausende von KREUGER-OG-TOLL-AKTIEN DES GROSSEN SCHWEDISCHEN STREICHHOLZTRUSTS wurden gehandelt – während der ganzen Börsenzeit zu ein und demselben Kurs, dem gleichen wie am Vorabend. Ich war sofort neugierig, da ich mit Kreuger-Aktien auf Baisse spekuliert hatte.

Die Idee von Ivar Kreuger, dem schwedischen Streichholzkönig, war ebenso einfach wie gescheit.

Die mittel- und osteuropäischen Länder brauchten Geld und Kreuger war bereit, es ihnen zu besorgen. Als Entgelt ließ er sich das Streichholzmonopol einräumen, das ihm einen interessanten Gewinn sicherte. Nur besaß Kreuger nicht die großen Summen, die zum Beispiel Deutschland brauchte.

So emittierte seine Firma Anleihen und den Gegenwert stellte er den kapitalbedürftigen Ländern zur Verfügung. Der größere Teil dieser Anleihen wurde in den Vereinigten Staaten gezeichnet – oder hätte gezeichnet werden sollen. Kreuger wollte nicht an den Differenzen im Zinssatz zwischen dem geliehenen und dem verborgten Geld, sondern lediglich an den Gewinnen aus der Streichholzfabrikation verdienen. Die Methode war nicht neu, sie war die große Spezialität der Fugger im 16. Jahrhundert gewesen, nämlich die Gewährung von Krediten im Austausch gegen ein Monopol.

Die Fugger haben den in Schwierigkeiten geratenen Fürsten Geld geliehen und dafür das Privileg eines Handels oder die Ausbeutung von Bodenschätzen erhalten. Der König von Portugal räumte ihnen eine Zeit lang das Monopol des Pfefferhandels ein und der spanische König überließ ihnen die Ausbeutung seiner Silber- und Kupferminen.

Kreuger hatte dieses System wieder aufgegriffen und es der modernen Zeit angepasst. Er bediente sich der Effekten, der Inhaberobligationen, um amerikanisches Kapital nach Mittel- und Osteuropa zu schleusen.

Die Schuldnerländer waren Ungarn, Rumänien, Deutschland, Jugoslawien, Polen und einige südamerikanische Staaten. Zu den Gläubigern gehörten in erster Linie die Vereinigten Staaten, die Niederlande, die Schweiz, Großbritannien, also die kapitalkräftigen Länder des Westens.

Die Sache schien vernünftig und auch durchführbar. Sie hätte es sein können, wenn die Schuldnerländer solvent geblieben wären. Zum Zusammenbruch führte sicherlich keine Unanständigkeit Ivar Kreugers, die für Mitteleuropa ungünstigen politischen Ereignisse lösten die Katastrophe aus.

Kreuger hatte die finanzielle Struktur und die wirtschaftliche Zukunft dieser Länder falsch beurteilt. Er war Ingenieur, Industrieller, aber gewiss kein erfahrener Bankier oder Spekulant. Sonst hätte er sich nie auf eine solche Sache eingelassen. Aber da er weder die Qualitäten des einen noch des anderen besaß, endete alles tragisch.

Deutschland, Rumänien, Ungarn und die anderen Schuldnerländer stellten eines Tages die Zahlung der Zinsen und der Amortisierungsbeträge ein. Diese Tatsache allein hätte aber den Zusammenbruch des Kreuger'schen Industriereiches noch nicht herbeigeführt, wären die herausgegebenen Obligationen tatsächlich beim Publikum untergebracht gewesen. In diesem Falle hätten die Inhaber der Obligationen ihren Einsatz oder einen Teil ihres Einsatzes verloren, die Emissionsgesellschaft wäre aber nicht wegen Zahlungsunfähigkeit der Schuldner pleitegegangen. Der Crédit Lyonnais, der die Unterbringung der russischen Renten besorgt hatte, ging nicht zugrunde, als die UdSSR sich weigerte, die Anleihen des zaristischen Russlands anzuerkennen – wenn auch die Inhaber der Obligationen dabei ihr Geld verloren. Und die Bank Rothschild ist auch nicht umgefallen, als eine große Zahl ausländischer Anleihen, die sie beim Publikum untergebracht hatte, faul wurde.

Aber Kreuger verfügte weder über Tausende von Bankschaltern wie die großen Kreditinstitute noch hatte er den Ruf der Rothschilds. Er hatte nicht alle Obligationen unterbringen können, ein großer Teil war an ihm hängen geblieben. Diese Papiere gab er bei verschiedenen Banken „in Pension" (das heißt als Deckung). Dafür erhielt er kurzfristige Kredite und diese Kredite brauchte er wiederum für die mitteleuropäischen Länder.

Für einen scharfsinnigen Spekulanten, der die Einzelheiten einer finanziellen Operation übersieht, war die Affäre Kreuger klar. Außerdem erfuhr ich, dass der Syndikus des Verbandes der offiziellen Börsenmakler durch ein geheimes Rundschreiben die 70 gemeinschaftlich haftenden Verbandsmitglieder aufgefordert hatte, die Zahl der Kreuger-Obligationen zu begrenzen, für die sie Kredite garantierten.

Damals erreichte die Wirtschaftskrise in Amerika ihren Höhepunkt. Es bestand auch keine Hoffnung auf eine Besserung der politischen Lage in Mitteleuropa. Infolgedessen war auch niemand interessiert, sein Geld in Kreuger-Obligationen anzulegen.

Die Situation schien mir kritisch. Ich hatte keine Bedenken, mit den schwedischen Streichhölzern auf Baisse zu spekulieren. Die Kurse gaben bereits etwas nach, aber Kreuger stützte sie offensichtlich, um die Kreditfähigkeit seiner verschiedenen „Pensionen" bei den Banken und Börsenmaklern nicht zu gefährden. In Paris arbeitete die Bank von Schweden für Kreuger, in New York war es das Bankhaus Lee Higginson, und seine wachsamen Bevollmächtigten kauften ständig, um die Kurse zu halten.

Wahrscheinlich bestand bei gewissen Banken ein Dauerauftrag, koste es, was es wolle, den Preis von 5,25 Dollar zu halten, selbst wenn dies den

Erwerb einer großen Menge von Papieren erfordern sollte. Damit erklärte ich mir die zahlreichen Verkäufe vom Samstag. An jenem Nachmittag, als mich das Begräbnis Briands auf die Champs-Élysées geführt hatte, waren von geheimnisvoller Seite innerhalb von zwei Stunden Hunderttausende von Papieren auf den Markt geworfen worden. Ich zerbrach mir den Kopf, woher diese Aufträge kamen.

Natürlich konnte ich nicht wissen, dass ein paar Häuser weiter Ivar Kreugers Leiche in seiner Wohnung in der Avenue Victor Emmanuel III. lag. Als die Börse nachmittags an der Wall Street eröffnet wurde, war er bereits tot. Aber auch die Banken, die Kreugers Interessen vertraten, wussten es nicht. Sonst hätten sie die Kauforders ihres Klienten nicht ausgeführt.

Ivar Kreuger hatte am Samstagmorgen um 11 Uhr Selbstmord begangen. Unter Berücksichtigung des Zeitunterschiedes hätte die Nachricht vor Eröffnung der Börse in New York sein können. Sie wurde aber erst sehr spät am Samstagabend bekannt gegeben.

Ein paar Personen kannten das Geheimnis. Einer von Kreugers Teilhabern, der gleichzeitig sein bester Freund war, die Privatsekretärin und die Aufwartefrau, die beim Reinemachen die grässliche Entdeckung machte. Die beiden Frauen bewahrten Stillschweigen.

Kreugers Teilhaber setzte geschickt bei der Polizeipräfektur durch, dass die Nachricht vom Selbstmord nicht vor dem Abend bekannt gegeben wurde. Es gelang ihm sogar, die beeindruckten Beamten davon zu überzeugen, dass es sonst eine Weltkatastrophe gäbe, an der sie die Schuld trügen.

Schließlich verlangte der Rang des Verstorbenen, der Grand Officier der Ehrenlegion gewesen war, gewisse Rücksichtnahmen. Außerdem waren die Dienststellen der Präfektur wegen des Staatsbegräbnisses für Briand und weil es Wochenende war, spärlich besetzt. In gutem Glauben und überzeugt, das Rad der Geschichte aufzuhalten, fanden sich die Beamten der Präfektur also bereit, das Geheimnis zu wahren.

Es war eine Farce mit unheilvollen Folgen. Denn wem hatten die „so lebenswichtigen" zwölf Stunden Aufschub genützt? Den Gang der Geschichte haben sie gewiss nicht aufgehalten. Dafür haben eine Handvoll Spekulanten, die noch annähernd 500.000 Titel verkaufen konnten, sehr schön davon profitiert.

Unter denen, die das Geheimnis kannten, befand sich auch ein hoher Beamter der Polizeipräfektur. Zum Mittagessen hatte er den Verlobten seiner Tochter, den amerikanischen Journalisten Mike W., zu Gast.

„Ich habe eine sensationelle Nachricht für Sie und Sie werden sicher wissen, wie Sie sie verwenden oder sogar Nutzen daraus ziehen können. Nur müssen Sie mir Ihr Ehrenwort geben, dass Sie sie nicht vor dem Abend weitergeben. Stellen Sie sich vor, der schwedische Streichholzkönig Ivar Kreuger hat heute morgen in seiner Wohnung Selbstmord begangen."

Der junge Mann gab sein Ehrenwort. Als gewissenhafter Journalist begab er sich in das Archiv seiner Zeitung, um dort Material über den Lebenslauf des Finanzmannes zu sammeln. Dann ging er nach Hause, schrieb einen langen Artikel und kabelte ihn noch am selben Abend an seine Redaktion. Am nächsten Morgen brachten alle Zeitungen die sensationelle Nachricht in riesigen Balkenüberschriften. „Selbstmord des Finanziers Kreuger!" Als ich meine Morgenzeitung entfaltete, bekam ich einen Schock. Die Nachricht wirkte auf mich wie ein Schlag mit dem Holzhammer. Mit einem Mal war mir der große Wirbel mit den Aktien am Vortag klar.

Ich hatte wieder verdient, diesmal aber auf Kosten eines Menschenlebens. Dieser Schlag traf auf einen psychisch bereits vorbereiteten Boden und verleidete mir die Baisse-Spekulation. Ich fühlte mich geradezu schuldig am Tod Ivar Kreugers. Jedenfalls hatte ich mir einen gewissen Mangel an Moral zuschulden kommen lassen.

Ich wusste noch nicht, dass Kreugers Tod meine Lebensphilosophie ändern würde. Durch diesen Schock wurde ich zum Optimisten und Hausse-Spekulanten.

Am Montagmorgen stürzten die Kreuger-Werte und konnten kaum noch notiert werden. Ich begann, einzudecken. Mehrere amerikanische Banken stellten als Folge der massiven Käufe vom Samstag ihre Zahlungen ein.

Der Schock traf mich umso mehr, als ich Ivar Kreuger zutiefst nicht für den Betrüger hielt, als den ihn die Weltpresse hinstellte. Der Grundgedanke seiner Geschäfte war anständig und korrekt. Er täuschte sich nur in der Beurteilung der wirtschaftlichen und politischen Lage und wurde das Opfer unglücklicher Umstände. Als sein Gebäude ins Rutschen kam, versuchte er, sich überall festzuhalten, gleichgültig wo, wie es jeder Stürzende tut. So ließ er sich von einem Ausweg zum anderen treiben, immer weiter, ohne die Trennungslinie genau zu beachten zwischen dem, was noch legal war und was nicht mehr. Gewiss, das Publikum verlor Milliarden, aber die Verantwortung dafür sollte nicht allein dem gesetzwidrigen Vorgehen Kreugers zugeschrieben werden, sondern auch den politischen Ereignissen und den finanziellen Verhältnissen in Mitteleuropa. Und mit etwas Toleranz, glaube ich, sollte man Ivar Kreuger mildernde Umstände zubilligen.

An diesem Tag kam auch der Journalist wieder zu seiner Verlobten.

„Nun, haben Sie aus meiner Mitteilung Nutzen gezogen?“, fragte ihn der Vater.

„Ja, natürlich“, antwortete der junge Mann, „der Direktor unserer Zeitung hat mich zu meinem Artikel beglückwünscht, weil ich dank Ihnen der Erste war, der die Nachricht übermittelte.“

„So, und weiter haben Sie nichts getan!!!“

Der junge Mann musste seine Einfalt teuer bezahlen. Er bekam die Hand der Tochter nicht, denn für den Existenzkampf in dieser Welt war er entschieden zu unreif.

Andere Leute hatten die Mitteilung – vielleicht aus der gleichen Quelle – offenbar besser verwerten können. So gut, dass die New Yorker Börse ein Komitee ernannte, das darüber Aufklärung schaffen sollte, wer die massiven Verkäufe vom Samstag veranlasst hatte. Man entdeckte nie eine Spur. Das Kreuger-Drama hatte mich innerlich verwandelt. Es gab mir einen menschlicheren und entsprechend gesünderen Blickwinkel und machte mich von der bösen Galligkeit des Pessimisten frei. Ich entledigte mich all meiner Baisse-Verpflichtungen.

DIE DEPRESSION IST ÜBERWUNDEN.

Abgesehen von meiner veränderten seelischen Grundhaltung sagte mir auch mein Instinkt – oder war es meine Logik –, dass die Depression in der ganzen Welt ihren Tiefpunkt überschritten hatte. Dafür gab es mancherlei Anzeichen. Die Börsentendenz schwenkte allenthalben tatsächlich um. Im Frühling begann mit Roosevelts Amtsübernahme und den Reformen des New Deal eine neue Ära des wirtschaftlichen Aufschwungs und der Börsenhausse in den Vereinigten Staaten.

Damals wurde, so möchte ich sagen, die Chance meines Lebens geboren. Mein eigenes Leben glich sich gewissermaßen dem Lauf der Weltgeschichte an: Meine persönliche Entwicklung hatte eine günstige Wendung genommen, und zwar im richtigen Augenblick. Aus dem Sturm, der mich erfasst hatte, war ich als ein neues Wesen hervorgegangen. Und zur gleichen Zeit erlebte zufällig ein großer Teil der Welt ebenfalls eine Erneuerung.

Amerika löste sich aus einer tödlichen Umklammerung. Die gefährliche Krise des Kapitalismus, die ihn für immer hätte ersticken können, war überwunden und nie wieder konnte eine ähnliche Katastrophe eintreten. Es war die erste ihrer Art und gleichzeitig die letzte.

Von dieser Depression, der Millionen Menschen zum Opfer gefallen waren, hatte ich viel profitiert. Aber der Nachgeschmack war bitter. Diesmal hatte ich – endgültig – begriffen, dass es schöner ist, durch die Hochkonjunktur zu verdienen. Jetzt empfand ich Verachtung für das Geld, weil ich alle anderen Werte, die ich missachtet hatte, wieder höher schätzte – einschließlich der Börsenwerte. Mein Glück war, dass diese Werte nicht nur in meinen Augen, sondern auch an der Börse stiegen. In der Roosevelt-Ära kam es zu einer stürmischen Hausse.

Ich hatte begriffen, dass es andere Dinge im Leben gibt, die man sich mithilfe des Geldes zwar leichter beschaffen kann, die aber das Geld nicht ersetzen kann.

Das änderte natürlich nichts daran, dass ich mir den ganzen Tag den Kopf darüber zerbrach, wie ich an der Börse einen neuen Coup landen konnte. Doch man halte mir zugute, dass mich bei einer gelungenen Spekulation die Bestätigung meiner richtigen Voraussage ebenso freute wie der materielle Gewinn.

Dagegen hatte ich oft den Eindruck, dass meine idealistische Einstellung mit klingender Münze belohnt wurde. Sogar meine leidenschaftliche Liebe für Musik wurde manchmal mit Heller und Pfennig honoriert.

6

Galerie der Spekulanten

... Musikus und Börsianer dazu

Wie ich eingangs bereits schrieb, waren MUSIK UND FINANZEN in meinem Leben immer miteinander verstrickt. Ereignisse in der Musikwelt beeinflussten oft mein Tun und Lassen an der Börse. Auch die „Meistersinger" haben einmal eine wichtige Rolle bei meinen Spekulationen gespielt.

Es war Frühling 1937 in Paris. Ich freute mich ganz besonders auf den Abend, denn ich hatte Karten für die Galavorstellung der „Meistersinger" in deutscher Besetzung unter Leitung von Wilhelm Furtwängler. Für Millionen Musikfreunde ist sie die schönste Oper. Sooft sie im Umkreis von 100 km gespielt wurde, habe ich seit meiner Kindheit keine Vorstellung versäumt. Das ist auch die Musik, die ich – auf eine Insel verbannt – auf Schallplatten mitnehmen würde.

Aber meine Vorfreude war damals von den Sorgen eines Börsenengagements überschattet. In der Mandschurei war Krieg. An der New Yorker Börse wackelten die Kurse, es zeichnete sich eine bedenkliche Abwärtstendenz ab.

Der Dow-Jones-Index bröckelte auf 180 ab, der kritische Punkt 180 war zwar an diesem Tag einige Male sehr nah, aber noch nicht unterschritten. Nach der Dow-Jones-Theorie müssen nämlich die Kurse, wenn die letzte Verteidigungslinie bei 180 durchbrochen ist, in die Tiefe stürzen. Und das war mit dem Ausbruch des Japanisch-Chinesischen Krieges zu befürchten, eine anhaltende Baisse-Tendenz begann sich abzuzeichnen. Deshalb meine Sorgen. Ich besaß eine ganze Speisekarte amerikanischer Aktien und sie drohten meinen Genuss an den „Meistersingern" zu verderben. Wie sollte ich mich mit US-Steel- und General-Motors-Kursen im Kopf den Melodien der „Meistersinger" hingeben? (Damals waren US Steel und GM die Primadonnen der Börse.) Während ich mich umzog, dachte ich hin und her: Wozu die Börse, die Kurse, das ganze Treiben um Geld und Gewinn, wenn sie mich daran hindern, völlig in Kunst und Musik aufzugehen? Die einzige Lösung schien mir, meine Aktien zu verkaufen, auch auf das Risiko hin, dass die Kurse wieder hochschnellen sollten.

Bevor ich zur Oper fuhr, rief ich meinen Broker in Paris, J. S. Bache & Co., an und stieß – einige Minuten vor Börsenschluss – alle meine Werte ab. Es war eine Angelegenheit von wenigen Minuten, aber ich fuhr als ein anderer Mensch in die Oper. Ohne Börsenengagement in einer gefährdeten Zeit konnte ich den Opernball voll genießen. US Steel und General Motors schienen mir auf einen anderen Planeten entrückt.

In den nächsten Tagen war die Börse unbeständig. Am vierten Tag aber stürzte der Dow-Jones-Index von 180 auf 100 steil ab. Die Verluste der Börsianer und des Publikums waren erschreckend. Ich aber hatte meine Schäfchen im Trockenen. Meine Musikbegeisterung hatte mich vor dem Schlimmsten bewahrt.

Hans Sachs war ein Poet und Schuhmacher dazu.

Von mir könnte man sagen: „ein Musikus und Börsianer dazu."

Die Börse und die Leidenschaft

Damals hatte ich bereits – schon ziemlich früh in meinem Leben – den Götzen Geld von seinem Postament heruntergeholt. Das Gleiche konnte ich aber nicht von meinen Kollegen, den Spekulanten, Maklern und so weiter, sagen.

Es gab da einen, an den ich mich immer erinnern werde.

In seiner Art war er EIN ZIEMLICH UNGEWÖHNLICHER MENSCH, DER SICH GANZ MIT DER BÖRSE IDENTIFIZIERTE. Er schien mir eine bessere Verkörperung der Spekulation als jede allegorische Figur.

Er wohnte in N…, aber er hätte auch in jeder anderen Stadt der Welt leben können, vorausgesetzt, dass es dort eine Börse gibt. Sein Einsiedlerdasein war ausgefüllt mit Fernschreibern, allen möglichen Jahrbüchern, sämtlichen Kurszetteln der Welt und Finanzzeitschriften, die sich in seinem Büro häuften. Dieses wurde nur dann von einem Lächeln erhellt, wenn er gewonnen hatte. Für ihn gab es nur die grafischen Darstellungen an den Wänden, seine Zahlen im Kopf – alles andere war für ihn belanglos.

Seine Zeiteinteilung war von der Börse bestimmt. Mit abwesendem Blick und großen Schritten ging er durch die Straßen, ohne das Geringste wahrzunehmen. Er sah die Pelzmäntel in den Schaufenstern nicht, die Diamantencolliers bei den Juwelieren oder die hübschen Mädchen auf den Plakaten, welche die Stadtbewohner zu wundervollen Urlaubsreisen aufforderten. Er trug Scheuklappen wie ein Rennpferd. Nur eines sah er immer direkt vor sich: die Börse. Es konnte regnen, donnern, die Sonne scheinen, ihm war nur ein Klima wichtig, das der Börse. Er rannte, um vor dem ersten Klingelzeichen dort zu sein. Das zweite Klingeln bei Börsenschluss erschien ihm wie ein Totenglöckchen.

Glücklicherweise konnte er sein Vergnügen verlängern, wenn er wieder nach Hause zurückkehrte. Von seinem Büro aus setzte er sich mit Fernschreibern und Telefonen mit Auslandsplätzen in Verbindung. Aktien, Obligationen, Devisen, Rohstoffe – das war die Welt, in der er lebte und in der er sich glücklich glaubte.

Er war, wie man so sagt, von der Spekulationswut besessen. Alles hing damit zusammen und alles lief darauf hinaus. Wenn er sich rasierte, dachte er „Gillette“, wenn er Maschine schrieb „Remington“, wenn er eine Erfrischung bestellte „Coca-Cola“. Jeder Artikel des täglichen Lebens war für ihn zugleich ein Börsenwert: die Baumwolle seines Hemdes, die Seide seiner Krawatte, der Zucker in seinem Kaffee, alles Rohstoffe, mit denen man spekulieren kann. Vom Frühling wusste er nichts als die Kurse des Pariser Warenhauses gleichen Namens (Au Printemps), von Monte Carlo kannte er nur die Aktien der Seebäder-Gesellschaft Monaco.

Eines Morgens eilte er mit noch mehr Eifer als gewöhnlich zur Börse. Das Radio hatte eine ungünstige Nachricht über eine Gesellschaft durchgegeben, bei der er auf Baisse spekuliert hatte. Für ihn war dies also eine gute Nachricht. Er freute sich schon, nicht so sehr über den Gewinn als vielmehr über die Genugtuung, gegenüber allen anderen recht behalten zu haben.

Immer vier Stufen auf einmal eilte er die Börsentreppe hinauf und vernahm bereits die Musik der Baisse. Seine Ohren waren nicht geschult für Mozart oder Bach, aber sie konnten unfehlbar das Dur der Hausse vom Moll der Baisse unterscheiden.

„Was macht denn die Leiter da auf dem Flur? Ich will lieber das Schicksal nicht herausfordern und darunter durchgehen. Ich könnte meinen großen Auftritt verpatzen!“

Plötzlich durchfuhr ihn ein Schreck, als hätte er einen Faustschlag vor die Brust bekommen. Von der Höhe der Leiter lächelt ihm ein blondes Mädchen zu und er steht und schaut sie an, mustert sie vom Kopf bis zu den Zehenspitzen. „Das ist ja Unfug, ich werde verrückt“, denkt er, „sie lächelt doch nicht etwa mich an?“

Dann verschwindet er im Börsensaal. Aber das Lächeln verfolgt ihn. Er nimmt kaum die für ihn so ausgezeichneten Kurse wahr, seine Hand zittert ein wenig. Er hört nicht die Glückwünsche seiner Kollegen, das merkwürdige Lächeln ist immer noch da. Er glaubt es links, rechts, überall, beharrlich und fragend zu sehen.

Schließlich läutete die Glocke zum zweiten Mal. An diesem Tag nahmen die Börsenstunden kein Ende. Ob er sie beim Hinausgehen noch einmal sehen würde? Nein, sie war nicht da, nicht einmal die Leiter war mehr da ... als ob er alles geträumt hätte.

Und auf der Straße geht er etwas weniger schnell. Jedes Ding bekommt seinen Sinn. In den Modepuppen der Schaufenster erkennt er das blonde Mädchen. Diamanten tanzen um ein Lächeln: das junge Mädchen. Und von den Plakaten herab lädt ihn dasselbe Lächeln zur Reise ein.

Zuhause klingelt das Telefon, aber er nimmt den Hörer nicht ab. Der Fernschreiber klappert, aber er rührt sich nicht, um nachzusehen. An diesem Abend gingen weniger Telegramme von seinem Büro hinaus – und die eintreffenden öffnete er erst gar nicht. An diesem Abend kümmerte er sich nicht um die Schlusskurse der Auslandsbörsen. New York, Chicago, Buenos Aires existierten für ihn nicht mehr.

Als die Nacht kam, konnte er nicht schlafen. Sein Leben zog vor seinen Augen vorbei, leere Jahre ohne Lächeln, reich an Abenteuern, aber nur an Spekulationsabenteuern, ohne menschliche Wärme, ohne menschliche Gegenwart.

Bis zum Morgen machte er Bilanz, gab sich der unsinnigen Idee hin, dass er sie wiedersehen würde und sich alles ändern könnte. Die Zeit schien stillzustehen. Mit doppelter Ungeduld wartete er auf die Stunde, um zur Börse zu gehen.

Das junge Mädchen war nicht da. Er war enttäuscht. Seinen Kollegen fiel auf, dass er zum ersten Mal in seiner Laufbahn als Börsianer mit etwas anderem als den Kursen beschäftigt schien. Nervös, zerstreut, verschwand er, sobald die Schlussglocke läutete.

Da war sie, in der Aufseherloge ihres Vaters. Durch das offene Fenster sah er, wie sie sich vor einem Spiegel ihre langen blonden Haare kämmte. In einem plötzlichen Aufleuchten trafen sich ihre Blicke – ein Funken, als hätte er zu ihr gesagt: „Warte auf mich!", und ihre Antwort wäre gewesen: „Ja!"

Auf dem Nachhauseweg durchlebte er ein echtes Drama. Als er zu Hause ankam, war die Entscheidung getroffen. Er machte sich unverzüglich an die Arbeit. Da war das Leben, zum Greifen nahe, und er wollte endlich zufassen. Mehrere Tage lang sandte er Telegramme ab, gab Aufträge, aber diesmal nicht, um neue Spekulationen einzuleiten. Im Gegenteil, er löste alle seine Verpflichtungen, er deckte seine Baisse-Positionen, verkaufte seine Hausse-Positionen. In einer Woche liquidierte er alle seine Geschäfte. Dann reiste er ins Ausland, besuchte seine Geschäftsfreunde, saldierte seine Konten, kassierte, stellte glatt, löste auf und schloss endlich ab.

Am letzten Abend seiner Reise saldierte er sein letztes Konto, packte seinen Koffer und nahm sein Rückreisebillett. Jetzt würde das wirkliche Leben beginnen. Er würde sein Geld auf die Sparkasse legen und nie mehr an die Börse denken. Er würde noch einmal zur Börse gehen, aber nur, um beim Aufseher stehen zu bleiben. Er würde das Mädchen an der Hand nehmen und mit ihr fortgehen und wie im Märchen würden sie lange Zeit glücklich miteinander leben. Er träumte.

„Endlich finde ich Sie!“ Seit einer Woche habe ich Sie überall telefonisch gesucht.“

Es war einer seiner alten Freunde, ein Makler und Spekulant, der zufällig im selben Zug saß.

„Stellen Sie sich vor“, fuhr jener fort, „ich habe die Spekulation des Jahrhunderts entdeckt, eine ganz außerordentliche Sache.“

„Das interessiert mich nicht mehr, ich ziehe mich von der Börse zurück.“

„Sind Sie verrückt? Das ist wohl ein schlechter Witz. Man darf keine Zeit verlieren. Hören Sie, es handelt sich um ...“

„Es ist zwecklos. Ich sagte doch eben, ich gebe alles auf. Ich habe genug vom Spekulieren.“

„Aber hören Sie doch. Sie werden gleich sehen ...“

Er versuchte zu protestieren, aber der andere war schon in voller Fahrt.

„Man muss Häute kaufen, Rohhäute an der New Yorker Börse. Das weiß ich ganz bestimmt. Die Kurse sind gestiegen, sie steigen und sie werden noch viel mehr steigen. Die Russen kaufen, so viel sie nur bekommen können, sie raffen alles an sich. Auf allen Märkten der Welt, in Argentinien, in Kanada stößt man auf ihre Agenten. Sie verursachen eine Warenknappheit, die Schuhfabriken in Deutschland müssen wegen Ledermangels schon die Arbeit einstellen.“

Der Makler hatte sich in seinen Enthusiasmus hineingeredet. Er gehörte zu jenen Leuten, die sich für eine Idee begeistern können, sie bis auf den Grund ausschöpfen und anderen ihre Begeisterung übermitteln.

„Verstehen Sie mich richtig“, fuhr er fort, „die Preisentwicklung bei Häuten hat nichts mit anderen Produkten zu tun. Leder ist ein Nebenprodukt, man schlachtet keine Ochsen wegen des Leders, sondern wegen des Fleisches. Gewöhnlich wird die Produktion angeregt, wenn der Preis eines Rohstoffes steigt. Dies war zum Beispiel so beim Kupfer. Als vor ein paar Jahren die Preise stiegen, hat man die lange stillgelegten Kupferminen wieder in Betrieb genommen. Ebenso war es beim Kautschuk und kürzlich auch beim Whiskey, und wer weiß, ob sich nicht gerade jetzt eine ähnliche Entwicklung beim Nickel anbahnt.

Aber beim Leder ist es absolut nicht das Gleiche. Die Preise können in den Himmel steigen – denn die Metzger werden nicht mehr Tiere schlachten, solange der Fleischverbrauch gleich bleibt. Der nimmt aber sogar ab. Es wird mehr Kalbfleisch gegessen und in Amerika mehr und mehr Schweinefleisch, Fisch und Geflügel, ganz zu schweigen von der steigenden Zahl von Vegetariern. Sie werden also einsehen, dass wenig Aussicht auf eine erhebliche Produktionssteigerung für Leder besteht.

Und was findet man auf der anderen Seite? Einen ins Unermessliche gesteigerten Verbrauch. Was machen die Russen mit den Devisen, die sie für ihren tonnenweise exportierten Kaviar und ihre Krebse aus Kamtschatka bekommen? Sie kaufen damit so viele Häute, wie sie nur kriegen können.

Nehmen Sie zum Beispiel einen Soldaten. Seine Stiefel, seine Sohlen, sein Koppel, seine Patronentaschen, alles ist aus Leder. Es gibt Stiefel für den Winter und Stiefel für den Sommer – und wie viele Soldaten gibt es auf der Welt? Wie viele Armeen, die von Kopf bis Fuß ausgerüstet werden müssen? Wie viele unterentwickelte Länder, in denen es noch keine Schuhe gibt? Und die 850 Millionen Chinesen?

Nun werden Sie doch nicht mehr behaupten wollen, dass ich unrecht habe!"

Es regnete Argumente, die Geografie marschierte auf, die Politik musste herhalten, alles diente zur Begründung einer einzigen These: „Man muss Häute kaufen."

„Bei der heutigen internationalen Spannung, lieber Freund, muss man auf Häute spekulieren. Sobald es irgendwo in der Welt nach Pulver riecht, werden Häute gebraucht."

„Ich bestreite das gar nicht, Sie haben recht, aber ich wiederhole nochmals, ich ziehe mich vom Geschäft zurück."

„Gut, ich will nicht drängen, aber wenn Sie es sich anders überlegen, hier ist meine Telefonnummer …"

Und mit diesen Worten trennte man sich. Unser Freund verbrachte eine schreckliche Nacht in seinem Schlafcoupé. Bis zum Morgengrauen wälzte er sich von einer Seite auf die andere, er träumte von Stiefeln, chinesischen Ochsen, unterentwickelten Vegetariern, von Patronen, Metzgern, die Hähnchen schlachteten, russischen Stiefelsohlen und dann sah er wieder das Mädchen mit seinen blonden Haaren oben auf der Leiter.

Als er von seiner Reise zurückkam, eilte er sofort nach Hause. Seine Wohnung sah völlig anders aus als sonst. Es gab keine Statistiken mehr an den Wänden, keine Kurszettel, keinen Fernschreiber, alles war vor seiner Reise abgeholt worden. Als er sich rasierte, dachte er nicht an „Gillette"-Aktien oder an „Colgate". Beim Anziehen sann er nicht über die Wollkurse nach und er band seine Krawatte, ohne die Seidennotierungen zu überdenken. Ein neues Leben sollte beginnen.

Zum ersten Mal sah er sich wirklich im Spiegel. Einige Falten, viel Müdigkeit. Er begann zu überlegen und mit seinem Spiegelbild zu sprechen.

„Du bist verrückt, du kannst nicht alles von heute auf morgen hinwerfen. So leicht kann man nicht aus seiner Haut, man streift sie nicht ab wie ein Hemd."

Ohne dass es ihm ganz klar zu Bewusstsein kam, ging er aus alter Gewohnheit zum Telefon und wählte die Nummer seines Maklers.

„Kaufen Sie für mich x Häute-Kontrakte an der New Yorker Börse, alle Qualitäten und zu allen Terminen."

Der Auftrag war riesig und reichte an die äußerste Grenze seiner Mittel. Er musste als Sicherheit die gesamte für die Sparkasse bestimmte Summe hinterlegen.

Ruhig setzte er sich an seinen Schreibtisch und nahm seine Geschäfte wieder auf. Telegramme gingen hinaus, der Fernschreiber wurde wieder installiert und tickte eifrig. Dann nahm er mit seinen Häute-Kontrakten wieder den täglichen Weg zur Börse auf. Er war glücklich, diese Gelegenheit nicht verpasst zu haben, und rechnete schon seine künftigen Gewinne aus.

In die Richtung der Aufseherloge sah er nie wieder. Er hatte Angst vor sich selbst. Wieder war er der Erste, der morgens kam, und der Letzte, der abends ging, immer war er an seinem gewohnten Platz in einer Ecke des großen Börsensaals.

Und was wurde aus den Häuten?

Präsident Eisenhower lud den sowjetischen Premierminister Nikita Chruschtschow zu einer Reise durch die Vereinigten Staaten ein. Das war der Auftakt zu einer großen Entspannung. Koexistenz und Abrüstung waren an der Tagesordnung. Man versuchte, Stiefel und Patronentaschen zu vergessen. Und die Preise für Leder stürzten.

Mein Freund verlor seinen Einsatz, sein ganzes Vermögen.

So kam es, dass freundliche Weltereignisse den Helden dieser unvollendeten Romanze bestraften.

Auch ich verlor einige Federn dabei. Ich konnte ebenfalls der „makellosen“ Beweisführung, den Verlockungen des Erfolges nicht widerstehen. Aber ich verdiente keine Strafe mehr, ich hatte meine schon viel früher bezogen.

So endete eine andere Spekulation des Jahrhunderts mit einem Fiasko. Die mit dem Schweineschmalz und dem Mais hatte 25 Jahre früher ein ähnliches erlebt.

Es bleibt nur abzuwarten, was die nächste Spekulation des Jahrhunderts sein wird, dachte ich.

Ein Regierungschef und auch ein König wollen spekulieren

Die Helden meiner Geschichte sind besondere Typen in der Galerie der Spekulanten.

Wenn ihnen eine Idee in den Sinn kommt, erwärmen sie sich dafür, begeistern sich, entbrennen lichterloh, sodass sie zum Schluss ganz verliebt sind in diese Idee. Sie sehen in allem eine Bestätigung ihrer Vorstellungen, sie werden von einer Leidenschaft ergriffen, die sie blind macht, die ihren verblendeten Augen mögliche Gefahren verhüllt. Sie sind dann wie Verliebte, die die Unvollkommenheit der geliebten Frau einfach nicht sehen wollen. Ihr Geist ist in ständiger Bewegung, um die Argumente zu finden, mit denen sie sich selbst überzeugen können, und sie schieben jede gegenteilige Argumentation beiseite. Um recht zu haben oder vielmehr, um das Risiko, unrecht zu haben, zu vermeiden, fälschen sie die Gewichte der Waage.

Entrückt durch ihre Leidenschaft, vergessen die Meisten das große I der Imponderabilien.

Und dennoch, der sicherste Coup, die vernünftigste Spekulation stoßen häufig auf das Unkalkulierbare.

Es gibt kein besseres Beispiel dafür als DAS ÄRGERLICHE ABENTEUER EINES REGIERUNGSCHEFS. Er hatte geglaubt, mühelos gewinnen zu können, und landete im Elend.

Bis zum heutigen Tag kennt niemand diese Geschichte. Darum soll man gar nicht erst versuchen, den Ort der Handlung und ihre Darsteller zu erraten.

Sagen wir, es war einmal ein Land, das lag irgendwo in Europa. Die finanziellen und politischen Schwierigkeiten, die dort herrschten, waren eine Folge mangelnder Stabilität. Die ganze Welt verurteilte diese Mängel, es gab aber nur wenige, die überhaupt versuchten, sie zu beheben.

Damals kam ein Ministerpräsident an die Macht, der einer der größten Familien des Landes entstammte. Er war ein Aristokrat der Industrie und des Handels. Eine Vielzahl blühender Familienunternehmen, die ebenso erfolgreich wie solide waren, unterstand seiner Führung.

Vielleicht aus nationalen Gründen, vielleicht auch, weil seine persönlichen Geschäfte dadurch profitieren würden, wünschte der Ministerpräsident eine Währungsabwertung und arbeitete insgeheim darauf hin.

Die Gerüchte einer möglichen Abwertung hielten sich hartnäckig, obwohl die Situation eine solche Maßnahme keineswegs erforderte. Gut informierte Leute glaubten jedenfalls an diese Absicht der Regierung und sie täuschten sich auch nicht ganz.

Der Regierungschef wollte vielleicht die Abwertung, weil er ganz einfach gegen die nationale Währung spekuliert hatte. Und zwar mithilfe einer sehr genialen Kombination, in die alle Gesellschaften seiner Familie verstrickt waren.

Eine der Familienfirmen des Ministerpräsidenten exportierte große Warenmengen nach Mexiko und die Mexikaner hatten mit auf Pesos lautenden Tratten bezahlt, also in einer durchaus soliden Währung. Die Exportfirma brachte natürlich diese Tratten zu ihrer Staatsbank zum Diskont in der nationalen Währung. Die Firma war also im Besitz eines Guthabens in Mexikanischen Pesos und einer Schuld in inländischer Währung gegenüber ihrem eigenen Staat.

Man versteht also leicht, warum der Ministerpräsident und seine Familie an einer Abwertung interessiert waren, zumal es sich bei diesem Geschäft um riesige Summen handelte.

Alles war so weit in schönster Ordnung. Da tauchte ein Hindernis auf, das das ganze schöne Spekulationsgebäude zum Einsturz brachte. Das gebieterische Veto des Finanzministers verhinderte die Abwertung. Was aber dann geschah, war noch viel dramatischer. Ohne die geringste Vorwarnung gab die mexikanische Regierung am Samstag vor Ostern eine Blitzabwertung um 35 Prozent bekannt. Für den Ministerpräsidenten und seine Familie verringerte sich das Peso-Guthaben um 35 Prozent, aber die Schuld in inländischer Währung blieb leider dieselbe.

Das Loch, das gestopft werden musste, war so groß, dass die Familienreserven, die als unerschöpflich galten, darin verschwanden. Wer hätte an so etwas gedacht? Ein Ministerpräsident, der seine Familie veranlasst, gegen die Währung seines eigenen Landes zu spekulieren, und auch die Währung abwerten will, um Profite einzustreichen, ist keine alltägliche Erscheinung. Dies wäre ein sicherer Tipp gewesen.

Die Geschichte ist so verblüffend, dass man an ihrer Wahrheit zweifeln könnte, und ich glaube auch nicht, dass viele darüber informiert sind. Ich habe durch Zufall Details erfahren und den Rest aufgrund meiner Fachkenntnisse deduktiv feststellen können.

Vor kurzer Zeit begegnete ich dem hier erwähnten Finanzminister, den ich an die damalige Finanzpolitik seiner Regierung erinnerte. Er bestätigte mir, dass er sein Veto dagegen eingelegt hatte, da dafür überhaupt keine sachlichen Gründe vorhanden waren. Auf die unglückliche Spekulation seines Regierungschefs wollte ich dann aber nicht weiter mehr eingehen.

POLITIK UND BÖRSE gehen häufig Hand in Hand. Es ist auch nicht erstaunlich, dass diejenigen, die politische Geheimnisse erfahren, versucht sind, sie auszunutzen.

In Washington zum Beispiel sitzen heutzutage Hunderte von „Kontaktmännern“, die von ihren Firmen hoch dafür bezahlt werden, dass sie von irgendeinem Ministerium oder einer anderen staatlichen Stelle Informationen einholen. Auch in den Salons von Washington, bei den gesellschaftlichen Ereignissen, spitzen Hunderte von Börsenspielern ihre Ohren, um das kleinste Wort eines hohen Beamten aufzufangen. Am folgenden Morgen laufen sie zum nächsten Börsenbüro, um den Tipp auszuspielen. Die Klatsch- und Tratsch-Informationen sind zahlreich, meistens jedoch irreführend oder falsch.

Wenn man Geld verdienen will, ist jeder Trick gut. Eine unwiderstehliche Macht treibt den Menschen zum Gewinn. Was gibt es Einfacheres als die Spekulation? Besonders wenn es nur eines leichten Daumendrucks bedarf, um den Lauf des Schicksals zu ändern.

Um das Ziel zu erreichen, ist dann jedes Mittel recht. Währungsmanipulationen, Handelsabkommen, Erlasse aller Art, nationale oder sogar internationale Beschlüsse, Salonspionage, Liebesromanzen, ja selbst bewaffnete Konflikte, wenn es nötig ist.

Es ist allgemein bekannt, dass die Spekulation an Kriegen profitiert. Aber wer stellt sich vor, dass ein Krieg die Folge einer Spekulation sein könnte?

Im Jahr 1912 hat sich auf dem Balkan folgende Geschichte abgespielt. Ein Kunterbunt von Nationalitäten, Königreichen und Religionen – und alle mussten miteinander koexistieren. Immerhin fanden sich vier Balkanstaaten, die sich gegen ihren gemeinsamen Feind, die Türkei, zusammenschlossen. Ein Militärabkommen vereinte die christlichen Länder Griechenland, Serbien, Montenegro und Bulgarien gegen das Ottomanische Reich.

Im Frühjahr 1912 roch es nach Pulver. Montenegro, ein kleines Königreich an der Adria von der Größe eines deutschen Regierungsbezirkes, wurde von einem Herrscher regiert, für den das Spekulieren eine Existenzfrage war. Seine Staatskassen waren ständig leer. Es war König Nikita.

Um sich ein Taschengeld für seine kleinen Ausgaben zu verschaffen, wandte er eine, wenn nicht elegante, so zumindest geniale Methode an. Von einem Land zum anderen gibt es ein Post-Clearing – die internationalen Anweisungen werden zwölf Monate lang verbucht und dann am Ende des Jahres en bloc verrechnet. König Nikita schickte an einige Strohmänner in der ganzen Welt montenegrinische Postanweisungen. Die Post zahlte die angegebenen Summen aus und verbuchte sie zulasten von Montenegro. Die Strohmänner Nikitas kassierten das Geld ein. Als dann die Rechnung bei der Post in Cetinje, der damaligen Hauptstadt von Montenegro, eintraf, ließ der König durch seinen Postminister erklären, er könne nicht zahlen, und bat um ein Moratorium. Die List war gelungen. Sogar der strenge Kaiser Franz Joseph musste sich großzügig erweisen und die Schulden seines in Schwierigkeiten geratenen Kollegen an die k. u. k. Post streichen.

In meiner Jugend erzählte man sich über Nikita Dutzende Anekdoten. Eine davon hat meine Kinderfantasie besonders beschäftigt.

Ein bekannter amerikanischer Geschäftsmann und Multimillionär bereiste den Balkan und kam auch nach Montenegro. Er wurde von König Nikita zu einem großen Gastmahl eingeladen.

Nach dem Festmahl gingen der König und sein Gast auf den Balkon des königlichen Palais, um sich der Bevölkerung zu zeigen, die sich auf dem kleinen Platz vor dem Palast angesammelt hatte.

Beeindruckt von der Szene (mit einem König auf dem Balkon zu stehen und vom Volk gefeiert zu werden), griff der Amerikaner in die Tasche und streute Goldstücke unter das Volk. Er ergötzte sich an dem Schauspiel und wandte sich hierauf an den König, um ein anerkennendes Lächeln zu erhalten. Er drehte sich nach rechts, nach links, aber der König war vom Balkon verschwunden.

Nach einigem Suchen entdeckte er Nikita inmitten der Menge und sah, wie auch er eifrig dabei war, die Goldstücke aufzulesen.

Se non è vero, è ben trovato. Jedenfalls spiegelt diese kleine Geschichte die damalige Atmosphäre gut wider.

Für seine großen Ausgaben wandte der König andere Tricks an. Er spielte an der Börse. Er gab seinen Bankiers, „Gebrüder Reitzes" in Wien und O. A. Rosenberg, Paris–London (ich habe ihn als Börsenlehrling in den 30er-Jahren noch persönlich gekannt), „Tipps" über die Geheimpolitik auf dem Balkan, um gemeinsam mit ihnen von etwaigen Rückwirkungen auf die Börse zu profitieren.

Eines Morgens im September 1912 traf beim Bankhaus Reitzes in Wien ein Abgesandter König Nikitas ein, Prinz Danilo, sein eigener Sohn. (Das Vorbild für den Helden der Wiener Operette „Die lustige Witwe" von Franz Lehár.) Er überbrachte eine sehr dringende Nachricht. Am selben Morgen übermittelte ein anderer Abgesandter dem Bankier O. A. Rosenberg in Paris die gleiche Nachricht.

„Verkaufen Sie alles und verkaufen Sie auch leer", schrieb der König, „der Krieg gegen die Türkei steht unmittelbar bevor."

Rosenberg und Reitzes verkauften an allen Plätzen auf Rechnung des Königs, auf ihre eigene Rechnung und auf die einiger guter Freunde. Sie verkauften leer an den Börsen in Wien, Frankfurt, Paris und London serbische, türkische, bulgarische usw. Renten, eine ganze Speisekarte von Effekten. Auch mit russischen Werten, mit denen zwischen Paris und St. Petersburg ein sehr lebhaftes Geschäft im Gange war, spekulierten die beiden Bankiers in großem Maßstab auf Baisse.

Zunächst bestätigten die Ereignisse die Informationen König Nikitas. Die Türkei zog ihre Truppen an den Grenzen zusammen und die vier alliierten Balkanstaaten antworteten am 1. Oktober mit einer allgemeinen Mobilmachung. Die Börse reagierte sehr heftig mit einer Baisse. Dann kam der französisch-russische Bündnisvertrag. Die beiden Partner einigten sich darauf, alle Risiken einer Verwicklung auf dem Balkan zu vermeiden. Die Lage war noch nicht reif für eine allgemeine Abrechnung, die dann 1914 kam.

Zar Nikolaus und der Präsident der Französischen Republik, Poincaré, legten ihr Veto gegen jedwede Grenzveränderungen auf dem Balkan ein und damit auch gegen einen eventuellen Angriff auf die Türkei, den „kranken Mann am Bosporus". Präsident Poincaré verbürgte sich persönlich für Reformen in Mazedonien. Man glaubte, der Krieg sei wirklich umgangen. Die Börse reagierte mit einer stürmischen Hausse. Die Bankiers König Nikitas fühlten sich wenig wohl in ihrer Haut. Sollte sich ihr königlicher Kunde getäuscht haben?

Die Intervention von Präsident Poincaré hatte tatsächlich den Markt wieder in die Höhe gebracht und den Baisse-Spekulanten erhebliche Verluste zugefügt.

Bei Rosenberg und Reitzes traf diesmal ein Telegramm mit folgendem Text ein: „Keine Sorge Stopp Weiterverkaufen Stopp Nikita." Und das taten die Bankiers auch. Sie verkauften auf der ganzen Linie, wobei sie trotz der Versicherung des Königs, der Balkankrieg werde stattfinden, weiterhin recht beunruhigt waren.

Am 18. Oktober wurde der erste montenegrinische Kanonenschuss auf Skutari, einen kleinen türkischen Hafen an der Adria, abgefeuert. Montenegro hatte sich über die kategorischen Entscheidungen der Großmächte einfach hinweggesetzt und der Türkei den Krieg erklärt.

Die Bündnisverpflichtungen wurden wirksam, Serbien, Griechenland und Bulgarien wurden zwangsläufig in die Feindseligkeiten hineingezogen.

Die Börsenwerte begannen abzubröckeln, die russischen, türkischen, serbischen und bulgarischen aber stürzten in die Tiefe. Nikita, Rosenberg, Reitzes und ihre Teilhaber kassierten enorme Gewinne ein …

Man darf sich die Frage stellen: Hätte der Balkankrieg vermieden werden können, wenn Nikita von Montenegro nicht Feuer ans Pulverfass gelegt hätte, um seinen Börsenprofit zu sichern? Die Geschichte gibt einige Rätsel auf. Jedenfalls ist sie seit 60 Jahren zwar nicht publiziert, aber von Mund zu Mund überliefert worden.

In meiner Familie wurde über diese Geschichte besonders oft gesprochen. Wiederholt habe ich meine Mutter sagen hören: „Wäre der Balkankrieg einige Wochen früher ausgebrochen, wären Onkel Oskar und sein Sohn heute schwere Millionäre (Millionäre vor dem Ersten Weltkrieg!)", obwohl gerade sie als die armen Verwandten der Familie galten.

Mein Onkel war damals ein internationaler Spekulant an allen Börsen. Er spekulierte auf Baisse in Erwartung des Balkankrieges – und sogar im großen Stil. In den fatalen Wochen, als es so aussah, als ob der Balkankrieg vermieden würde und die Kurse rapide in die Höhe sausten, musste er seine Baisse-Engagements mit immensen Verlusten lösen, wodurch er sich ruinierte.

Es ist immer das gleiche Verhängnis: Ein Spekulant, der nicht durchhalten kann, bekommt dann recht, wenn es zu spät ist.

Der Bankier Rosenberg meiner Geschichte stand zwei Jahre später wieder im Mittelpunkt des Börsentratsches.

Als der Erste Weltkrieg 1914 ausbrach, munkelte man, dass Rosenberg ganz groß auf die Baisse der französischen Renten spekuliert hätte. Es gab natürlich damals einen großen Börsenkrach und speziell in französischen Renten. Rosenberg hätte also immense Profite eingestrichen. Als er am ersten Tag nach Kriegsausbruch an die Börse kam, wurde er mit faulen Eiern beworfen und beschimpft, umso mehr, als er ja österreichischer k. u. k. Staatsbürger war. (Wie man in Frankreich damals sagte: L'Autrichien – l'autre chien, der andere Hund.) Er musste die Börse sofort verlassen. Ob er aber mit den französischen Renten wirklich viel Geld verdient hat, konnte ich bis heute nicht feststellen.

25 Jahre später waren die französischen Börsianer in ihren nationalen Gefühlen nicht so empfindlich.

Pariser Börsenabenteuer 1939/40

Ich erinnere mich noch lebhaft des Unbehagens, quasi eines Schuldbewusstseins, das ich WÄHREND DER ERSTEN SECHS MONATE DES KRIEGES verspürte, wenn ich als neutraler Ausländer gelassen auf der Champs-Élysées spazieren ging, während meine ganze Generation, meine Freunde und Kollegen bereits als Soldaten eingesetzt waren. Anstatt mich täglich in der Kaserne einzufinden, habe ich mich jeden Tag in der Börse eingefunden. Und anstatt aus den Schützengräben der Maginot-Linie die Siegfried-Linie zu beobachten, habe ich aus meinem Fauteuil bequem die Börsenkurse verfolgt. Trotz des Kriegszustandes – allerdings war es nur ein „drôle de guerre", ein komischer Krieg – ging die Börse munter weiter und die Preise kletterten immer höher.

Obwohl ich meinen Lebensstandard keineswegs herunterschrauben wollte, habe ich zumindest die äußeren Anzeichen des Wohllebens möglichst eliminiert. So vertauschte ich die Havanna-Zigarre, Symbol des Reichtums, mit der demokratischen Pfeife, die möglichst mit schwarzem Tabak gestopft war. Ich besuchte weiterhin gute Restaurants, verbarg mich aber schamhaft in einer entlegenen Ecke, um dort meinen lukullischen Genüssen zu frönen.

Eines Tages saß ich wieder in einer meiner Lieblingsweinstuben, natürlich in der hintersten Ecke, als eine Gesellschaft das Lokal betrat. In ihr befand sich eine sehr charmante und elegante Dame, eine gute Bekannte, die ich in Börsenangelegenheiten oft beraten hatte.

Ich bekam sofort einen Schrecken, da ich wusste, dass sie gern und viel herumplapperte, speziell über die Börse, und das wäre mir in dieser Umgebung unangenehm gewesen. Vergeblich versuchte ich, mich hinter meiner Zeitung zu verbergen, sie hatte mich bereits entdeckt, und wie ich befürchtet hatte, fragte sie mich in strahlender Laune: „Also, mein kleiner André, wie steht es mit der Börse, verdienen Sie viel? Was sind Ihre letzten Tipps? Glauben Sie, dass der Krieg lange dauern wird und die Kurse weiter steigen?"

Das hatte mir noch gefehlt. Ich wollte in den Erdboden versinken. Das Lokal war voll besetzt, ich fühlte alle Augen auf mich gerichtet und spürte fast physisch die Gedanken der anderen: Ach, das ist auch so ein planqué, der verdient gut, während unsere Söhne an der Front verrecken. Am liebsten wäre ich verschwunden.

Ich hatte aber unrecht. Mein schlechtes Gewissen war ein Einzelfall.

Die Franzosen waren gerade in Geldangelegenheiten keineswegs so heikel. Ob Krieg oder nicht Krieg, jeder wollte so viel wie möglich verdienen. Die Industriellen mit ihren Lieferungen, die Kaufleute mit der plötzlichen Konjunktur hinter der Front, und wer weder mit dem einen noch dem anderen verdiente, holte sich seine Profite an der Börse.

Heute weiß ich, dass die Gäste damals im Restaurant um mich herum vor allem daran interessiert waren, wer dieser Börsenfachmann in der Ecke wohl wäre. Gern hätten sie die Tipps gehört, um die die Dame mich gebeten hatte.

Mein schlechtes Gewissen war fehl am Platz, denn wie ich später erfuhr, haben meine Freunde in den Kasernen und im Feld eifrig an der Börse weitergespielt und waren über die Kurse und Börsenereignisse besser auf dem Laufenden als ich. Und wenn sie nur einen Urlaubstag bekommen konnten, fuhren sie gleich nach Paris und ihr erster Weg führte sie in den „Tempel".

Von der KRIEGSBÖRSE ist mir noch eine hässliche Erinnerung geblieben. Ich kannte seit Jahren einen sympathischen und intelligenten Journalisten. Sein Bruder war zwar Bankier, er kam aber immer zu mir und bat um Ratschläge für seine Börsengeschäfte. Ich gab ihm börsentechnische Aufklärungen und er brachte mir gegebenenfalls politische Kulissengeheimnisse.

Als Journalist arbeitete er auch beim Radio und von solchen Leuten, so dachte ich, kann man hier und da politischen Klatsch erfahren.

Während der Wochen vor dem Kriegsausbruch kam er des Öfteren mit der Information, dass es gewiss zu keinem Krieg kommen werde und dass wir keine Angst zu haben brauchten. Man müsse also kaufen. Die Regierung Daladier würde abdanken und Pierre Laval, der nächste Ministerpräsident, werde sich mit den Nazis über Danzig sofort einigen und alles bliebe in bester Ordnung.

Er hatte sich geirrt. Der Krieg brach aus. Dann kam er fast täglich mit der Nachricht, dass in dem Moment, in dem Hitler die Ostfront erledigt hätte (es handelte sich um den Blitzkrieg in Polen), Laval in Frankreich die Regierung übernehmen werde und so weiter und so weiter. Also nur Geduld, man müsse weiter kaufen, denn der Friede stehe vor der Tür.

Knapp vor Kriegsausbruch glaubte man allgemein, man müsse bei den billigen Preisen kaufen, man gehe kein Risiko ein.

Denn entweder kommt es nicht zum Krieg und dann wird man eine stürmische Hausse erleben oder der Krieg kommt doch und dann ist sowieso alles egal, das Ende der Welt in Sicht. Dann ist es auch gleichgültig, ob man Geld hat oder nicht.

Mein Gott, wie haben wir uns alle geirrt.

Ich selbst hatte mich schon seit längerer Zeit an der Pariser Börse auf Baisse engagiert. Die Preise bröckelten zuerst langsam, später etwas rascher, und ich konnte bereits einen schönen Nutzen verbuchen. Meine Baisse-Spekulation war natürlich ein Termingeschäft, das von Monat zu Monat verlängert wurde. Am Anfang jedes Monats, dem sogenannten Kassatag, konnte ich die Gewinne einstreichen, die durch den Kursrückgang während des vorangegangenen Monats entstanden waren. Beim nächsten Kassatag, dem 6. September, hätte ich einen schönen Börsenprofit einstreichen können.

Nach dem Ribbentrop-Molotow-Abkommen vom 24. August 1939 war ich überzeugt, dass der Krieg kommen musste. Der 6. September war nur mehr 14 Tage entfernt, aber diese Frist schien mir eine Ewigkeit.

Ich verlor aber nicht die Nerven, sondern überlegte, wie ich meine Angelegenheiten in Ordnung bringen sollte. Kommt der Krieg, so kommt es zu einem Zusammenbruch an der Börse, besser gesagt, es müsste zu einem Zusammenbruch kommen. Doch wird man die Börse vorher schließen. Banken und Bankiers wird die Regierung Moratorien gewähren.

Ich würde also nicht nur meine Terminengagements nicht lösen können, sondern auch meine Bankdepots würden eingefroren, die zur Sicherstellung meiner Börsenoperationen dienen.

Mein Entschluss war schnell gefasst. Ich musste zumindest meine Depots retten. Um sie abheben zu können, musste ich aber meine Baisse-Engagements lösen. Dies war gar nicht nach meinem Geschmack, denn ich war überzeugt, dass die Kurse weiter fallen mussten.

Aber derlei Überlegungen waren unwichtig geworden. Ich war ebenso überzeugt, dass die Börsen geschlossen würden. Also rette sich, wer kann. Nachdem ich meine Baisse-Engagements glattgestellt hatte, überwies ich meine Depots nach Amerika.

Mein Vater pflegte zu sagen: „Es gibt Menschen, die gescheit reden und blöd handeln, und solche, die blöd reden und gescheit handeln." Wir gehörten damals zu den Letzteren. Es kam nämlich alles völlig anders, als wir erwarteten.

Wir hatten die Börsenereignisse falsch beurteilt und trotzdem Glück gehabt. Der Krieg brach aus, die Börse wurde überhaupt nicht geschlossen, sogar der Terminhandel ging weiter, es gab keine Moratorien, nicht einmal Devisenkontrollen wurden eingeführt. Aber, horribile dictu, die Kurse stiegen in stürmischer Hausse sprunghaft an. Alle diejenigen, die gekauft hatten, und ich, der mein Baisse-Engagement gedeckt hatte, hatten fantastisches Glück. Am 6. September hob ich meine letzten Baisse-Profite ab und konnte sie nach Amerika überweisen.

Geirrt haben sich auch diejenigen, die dachten, der Kriegsausbruch bedeutet das Ende der Welt und es sei dann gleichgültig, ob man Geld habe oder nicht. Denn gerade in den folgenden Monaten und Jahren konnten viele Menschen ihr Leben retten, wenn sie Geld hatten, und viele sind zugrunde gegangen, weil sie keines besaßen.

Am meisten aber hat sich mein Freund, der Journalist, geirrt, und zwar unverzeihlich. Wochenlang wiederholte er immer wieder: Daladier wird abdanken und Laval die Regierung übernehmen und mit Hitler Frieden machen, man muss kaufen.

Polen lag bereits am Boden; dann kam der Blitzkrieg gegen Westen, Holland wurde besetzt, Belgien streckte die Waffen. Es kamen aufregende Tage, ich sah meinen Freund einige Wochen nicht.

Doch eines Tages kam er atemlos im Laufschritt zu mir, direkt in die Börse. Er zog mich beiseite, damit uns niemand hören konnte, und flüsterte mir mit einem zufriedenen Lächeln zu: „Jetzt helfen Sie mir, lieber

Freund, sagen Sie mir, was ich schnell kaufen soll, da ich von einer stürmischen Hausse profitieren möchte."

Ich war ganz aufgeregt, welche große Nachricht er mir bringen würde.

„Die Nazis stehen 30 Kilometer vor Paris, in zwei Tagen sind sie hier, der Krieg ist praktisch zu Ende, die Kurse werden in die Höhe schnellen. Was muss man kaufen ...?"

Was konnte ich darauf antworten? Für mich war eine Welt zu Ende. Die Börsenangestellten liefen herum, als wäre alles in bester Ordnung; aber ich wusste, dass übermorgen die Nazis und die Gestapo in Paris sein würden. Mir war, als hätte man mir mit einem schweren Hammer auf den Kopf geschlagen, alles begann sich zu drehen.

Mein Freund bedrängte mich weiter, welche Papiere er kaufen solle. Ja, für ihn war alles in bester Ordnung. Hitler war da, mit all dem, was das bedeutete. Nur, seine Vorstellungen waren andere als die meinen.

Selbst wenn ich ihm hätte antworten wollen, ich hätte es nicht gekonnt. Ich spürte einen eisigen Krampf im Herzen und lief schnell aus der Börse, sprang in ein Taxi und fuhr nach Hause. Ich sah mich in meiner Wohnung um, streichelte zum Abschied die mir besonders lieben Gegenstände, die ich zurücklassen musste. Ich dachte, ich würde Paris nie wiedersehen, die Menschen, die ich lieb gewonnen hatte, meine Freunde, meine Kollegen, die vertrauten Straßen und Boulevards und vieles andere, was mir in meinem Leben etwas bedeutete.

Während dieser Zeit suchte mein Freund mich noch immer an der Börse, damit ich ihm die Papiere auswählte, mit denen er von Hitlers Sieg profitieren wollte. Ich weiß nicht, welche Aktien er schließlich ausgewählt hat, ich weiß nur, dass sein Irrtum, gemessen an unserem, monumental war. Er hat recht bekommen, Laval ist tatsächlich Ministerpräsident des von den Nazis besetzten Frankreichs geworden. Aber dann stiegen die Kurse nicht mehr. Im Gegenteil. Diesmal wurde die Börse tatsächlich geschlossen, die Papiere blieben lange Zeit unverkäuflich und später, als sich wieder ein ganz kleiner Markt entwickelte, waren die Franken, die man für die Papiere erhielt, wertlos.

Sein Hauptirrtum aber bestand darin, dass er sein Schicksal an das der Nazis gebunden hatte. Nach dem Krieg, als ich wieder in Paris war, erkundigte ich mich nach ihm und erfuhr, dass er wegen seiner Nazi-Kollaboration zu einer jahrelangen Kerkerstrafe verurteilt worden war.

Mein Vater hat recht gehabt: Es gibt Menschen, die gescheit reden und dumm handeln ...

7

Investmentfonds und Mischkonzerne

Spekulationen zum Schutz des Vermögens

Lieber Hans,
heute wissen wir beide, dass derjenige, der nicht spekuliert, eines Tages auf dem Trockenen sitzen wird. Spekulieren, das ist kein Spiel mehr, das ist eine MASSNAHME ZUM SCHUTZ DES VERMÖGENS. Wer davor zurückscheut, läuft Gefahr, dass ihm sein Bankkonto unter den Händen zusammenschmilzt.

Die Geschichte der letzten Jahrzehnte ist reich an warnenden Beispielen. Ganze Familien sahen sich von heute auf morgen dem Nichts gegenüber, denn die sichersten Einkünfte lösten sich plötzlich in Dunst und Rauch auf. Millionen Flüchtlinge mussten sich im Ausland ein neues Leben aufbauen und standen vor dem Problem, ob sie in dem neuen Land auch die Mittel dafür zur Verfügung hätten. Der Krieg und die militärischen Besetzungen, die Ausbreitung des Kommunismus, die Verstaatlichungen haben Kapitalien im Wert von vielen Milliarden unwiederbringlich hinweggefegt.

Einen absoluten Schutz gibt es gewiss nicht, aber man kann wenigstens versuchen, durch Risikoverteilung die Gefahren einzuengen. Dazu brauchst du natürlich Fachkenntnisse und eine gute Portion Erfahrung. Eine theoretisch erlernbare Wissenschaft der Börse gibt es nicht.

Der fortschrittlich eingestellte Staatsbürger sollte also heute wenigstens ein Minimum an Kenntnissen über Börse und Finanzangelegenheiten, mit einem Wort über Spekulation, besitzen. Genauso wie man unsere Großmütter schon als junge Mädchen zu hausfraulichen Tugenden erzog. Diese Weisheit ist gar nicht so neu. Schon Xenophon sagte vor 2.300 Jahren, es genüge nicht, gesund zu sein und seine körperlichen Kräfte für den Krieg zu bewahren, die Kunst, sein Vermögen zu vergrößern, verdiene ebenso viel Bewunderung und Hochachtung.

Wie du dein Geld anlegen willst, bleibt natürlich eine individuelle Angelegenheit. Jeder Sparer hat seine eigenen Probleme und keine zwei

Situationen gleichen sich völlig. Frag jeden, wer er ist und was er vom Leben erwartet. Erst dann kannst du wissen, wie du ihm am besten dienst und welche Anlagen du für ihn wählen sollst. Einem Junggesellen, der sein Kapital genießen will, würde ich nicht zu den gleichen Anlagen raten wie einem Familienvater, der an die Erziehung und die Zukunft seiner Kinder denkt. Bei einem Kaufmann musst du wiederum daran denken, dass er jederzeit flüssiges Kapital benötigt. Anders ein Arzt oder Anwalt, der seine Reserven länger stilllegen kann.

Wenn du Vermögensberater für einen Globetrotter bist, kann es dir passieren, dass du ihn vielleicht monatelang nicht erreichst. Dagegen ist ein Börsenstammgast mit den letzten Entwicklungen vertraut und du bist in der Lage, mit ihm in jedem Moment die Verbindung wegen neuer Dispositionen aufzunehmen.

Bevor du einem Sparer einen Rat gibst, musst du genau wissen, über welche Vermögenswerte er verfügt. Du musst sozusagen seine gesamte persönliche Bilanz kennen, etwa ob er nur über Sachwerte oder nur über flüssige Mittel verfügt. Du befindest dich ungefähr in der Rolle eines Facharztes, eines Zahn- oder Ohrenarztes, der keine Operation durchführen kann, bevor er nicht die gesamte physische Kondition seines Patienten kennt. Beruf, Alter, Gesundheitszustand, Charakter (gütig oder rachsüchtig), Temperament (nervös oder phlegmatisch), die Familiensituation (ob Junggeselle oder Großvater), ja sogar Laster und Hobbys deines Klienten musst du kennen, um ihn in Geldangelegenheiten ein richtiges Verhalten anraten zu können.

In der Praxis wirst du feststellen können, dass Steuer- und Erbschaftsprobleme eine ganz besondere Rolle spielen. Ich weiß nicht, ob ich dir schon die gleichzeitig amüsante und makabere Geschichte erzählt habe, die sich in Frankreich um die sogenannte Pinay-Rente abspielt. Letztere ist nämlich frei von jeglicher Erbschaftssteuer. Wenn nun irgendwo eine reiche alte Tante im Sterben liegt, wird sofort ihr gesamtes Vermögen in Pinay-Renten umgewandelt. „Wenn du glaubst, du musst bald sterben, sollst du dir Pinay erwerben", lautet das Sprüchlein, das ich für einige meiner Freunde gedichtet habe. Und wenn an gewissen Börsentagen der Umsatz von Pinay-Renten überraschend steigt, weiß man, dass sich irgendwo ein Millionär seinem Ende nähert.

Wie ich dir schon öfter sagte, musst du die verschiedenen Faktoren, die ich dir beschrieben habe, analysieren und sie gleichzeitig in den Rahmen der Weltgeschichte stellen. Verfolge die außen- und innenpolitische Entwicklung, die wirtschaftliche, finanzielle und fiskalische Situation ganz genau. Erst dann bist du ein Spekulant im echten Sinne des Wortes.

Ich würde sagen, die Spekulation beginnt mit der instinktiven Absicht, dem eigenen Hab und Gut die Kaufkraft zu bewahren. Zwischen dieser Absicht und der Leidenschaft, sich ein Vermögen zu schaffen, ist eigentlich nur ein gradueller Unterschied. (Der Appetit kommt beim Essen!) Heute wird jeder nolens volens zu einem Spekulanten. Man ist Spekulant aus Freude am Gewinn und auch aus dem Sport, die mit dem gesunden Menschenverstand ausgedachten Prognosen verwirklicht sehen zu wollen.

Du wirst vielleicht schon gehört haben, dass viele Makler und Bankiers in ihrem Urteil über Wertpapiere zwischen SPEKULATIONS- UND ANLAGEWERTEN unterscheiden. Ich halte diese Unterscheidung für oberflächlich und im Grunde sogar für falsch. Der Unterschied liegt nicht in der Qualität der angelegten Werte, sondern in der Quantität. Wenn ein Großkapitalist eine relativ zweifelhafte Minen- oder Öl-Aktie für einen minimalen Betrag erwirbt, so ist das keine Spekulation, sondern eine Anlage mit kalkuliertem Risiko. Wenn aber ein kleiner Mann mit Beträgen, die seine Mittel weit überschreiten, das heißt auf Kredit, die „sichersten" Werte (Anleihen, Immobilien oder irgendwelche mündelsicheren Werte) kauft, so stürzt er sich in eine waghalsige Spekulation. Halte dir immer vor Augen, dass der Unterschied zwischen Spekulation und Anlage nur eine Frage der Proportion ist, die Grenzen verschwimmen. Eine richtige Anlage ist eine gute Spekulation und eine erfolgreiche Spekulation ist eine gute Anlage.

Du wirst manchmal Kapitalisten protzen hören, sie hätten gut spekuliert, wenn sie eine Aktie um 100 gekauft und um 110 verkauft haben. Wenn aber dieselbe Aktie von 100 auf 60 stürzt und sie diese nicht mit Verlust abstoßen wollen, dann behaupten sie, sie hätten eine Anlage getätigt und der vorübergehende Kurs interessiere sie nicht … Nach dem oben Gesagten wirst du wissen, dass dies eine Selbsttäuschung ist. Aber menschliche Schwächen haben wir ja alle, besonders wir Spekulanten.

SPEKULIEREN KANNST DU MIT ALLEM. In allen Arten von Immobilien – worüber ich dir schon ausführlich geschrieben habe. Rohstoffe sind vor allem für diejenigen geeignet, die aus professionellen Gründen damit zu tun haben, da sie diese später für ihre eigenen Betriebe verwenden können. Ein Müller legt etwa einen Teil seines Vermögens in Getreide an, ein Schokoladenfabrikant kauft Kakao oder Zucker, ein Textilindustrieller lagert Wolle oder Baumwolle ein, ein Goldschmied deckt sich mit Gold und Silber ein und so fort. Ich kannte einen französischen Perückenmacher, der in der Inflationszeit in Frankreich Frauenhaare, das heißt chinesische Zöpfe kaufte, um sich gegen die Geldentwertung zu schützen.

Aber am geeignetsten für Anlagen sind in unserer Zeit die Wertpapiere: Aktien, Anleihen, Wandelanleihen et cetera. Sie stellen sozusagen das dynamische Element dar. Gleichzeitig sind sie für die Sparer auch die angemessenste Anlage.

Und ich bleibe bei meiner Überzeugung – trotz der Börsenereignisse der letzten Jahre, bei denen so viele kleine Sparer durch Investmentfonds immense Verluste erlitten haben. Die Schuld an diesen Ereignissen tragen nicht die Börse oder die Wertpapiere. Ein unerfahrenes Publikum wurde durch aggressive und gewissenlose sogenannte Anlageberater hereingelegt. Bis heute ist mir der unerhörte Leichtsinn der deutschen Behörden unerklärlich, die diesem Treiben untätig zusahen. Die Folgen waren auch dementsprechend dramatisch.

Diese böse Börse

Lieber Hans,
es ist gleichgültig, ob es sich nun um Aktien, Anleihen, Wandelanleihen oder sogar Rohstoffe handelt. Sie alle sind Darsteller auf der gleichen Bühne, der Börse. Daher sind sie Material für Spekulationen und Spiel.

DIESE BÖSE BÖRSE! Alle Wege führen zu diesem Ort der Verdammnis und du wirst in der Literatur des 19. Jahrhunderts diesen „Tempel der Hölle“ in den düstersten Farben beschrieben finden.

„Wer hier eintritt, lasse alle Hoffnung fahren …“ Sicherlich kennst du die Verachtung und das Misstrauen, das gewisse Helden in den Romanen von Zola, Balzac und Dumas gegenüber der Börse empfunden haben. Schau dir nur die verzerrten Silhouetten auf Daumiers Zeichnungen an und du wirst das gleiche Misstrauen, die gleiche Verachtung ausgedrückt finden.

Der von gierigen und räuberischen Geldleuten geprellte Leichtgläubige war eine vertraute Figur auf dem Boulevardtheater des 19. Jahrhunderts. Damals hing der geldgierige Kleinbürger an den Rockschößen der großen Zauberer, die allein das Geheimnis der Götter kannten.

Seither haben sich die Zeiten geändert. Die Welt ist weitergeschritten und mit ihr die Börse. Erstaunlicherweise wirst du feststellen können, dass die leichtgläubigen Kleinbürger, die von der Börse nicht viel verstehen, die glücklichen Nutznießer der allgemeinen Effekten-Hausse der letzten 20 oder 30 Jahre geworden sind. Was Deutschland betrifft, so muss ich jedoch einen Vorbehalt machen. Deutsche Sparer, die vor und während des Nazismus und unmittelbar nach dem Krieg gute, an der Börse notierte Aktien gekauft haben, können zwar heute große Profite verbuchen, aber viele von ihnen sind während der letzten Jahre unverantwortlichen und betrügerischen Agenten zum Opfer gefallen. Dagegen haben die sogenannten Fachleute, die Berufsbörsianer, ihre Chance verpasst. Die Geldbeutel der meisten von ihnen sind leer geblieben.

Wie du weißt, wimmelt es heute an der Börse von kleinen Spielern, die Jagd auf Tipps machen. Die großen Zauberer, die ich noch vor dem Krieg gekannt habe und von denen es Hunderte gab, sind von der Bildfläche verschwunden. Sie sind ausgestorben und haben keine Erben hinterlassen. Sie haben finanziellen Schiffbruch erlitten oder ganz einfach ihren Platz an die Investmentgesellschaften und Konglomerate abgetreten, insbesondere in den Vereinigten Staaten.

Du wirst den INVESTMENT TRUST MANCHMAL ALS HORIZONTALEN TRUST bezeichnet finden. Der Investment Trust bildet keine Gruppe von sich ergänzenden Betrieben. Die Gelder werden in möglichst viele Richtungen verteilt, wobei keine funktionelle Verbindung zwischen den Produktionen der einzelnen Anlagen besteht.

Du siehst also, an die Stelle der Konzentration ist eher eine Zersplitterung getreten. Dagegen hast du bei dem vertikalen Trust einander ergänzende und miteinander verwandte Gesellschaften, die unter einer einheitlichen Leitung fusioniert sind.

Nimm an, eine Beteiligungsgesellschaft – Investment Trust – verfügt über hundert Kapitaleinheiten. Dann können die Gelder zum Beispiel wie folgt in Aktien angelegt werden: zwei Prozent in Eisenbahnen, zwei Prozent in der Nahrungsmittelindustrie, fünf Prozent in der Metallindustrie, fünf Prozent in der chemischen Industrie, drei Prozent in der Erdölförderung, vier Prozent in rhodesischen Kupferminen, vier Prozent in peruanischen Kupferminen und so weiter.

Diese Gesellschaft erstrebt eine Aufteilung in eine möglichst große Zahl von Positionen. Sie will dadurch die geografischen, politischen, industriellen, sozialen, klimatischen und sonstigen Risiken verteilen und damit ihren Aktionären durch eine breite Palette mehr Sicherheit bieten. DER VERTIKALE TRUST verfolgt ganz andere Ziele. Ich will dir den

Entstehungsprozess eines vertikalen Trusts an folgendem Beispiel veranschaulichen. Eine Gesellschaft, die ursprünglich chemische Erzeugnisse und Lacke herstellte, versucht nun so viele Aktien einer Autofirma an sich zu bringen, dass sie die Kontrolle über diese Firma ausübt. Auf diese Weise kann sie bestimmen, dass der Gesamtbedarf an Autolacken von ihr geliefert wird. Dagegen wird die Autofabrik versuchen, Unternehmen für Autoreifen, Hersteller von Windschutzscheiben, Ledergarnituren, Chromteilen, Plastikartikeln, kurz, alle Zulieferanten oder Kunden in ihre Einflusssphäre zu ziehen. Ob der Kunde den Lieferanten oder der Lieferant den Kunden kontrolliert, ist eine Frage der Kapitalpotenz.

Zu Anfang unseres Jahrhunderts bildeten die vertikalen Trusts wahre industrielle und finanzielle Imperien innerhalb des kapitalistischen Systems. Sie konnten ihre Preise und Tarife diktieren und haben Publikum und Verbraucher ausgebeutet. Zu gewissen Zeiten waren sie die Herren, manchmal auch die Ausbeuter eines Landes.

All das gehört der Vergangenheit an. Die Gesetzgebung vieler Länder hat ihnen heute die Flügel beschnitten und unterwirft sie einer mehr oder weniger drakonischen Kontrolle.

Du darfst deshalb vor allem nicht Trust und Investment Trust verwechseln. Der Investment Trust ist seit dem letzten Krieg sehr beliebt geworden.

Durch ihn kann jeder kleine Sparer an der Entwicklung seines Landes teilhaben. Du brauchst dir nur ein oder zwei Aktien einer solchen Beteiligungsgesellschaft zu kaufen und machst auf diese Weise selbst mit bescheidenen Mitteln den industriellen Sprung nach vorn mit.

Ich sehe darin auch das beste Mittel gegen marxistische Propaganda. Jeder Bürger wird durch seine Mini-Geldanlagen ein Mini-Kapitalist und damit werden Kapital und Arbeit zu Bundesgenossen. Die kleinen Börsengeschäfte stellen die beste Bastion gegen den Kommunismus dar, denn sie setzen den demokratischen und liberalen Kapitalismus bei der breiten Masse in die Praxis um.

Du wirst deshalb beobachten, dass die Regierungen die Entwicklung der Investment Trusts mit Wohlwollen betrachten.

Die Tätigkeit dieser Gesellschaften hat übrigens einen solchen Umfang angenommen, dass sie tatsächlich die Basis der heutigen Börse bilden. Die Investment Trusts und infolgedessen auch die Börse werden meiner Ansicht nach auch in der zukünftigen Entwicklung Europas eine bedeutende Rolle spielen.

Heute spannt sich ein dichtes Netz internationaler Verpflichtungen über die Landesgrenzen hinweg von einer Börse zur anderen.

Du wirst feststellen können, dass zum Beispiel ein wachsender Prozentsatz von Anteilen französischer Gesellschaften von deutschen Sparern erworben wird. Ebenso kauft das französische Börsenpublikum immer mehr Aktien deutscher Gesellschaften.

So kann einmal der Zeitpunkt kommen, an dem ein großer Aktienanteil einer französischen Firma in deutschen Händen ist oder eine deutsche Industrie überwiegend in der Hand französischer Aktionäre. Gleichzeitig würden die beiden Gesellschaften einen Austausch von Patenten und Fabrikationsverfahren vornehmen und Vereinbarungen über die Rationalisierung der Produktion treffen.

Dies käme den Verbrauchern wie den Aktionären zugute. Von hier bis zu einer juristischen Fusion der beiden Gesellschaften wäre es dann nur noch ein kleiner Schritt.

Ich will mich hier durchaus keinen utopischen Vorstellungen hingeben. Aber ich könnte mir denken, dass es eines Tages keine deutschen und keine französischen Firmen mehr gibt, sondern nur noch deutsch-französische, französisch-englische oder ganz einfach multinationale.

Eines Tages könntest du dich einer neuen Art von Firma gegenübersehen, der europäischen. Sie wird eine verzehnfachte Betriebskraft besitzen. Und ihre Gewinne werden nicht der Gewinnsumme der ehemaligen Einzelgesellschaften entsprechen, sondern ein Vielfaches davon betragen. Dann wird die große Zeit der industriellen Expansion Europas beginnen. Ich würde sie vergleichen mit der amerikanischen Entwicklung im 19. Jahrhundert. In dieser Perspektive scheinen mir die Zukunftsaussichten Europas ungeheuer.

Und wie, glaubst du, werden die Börsen in diesem Europa der Zukunft aussehen? Gewiss kein Monte Carlo, sondern Werkstätten, in denen das tragende Gerüst der Vereinigten Staaten von Europa geschmiedet wird.

Offene und geschlossene Investmentfonds

Lieber Hans,
das letzte Mal schrieb ich dir über die Investment Trusts, aber ich hätte dir noch erklären sollen, dass es zwei Arten von Investment Trusts, das heißt die geschlossenen und die offenen Investmentgesellschaften, gibt.

Eine geschlossene Investmentgesellschaft ist eine normale Finanzgesellschaft mit einem bestimmten Aktienkapital, die ihre Mittel in den verschiedensten Wertpapieren anlegt, wie ich es dir in meinem letzten Brief beschrieben habe. Die Anteile dieser Investmentgesellschaften werden an der Börse gehandelt, zu einem bestimmten Kurs wie jede andere Aktie. Die Gesellschaft ist aber nicht verpflichtet, die Aktien zu irgendeinem Kurs einzulösen. Der Sparer, der sein Kapital in Anteilen dieser geschlossenen Investmentgesellschaften anlegt, muss diese Aktien an der Börse kaufen und kann sie auch nur an der Börse wieder verkaufen.

Der Börsenkurs entspricht nicht immer dem theoretischen Geldwert der Anteile. Bei gewissen Gesellschaften liegt der Kurs der Aktien tiefer als ihr theoretischer Wert, bei anderen höher, das heißt mit einer Prämie.

Du wirst fragen, woher dieser Unterschied kommt. Der Börsenkurs ist, wie du weißt, das Resultat von Angebot und Nachfrage. Wenn man zum Beispiel die Aussichten der Investmentgesellschaft günstig beurteilt und in ihr Management Vertrauen hat, werden die Aktien oft höher gehandelt, als es ihrem theoretischen Wert entspricht. Fehlt dieses Vertrauen, wird man sie unter Umständen unter ihrem theoretischen Wert handeln.

Die Anteile der offenen Investmentgesellschaften heißen in Amerika „Mutual Funds“ und werden im Gegensatz zu den Zertifikaten der geschlossenen Investmentgesellschaften nicht an der Börse gehandelt. Die Gesellschaft verkauft sie ihren Kunden selbst (und kauft sie gegebenenfalls zurück) zu Kursen, die sich jeweils aus den täglichen Börsenkursen der in den Fonds enthaltenen Wertpapiere errechnen.

Diese Gesellschaften berechnen aber bei jedem Verkauf automatisch eine zwischen vier und neun Prozent variierende Kommission zulasten des Käufers.

Zwischen Kauf- und Verkaufspreis besteht infolgedessen im gleichen Moment immer eine Differenz von ungefähr vier bis neun Prozent. Diese Differenz fließt in die Taschen der Verkäufer oder der Verkaufsorganisation.

Meine Einstellung gegenüber Investmentgesellschaften und offenen Investmentfonds (Mutual Funds) war im Prinzip unbedingt positiv, und zwar aus sozialen, politischen und wirtschaftlichen Gründen.

Schon in den 30er-Jahren befasste ich mich mit Problemen der Mutual Funds, als einer meiner Jugendfreunde, Imre de Vegh, in der damaligen Börsen- und Wirtschaftskrise als einer der Neopioniere der Mutual Funds in den USA auftrat. Auch heute noch gehören seine Fonds zu den besten.

Wenn mich vor vielen Jahren Freunde mit relativ kleinem Sparvermögen, das nicht zum Aufbau eines eigenen Portfolios reichte, um Anlageratschläge baten, empfahl ich ihnen mit gutem Gewissen den Ankauf von Mutual Funds. Mit umso größerem Horror riet ich jedoch seit 1967 davon ab. Seit dieser Zeit entwickelte sich eine wahre Fondsmanie, die bis zum heutigen Tag den Sparer – insbesondere in Deutschland – viele Milliarden gekostet hat.

Von den Erfolgen eines jungen chinesischen Börsianers in New York wurden Tausende von Börsenabenteurern angelockt.

Während einiger Jahre galt Gerald Tsai als das größte Börsengenie der Wall Street, denn er hatte während der leichten Jahre des Bull Markets, der 1963 anfing, für den Fidelity Fund gut spekuliert oder, sagen wir lieber, gut gespielt.

Ermutigt durch den Erfolg, gründete er seinen eigenen Manhattan Fund. Ausschließlich aufgrund seines Rufes als erstklassiger Fondsmanager vertraute ihm das Publikum (in den USA) innerhalb weniger Tage 420 Millionen Dollar an.

Außerdem wurde sein Ruf von einer der größten Firmen der Wall Street hochgespielt, die auch dank ihres großen Verkaufsnetzes seine Fondsanteile gut anbringen konnte.

Damit war Gerald Tsai aber ein Gefangener dieser Firma und ich nehme fast sicher an, dass er sich in irgendeiner Form verpflichtet fühlte, bei der Firma für die Rechnung des Manhattan Fund jährlich soundso viel Umsatz zu tätigen. Denn welches Interesse hätte sonst die Brokerfirma gehabt, die Millionen Dollar ihrer Kundschaft Gerald Tsai zu überlassen und sie damit in seinem Fonds festzunageln.

Wenn die Brokerfirma diese Hunderte von Millionen für die Rechnung ihrer Kunden an der Börse direkt umsetzte (und sogar öfter im Jahr umsetzte), würde sie damit Millionen von Dollar an Kommissionen verdienen. Anstatt direkt für die Kunden müssen diese Millionen also für die

Rechnung des Fonds umgesetzt werden. An der Wall Street macht man keine Geschenke.

Denn merk dir eines, was die Broker an der Wall Street interessiert, ist einzig und allein der Umsatz, das heißt Kommissionen. Wenn Broker untereinander über die Börse sprechen, dann steht an erster Stelle der Umsatz und erst an zweiter Stelle die Börsentendenz.

Kein Wunder, dass bei dem so sensationellen Werbeerfolg des Herrn Tsai Hunderte von waghalsigen Abenteurern Blut rochen, Hunderte von eigenen Fonds gründeten, um Milliarden von Dollar mit oder ohne Fachkenntnis zu verwalten. Für so junge Leute – das Durchschnittsalter betrug 25 Jahre – muss es ein wahres Rauschgefühl gewesen sein, über fast unbegrenzte Geldmittel unkontrolliert und unbeschränkt zu verfügen, ohne auch nur jemals die geringste Rechenschaft für ihr Tun und Treiben ablegen zu müssen.

Dem genialen Tsai gelang es dann, innerhalb weniger Jahre 70 Prozent des ihm anvertrauten Geldes zu verlieren. Der größte Irrtum, der ihn und alle anderen Börsenrekruten ins Verderben gelockt hatte, war das neue Zauberwort für Börsenerfolge: Performance.

Aus der kurzen Karriere Gerald Tsais zog man folgenden Schluss: Man muss kaufen, verkaufen, kaufen, verkaufen, je öfter, desto besser. Dabei trieb man das wilde Spiel nicht einmal mit Aktien von Standing und reellen Zuwachschancen. Man stürzte sich in leichtsinnigster Weise auf jedwede Emission kleiner unbekannter Gesellschaften, mit der fast messianischen Überzeugung, dass aus jedem Unternehmen, in dessen Firmennamen das Wort Computer vorkam, eine zweite IBM oder eine zweite XEROX werden würde. Sie kauften die Aktien, wie man ein Lotterielos kauft.

Von dieser Atmosphäre wurde ganz Wall Street angesteckt und allmählich haben diese jungen Leute aus der Börse ein gigantisches Spielcasino gemacht.

All dies war der Unwissenheit und Unerfahrenheit der Fondsmanager zuzuschreiben. Dazu kamen völlig neue Methoden der Bilanzierung, sogar mit betrügerischen Missbräuchen. In welchem Ausmaß sie das amerikanische Publikum schädigten, ist heute schon allgemein bekannt. Seither kann ich nicht einmal mehr den alten, erstmals zuverlässigen US-Fonds mein Vertrauen schenken, da sie im Fieber der Performance-Manie und unter dem Druck der Konkurrenz ihre alten, zuverlässigen Manager gegen neue, unerfahrene ausgetauscht haben.

Gegen diese verschiedensten Missbräuche war die amerikanische Gesetzgebung machtlos. Einer meiner alten Freunde, ein hoher Beamter in der amerikanischen Verwaltung, die für die Überwachung der Investmentfonds verantwortlich ist, beklagte sich stets bitter, wie sehr ihm die Hände gebunden seien. Die US-Behörden können nicht weiter gehen, als es der Rahmen der alten Investmentgesetze zulässt. Wie locker diese alten Gesetze sind, siehst du schon daran, dass die US-Regierung einen neuen Gesetzentwurf eingebracht hat. Vorerst ist er allerdings durch die Machenschaften der Mutual-Fund-Lobby im Kongress stecken geblieben. Man darf sicher sein, dass dieser Gesetzentwurf nicht nach dem Geschmack der Fondsherren ist, da er die Interessen der Zertifikatinhaber schützt. Wenn der Fondsmanager lacht, dann weinen die Kunden. So sieht nämlich die Wirklichkeit aus.

Offshore-Fonds made for Germany

Aber selbst die mangelhafte Gesetzgebung entsprach dem Appetit der neuen Fondsherren nicht. Die letzten schwachen Riegel mussten beiseitegeschoben werden. Dazu hatte man einen neuen Trick erfunden, den Offshore-Fonds.

Offshore-Fonds sind Investmentfonds, die in einem exotischen Land registriert werden, in dem sie keinerlei Kontrolle durch die Gesetzgebung oder andere Überwachungsorgane unterliegen. Infolgedessen können ihre Leiter auch kaum jemals zur Verantwortung gezogen werden und dem Diebstahl sind Tür und Tor geöffnet.

Was ich über Offshore-Fonds denke, weißt du. Ich will dies deshalb nicht nochmals erörtern, zumal ja seit dem IOS-Skandal die deutsche Presse und selbst die illustrierten Zeitschriften ausführlich darüber berichtet haben.

Leider kam diese Entlarvungskampagne zu spät. Jahrelang haben dieselben Presseorgane die Tätigkeit der Investmentfonds in den schönsten Farben geschildert. Ich bin überzeugt, dass gerade die ausführlichen, farbenprächtigen Reportagen über das glanzvolle und luxuriöse Leben der Fondsgründer und -manager dazu beigetragen haben, dass Tausende von kleinen Sparern diesen Abenteurern und ihrem neuen König Midas, alias Cornfeld, ihr Vertrauen schenkten. Die Tagespresse berichtete ausführlich, objektiv und neutral über die Ereignisse in der Offshore-Fonds-Industrie.

Aber sie hat die Fonds im Grunde nie angegriffen. Diese Tatsache allein war schon die beste Propaganda. Wenn du dich an die marktschreierischen und betrügerischen Versprechungen der Fondsverkäufer erinnerst und sie mit den heutigen „Erfolgen" vergleichst, so kannst du dir nur die Frage stellen: Wie konnte das geschehen? Wie konnten die verantwortlichen Behörden in Deutschland diesem Treiben so lange untätig zusehen? Man steht vor der Frage, warum die Offshore-Fonds-Industrie in Deutschland einen so ungeheuren Erfolg hatte, einmal davon abgesehen, dass die Werbung völlig frei war. Waren Herr Cornfeld und Co Genies? Bestimmt nicht. Der ganze Fondszauber ist ihnen durch eine glückliche Konstellation in den Schoß gefallen.

Ich bin überzeugt davon, dass Cornfeld kein Betrüger war. Er war nur unerfahren, ungebildet, primitiv und wusste nicht, was die Börse überhaupt ist, und auch von Börsengeschichte hat er nicht die mindeste Ahnung gehabt. Er hat tatsächlich geglaubt, er hätte das Schießpulver erfunden. Er wusste auch nicht, dass man schon im 17. Jahrhundert an der Amsterdamer Börse ebenso lustig herumspekulierte wie heute an der Wall Street. Da die Kurse einige Jahre ununterbrochen gestiegen sind, hat er die These aufgestellt, dass die Effekten jährlich an der Börse 15 Prozent eintragen. Und diesen monströsen Irrtum hat er auch dem Publikum eingeredet.

Das Heer seiner Mitarbeiter sah zu ihm auf wie zu einem Apostel. Sein Privatleben, der Luxus, mit dem er sich umgab, hat seinen Nimbus in den Augen dieser jungen Männer nur noch erhöht. Jeder wollte ein zweiter Cornfeld werden. Und die kleinen Leute dachten, wenn sich Herr Cornfeld mit seinen Fonds ein solches Vermögen erwerben konnte, würden dann auch sie das Gleiche erreichen. Sie haben aber nicht daran gedacht, dass Cornfelds Luxusleben mit ihrem Geld finanziert wurde. Um diesen Unfug im ganzen Umfang zu durchschauen, brauchte man nicht einmal über großes Börsenwissen zu verfügen, dafür genügte etwas Lebenserfahrung und Menschenkenntnis.

Der unerwartete Erfolg erklärte sich durch die Diskrepanz zwischen einem plötzlich und explosiv anwachsenden Sparkapital auf der einen und einer mangelhaften, fast nicht existenten Infrastruktur für Anlageverwaltung auf der anderen Seite. Und woher sollte diese Infrastruktur auch stammen? Das deutsche Publikum war seit 1930 aus dem internationalen Kapitalstrom ausgeschaltet. Wo sollte also Deutschland echte Fachleute auf dem Anlagegebiet und speziell auf dem internationalen Anlagegebiet hernehmen?

Kein Wunder also, dass sich der kleine deutsche Sparer glücklich fühlte, wenn nur ein sogenannter „Anlageberater" an seine Tür klopfte. Er war hochwillkommen, wurde ins Haus zu einer Tasse Kaffee eingeladen. Was dann folgte, gehört heute schon zu einem traurigen Kapitel der Finanzgeschichte.

In keinem anderen zivilisierten Land außerhalb der Bundesrepublik wurde dieser Unfug zugelassen. Deshalb waren die Offshore-Investment- und Immobilienfonds nur auf das Ausplündern des deutschen Publikums aus. Sie trugen alle das Etikett „Made for Germany".

Ich kann der Eitelkeit nicht widerstehen und lege zwei meiner zahlreichen Anti-Fonds-Artikel von Anfang 68 und Mitte 69 bei, die damals durch das Veto der zuständigen Redaktion unveröffentlicht blieben. Wahrscheinlich schlummern sie heute noch in der Schublade des Chefredakteurs. Meine Kollegen waren damals überzeugt, ich sei ein armer Narr, der überall Gespenster sehe, weil ich mit solcher Vehemenz gegen den damaligen Modefetisch, die Fondsmanie, zu Felde zog.

Performance Funds als vulgäres Spielsyndikat

„Geld zu machen ist nicht schwer, Geld behalten aber sehr", lautet mein Sprüchlein für das Album des Sparers und ganz besonders heutzutage, wo die Versuchung, leicht Geld zu verdienen, an jeder Ecke lauert. Denn es gibt immer einen Makler, der einen verführerischen Tipp bereithat. Ich denke da besonders an die sogenannten amerikanischen Performance Funds (das heißt Mutual Funds mit raschem Gewinn), mit denen man heute in ganz Deutschland hausieren geht. In allen anderen europäischen Ländern sind sie verboten. Aggressive Agenten klopfen an jede Tür, wo immer sie Geld riechen.

A priori bin ich ein begeisterter Anhänger von Mutual Funds, aus wirtschaftlichen, sozialen und politischen Gründen. Sie bieten dem kleinen Mann die beste Möglichkeit, sich an dem industriellen Wachstum der freien Welt zu beteiligen und die Kaufkraft seiner Sparpfennige zu bewahren. Die Funds sind die beste Propaganda gegen den Kommunismus, da man in jedem Funds-Besitzer (auch mit einer Beteiligung von nur 1.000 DM) einen Mini-Kapitalisten heranzieht. So weit ist das alles schön und gut, aber die besten Ideen entarten rasch, wenn es sich um Geld und Profite handelt.

Lassen Sie sich also von verführerischen Worten und eindrucksvollen Ziffern nicht irreführen. Die Verkäufer der Performance Funds arbeiten nämlich mit gefährlichen, schlauen Tricks. Man protzt zum Beispiel mit Zahlen aus dem Jahr 1967. Das führt aber zu einer optischen Täuschung. Für diese halsbrecherischen Papiere war das Jahr 1967 ein einzigartiges glückliches Jahr. Und solche Jahre wiederholen sich nicht so schnell. Diese optische Täuschung wird noch verstärkt, weil zum großen Glück der Bilanzfriseure die Aufwärtsbewegung der Aktien genau zu Anfang des Jahres 1967 einsetzte und mit Ende des Jahres aufgehört hat. Ich möchte aber gern die Bilanz dieser Fonds für die Zeit vom 15. März 1967 bis zum 15. März 1968 sehen. Diese wird, wie ich fürchte, recht jämmerlich ausfallen. Zumindest dürfte der Gewinn von 1967 wieder weg sein. Noch heikler ist die Frage, wie werden die Bilanzen in den nächsten Jahren aussehen? Da bin ich besonders skeptisch. Aber selbst wenn man eine Steigerung von 30 bis 40 Prozent erzielt hätte, wäre dies für das vergangene Jahr keine besondere „Performance" gewesen.

Die Fondsmanager haben mit den gefährlichsten und oft wertlosen Papieren wild hin und her jongliert. Bei so halsbrecherischen Methoden musste der Profit dann auch entsprechend prächtig ausfallen. Diese Papiere haben 1967 ihre Kurse verdoppelt und verdreifacht. So ist ein 30-prozentiger Kapitalgewinn für die Fonds kein Kunststück gewesen.

Die Methode der Manager ist nämlich folgende. Kaum haben sie eine Aktie gekauft, so stoßen sie diese mit kleinem Nutzen wieder ab, springen auf ein anderes Papier über und so weiter, mit der Absicht, den zukünftigen Fondskäufer mit bestechenden Erfolgen anzulocken. Wenn diese Manager aber unglücklicherweise auf schlechte Aktien gesetzt haben, dann bleiben sie im Verlust stecken. Kleine Gewinne, große Verluste. Kein Fachmann mit Erfahrung kann Spielern dieser Art Gutes voraussagen.

„Junge Börsianer, alte Schnorrer" hat man diese Art von Winkelspekulanten einst an der Wiener Börse genannt. Und sie bleiben Winkelspekulanten, auch wenn sie mit Milliarden umgehen. Es sind die gleichen Methoden und es ist die gleiche Mentalität.

Die Performance Funds sind keine Anlagefonds (wie die europäischen Banken sie verstehen), sondern ganz vulgäre Spielsyndikate. (Die US-Regierung ist sogar im Begriff, gegen den Unfug dieses entarteten Börsenspiels in irgendeiner Weise vorzugehen.) Die deutschen Sparer wissen nicht einmal, dass man mit ihren Sparpfennigen rücksichtslos und unverantwortlich, oft in Schwindelpapieren, herumfuchtelt. Ich bin selbst Spekulant und weiß also, was Spekulieren heißt, welches Risiko man eingehen muss. An der Börse spielen, ja, aber mit eigenem Geld! Außerdem ist das Versprechen eines jährlichen Gewinns von 15 Prozent eine Vorspiegelung absolut falscher Tatsachen. Die Fondsmanager sind durchschnittlich 25 Jahre alt und haben von den tückischen Fallen der Börse nicht die geringste Ahnung. In den nächsten Jahren werden sie einige Erfahrungen machen, dann wird es aber für die Anteilbesitzer längst zu spät sein. Die Fondsmanager haben nur eine Erfahrung, nämlich die, wie man die Fonds am besten den gutgläubigen Käufern anhängen kann. Und warum auch erst ein langjähriges Wissen über Wirtschaftspolitik, Geld und Kapitalmarkt ansammeln, wenn doch nur nach dem Grundsatz gehandelt wird, den schon Alexandre Dumas formuliert hat: „Das gute Geschäft, das ist immer das Geld der anderen!"

MEMENTO GERALD TSAI, JUNI 1969

Was zwangsläufig eintreffen musste, ist eingetroffen, nämlich die Ernüchterung der Fondsbesitzer. Welche Überraschung für den neuen Aktionär. Die Papiere können – horribile dictu – ja, sie können auch fallen. Will der Fondsbesitzer sein vor sechs Monaten gekauftes Fondszertifikat einlösen, erhält er 20 oder sogar 30 Prozent weniger, als er dafür bezahlt hat. Plötzlich sieht man mit Erstaunen, dass man an der Börse auch verlieren kann.

Während meiner börsenliterarischen Tätigkeit schilderte ich die Börse stets als kapriziös, unbeständig und launenhaft – ganz wie eine Frau. Ich habe meine Leser oft gewarnt, die Fonds nicht mit dem Bargeld der Banken zu verwechseln. Und ich habe mehrmals darauf hingewiesen, dass es sich bei den Offshore-Fonds um die waghalsigste aller Spekulationen handelt.

Für den größten Skandal halte ich aber die Art und Weise, wie die Fondsverkäufer, gleich Hausierern, die Käufer umgarnen. Ich habe in meinem Leben schon viele Werbungssermone in den verschiedensten Branchen mit angehört. Niemals jedoch bekam ich ein so verantwortungsloses Gewäsch und eine derartige Vorspiegelung falscher Tatsachen vorgesetzt wie beim Kundenfang der Fondsverkäufer. Die Behörden in Deutschland sehen dieser schandhaften Werbung fast tatenlos zu. Hätte ich nicht persönliche Erfahrung auf diesem Gebiet, ich würde dies für undenkbar halten.

Sind sich die deutschen Sparer darüber im Klaren, dass sie sich mit dem Kauf eines Offshore-Fonds-Zertifikates mit verbundenen Augen und gebundenen Händen einem Fondsmanager ausliefern, der mit den ihm anvertrauten Geldern macht, was ihm gefällt? Selbst wenn der Manager die gesamte ihm anvertraute Summe verlieren sollte, würde er äußerstenfalls seine Stellung einbüßen. Seine Verantwortung ist gleich null.

Er darf spielen, ohne das geringste Risiko einzugehen (im Börsenjargon heißt das „auf dem Samt spekulieren"). Gewinnt er, nimmt er an dem Spielgewinn teil, verliert er, müssen die Zertifikatbesitzer allein den Verlust tragen. Liegt hier nicht der größte Anreiz, in die waghalsigsten Börsenspielereien einzusteigen?

Hinzu kommt, dass diese neuen Finanzgenies, die Fondsmanager, keine echte Erfahrung im Börsenspiel haben sammeln können. Sie erlebten ja nicht einmal den Börsenkrach von 1962, von allem anderen ganz zu schweigen. Unter dem Druck ihrer Vorgesetzten müssen sie rasche Erfolge nachweisen, um die Konkurrenz zu überrunden. Andernfalls sitzen sie morgen auf der Straße. Wie kann jemand unter solchem Druck die Marktsituation nüchtern analysieren?

Die Manager gehen infolgedessen mit den ihnen überlassenen Milliarden um, als säßen sie in einem Spielcasino. Es ist auch keineswegs dem Genie dieser Manager zuzuschreiben, wenn für den einen oder anderen dieser Fonds während der letzten Jahre auch gute Ergebnisse verbucht wurden; vielmehr beruht dies auf dem gigantischen Anwachsen der amerikanischen Wirtschaft, der industriellen Revolution und der permanenten Inflation, welche die Geldmasse schneller aufgebläht hat als die Zahl der verfügbaren Aktien. Auch die Inflationspsychose, welche die Sparer dazu verführte, sich von festverzinslichen Werten abzuwenden und zum Aktienmarkt überzugehen, hat das Ihre dazu beigetragen. Amerikanische Sparer, die sich vor zehn Jahren Aktien der modernen Industriezweige kauften und nicht an ihnen rührten, konnten größere Profite einstreichen als die Fonds, die mit den ihnen anvertrauten Geldern herumjonglierten. Und wenn auch der eine oder andere Manager während der vergangenen Jahre Erfolge erzielen konnte, so ist dies keine Garantie, ja nicht einmal ein Hinweis darauf, dass er in den nächsten Jahren mit den gleichen Erfolgen operieren wird.

Gerald Tsai galt noch vor drei Jahren als das größte Genie der Wall Street. Binnen weniger Tage vertraute man seiner Neugründung, dem Manhattan Fund, 420 Millionen Dollar an. Eine Zeitspanne von drei Jahren genügte, um 30 Prozent des angelegten Kapitals der Fondsbesitzer zu verlieren. Und das zu einer Zeit, in der viele Privatanleger mit ein paar Ratschlägen und natürlich auch einem Schuss Glück ihr Geld verdoppeln konnten.

Meinen Lesern kann ich nicht oft genug wiederholen: SOS – Offshore-Fonds!

Abschließend sei gesagt, dass seither die Gerald-Tsai-Manhattan-Funds weiter gefallen sind und bis heute etwa zwei Drittel ihres Wertes verloren haben.

Fondsmanager müssen anständig, verantwortungsbewusst und erfahren sein

Lieber Hans,
eines kann ich dir sagen: Wäre es mir damals gelungen, auch nur einen Sparer davon abzubringen, 1.000 DM in Fondszertifikaten anzulegen, hätte ich meine Mission als erfüllt angesehen.

Warum, glaubst du, war ich so pessimistisch? Die Führung eines Investmentfonds verlangt drei Voraussetzungen: Anständigkeit, Verantwortlichkeit und Erfahrung. Über die Anständigkeit will ich mich nicht weiter auslassen, zumal ich jeden so lange für ehrlich halte, bis er das Gegenteil bewiesen hat. Ich habe zwar hinsichtlich des Anstands der Fondsmanager meine persönliche Meinung, da ich aber keinen Einblick in die Bücher habe, kann ich kein sachliches Urteil abgeben. Meine pessimistische Einstellung beruht auf meiner jahrzehntelangen Börsen- und Menschenerfahrung.

Was ihre Verantwortlichkeit betrifft, kann ich aber bedenkenlos die schärfste Kritik üben. Man hat kleine Leute, die von Börse und Spekulation keine Ahnung haben, davon überzeugt, dass sie jährlich einen Gewinn von 15 Prozent einstreichen würden. Diese Art von Börsenphilosophie beruht auf einem optischen Irrtum, ihre Verbreitung ist schlechthin kriminell. Man kann an der Börse verdienen, viel verdienen, eventuell sogar reich werden, man kann aber auch verlieren, viel verlieren und auch zugrunde gehen, so wie du dies meinen Erzählungen ja schon entnehmen konntest. Aber nie kann man durch Börsenspiel ein Pro-Jahr-Einkommen in festen Prozentsätzen sicherstellen. Es sei denn, man kauft erstklassige Anleihen und streicht die Zinsen ein.

Ebenso unverantwortlich war die permanente Werbung von Tür zu Tür. Man hat einen ständigen Verkauf von Zertifikaten betrieben, selbst in Zeiten, in denen jeder verantwortliche Investmentbanker seinen Kunden geraten hätte, statt Aktien nur flüssige Mittel oder festverzinsliche Wertpapiere zu behalten. Der arme Kunde musste Fonds kaufen, nicht weil er überzeugt gewesen wäre, sondern weil er überredet wurde. Er kaufte, weil gerade ein Hausierer, der dringend eine Kommission brauchte, an seiner Tür geklingelt hatte.

Zum Kapitel Unerfahrenheit wäre nur Folgendes zu sagen: Die Fondsmanager haben selbst an den jährlichen Zuwachs von 15 Prozent geglaubt und an die Art und Weise, wie sie diesen an der Börse erspielen wollten; dies aber ist ein Beweis für ihre Unerfahrenheit. Und da sie unerfahren waren, handelten sie auch unverantwortlich. Sie ahnten nicht, welche Fallen ihnen die Börse stellen würde.

Die Fondsmanager haben versucht, ihr persönliches Fiasko der Börse in die Schuhe zu schieben. Sie seien nicht dafür verantwortlich gewesen, dass die Kurse gefallen seien. Das ist grundfalsch. Erstens notiert der Dow-Jones-Index heute (Januar 1972) nicht viel tiefer als sein historisch höchster Stand. Hätten die Fondsmanager mit den Sparpfennigen der kleinen Leute erstklassige Werte gekauft, wären überhaupt keine Verluste entstanden, die Zertifikationsbesitzer hätten sogar Profite zu verzeichnen. Sie haben aber eine Menge von Nonvaleurs und Schwindelpapieren gekauft und oft haben sie die erworbenen Aktien, die sogenannten „letter stocks" (Aktien, von denen nur ein kleines Quantum offiziell quotiert ist und der Großteil gesperrt bleibt), mit betrügerisch hohen Preisen in ihre Bilanzen eingereiht. Ich habe Hunderte von Briefen kleiner Sparer erhalten, die sich darüber beklagen, dass sie sich wegen der Fonds heute in tragischen finanziellen Situationen befinden. Unglücklicherweise waren die Fondsverkäufer (die man Anlageberater nannte) selbst von Cornfelds Theorie überzeugt.

Die Finanzpresse gibt immer Analysen und Kommentare zur Entwicklung der Investmentfonds. Dazu nimmt sie den Dow-Jones-Index als Vergleich. Meiner Ansicht nach ist diese Methode falsch. Das ist ungefähr so, als wollte man die Qualität eines Nahrungsmittels mit der Kunst des Küchenchefs vergleichen. Der Dow-Jones-Index steht für die Qualität der Nahrungsmittel, das heißt hier, der Wertpapiere. Das Ergebnis der Fonds ist aber der Erfolg des Küchenchefs, der mehr oder weniger geschickt mit den zur Verfügung stehenden Nahrungsmitteln umgegangen ist. Ein wirklich geschickter Koch in einem kleinen Pariser Bistro wird unter Umständen ein besonders schmackhaftes Gericht zustande bringen, während ein unbegabter Küchenmeister in einem luxuriösen Restaurant in

England oder Amerika selbst mit den besten Zutaten ein kaum genießbares Menü herstellen wird.

Aber selbst ein Chef lässt sich nicht immer mit einem anderen vergleichen. Sie haben grundverschiedene Aufgaben, grundverschiedene Mittel stehen ihnen zur Verfügung, und sie müssen für grundverschiedene Preise produzieren. Ein chinesischer Koch lässt sich beispielsweise nicht mit dem Küchenmeister eines ungarischen Restaurants vergleichen.

Genauso ist es mit den Fonds. Jeder hat sein eigenes Ziel und seinen eigenen Charakter. Nicht jeder Fonds ist für jeden geeignet, selbst wenn die Leiter ehrlich und verantwortungsbewusst sind und Erfahrung besitzen.

Du wirst auch feststellen können, dass Kommentare über die Fonds stets einen stereotypen Charakter haben: Die wöchentlichen Preisänderungen werden zugrunde gelegt (ganz abgesehen davon, dass viele darunter fiktiv und gefälscht sind), das Anschwellen oder Abnehmen der Fondssubstanz et cetera. Kurz gesagt, man beschränkt sich auf Ziffern und Quantität. Die qualitative Seite kommt dabei absolut zu kurz.

Letztere kann man nämlich nur dann beurteilen, wenn man die Transaktionen und die Bücher über viele Jahre hinweg studiert. Man muss nämlich nicht nur wissen, wie viel die Fonds verdient haben, sondern auch womit.

Die sogenannte menschliche Verhaltensweise („human behavior") des Managements lässt man bei der Beurteilung eines Fonds völlig außer Acht. Gerade dies wäre aber so wichtig gewesen. „Sag mir, was du bist und nicht wer du bist", ist meine Frage an die Fonds. Die Offshore-Fonds-Industrie hat mit klingenden Namen geprotzt. Sie brauchte diese, um Vertrauen zu gewinnen. (Und was diese klingenden Namen eingebracht haben, das kann man heute höchst betrübt feststellen!)

Welche Lehre ich aus der Geschichte des Fondszaubers ziehe? Für jeden, sogar den kleinen Kapitalisten, der über hinreichende Mittel verfügt, um ein kleines Portfolio mit relativ breiter Palette aufzubauen, bleiben Wertpapiere (Aktien, Wandelanleihen et cetera), die er mithilfe eines erfahrenen Fachmannes auswählt, die beste Anlage. Für den Mini-Kapitalisten, dessen Mittel zu einer Variierung der Anlagen nicht ausreichen, sind Investmentfonds – aber ausschließlich solche, die von europäischen Großbanken kontrolliert werden – eine mögliche Lösung.

Meine Devise aber bleibt: Börse und Aktien ja – Offshore-Fonds nein!

8

Börsenmathematik: Geldmenge, Psychologie und Börsentendenz

Ein ungewöhnliches Börsenphänomen

Eines Tages besuchte mich einer meiner alten Freunde. Er hatte jenes Stadium der Spekulation hinter sich gelassen, in dem man nur sein Vermögen bewahren oder ein wenig vermehren will. Er war nicht nur ein leidenschaftlicher, sondern auch ein vorzüglicher und erfahrener Börsianer. Dennoch schien er sehr beunruhigt.

„Wie erklären Sie sich folgenden merkwürdigen Vorgang“, fragte er mich. „Ich habe seit einiger Zeit bei meinen AKTIEN-, OBLIGATIONEN- und WARENSPEKULATIONEN EIN UNGEWÖHNLICHES PHÄNOMEN entdeckt. Ich habe im Augenblick zehn verschiedene Börsenpositionen, die in keinerlei Beziehung zueinander stehen. Ich spekuliere mit südafrikanischen Minen auf Hausse, mit französischen Banken auf Baisse, mit Zinn auf Hausse, mit Hafer auf Baisse, schließlich mit Erdöl-Aktien auf Hausse und mit Kakao auf Baisse.

Sie werden zugeben, dass diese Spekulationspositionen jeweils nicht viel miteinander zu tun haben. Und trotzdem verläuft entweder alles günstig oder alles ungünstig für mich. Entweder steigt alles, was fallen sollte, und alles fällt, was steigen sollte, oder es widerfährt mir auch der günstige Fall, dass alles steigt, was steigen soll, und alles fällt, was fallen soll. Entweder geht alles gut oder alles geht schief.

Nun möchte ich aber wissen, welche Beziehung zwischen den Aktien der südafrikanischen Minen und dem Kakao besteht, zwischen den Banken in Paris und dem Hafer in Winnipeg. Man könnte an der Ratio verzweifeln. Einmal will mich das Schicksal bestrafen und einmal begünstigen.

Im Augenblick stecke ich in einer Pechserie. Welche geheimnisvolle Kraft ist es bloß, die mir einmal wohlwill, die sich aber heute auf der ganzen Linie gegen mich verschworen hat?“

„Nun“, antwortete ich, „im Augenblick steht sicherlich eines schlecht im Kurs, auf das Sie am meisten rechnen: die Aktienlogik. Ich nehme an, bei Ihren Aktienspekulationen stützen Sie sich auf Bilanzen, Gewinn-und-Verlust-Rechnungen, Dividenden und so weiter und bei Ihren Rohstoffspekulationen auf Statistiken über Ernteerträge und Konsum, auf Handelsverträge, Innen- und Außenpolitik; mit einem Wort, Ihre Spekulation ist fundamental sachbezogen aufgebaut.

Im Augenblick befinden wir uns vermutlich in einer Periode, in der die Logik auf den Kopf gestellt ist und deshalb alles gegen Sie läuft. Gedulden Sie sich ein wenig. Das ‚Logik' genannte Wertpapier wird wieder steigen und alles wird sich dann wieder logisch ordnen und Sie werden mit allen Ihren Spekulationen recht behalten.

2 × 2 = 5 − 1

Sie kennen meinen Glaubenssatz: zwei mal zwei ist fünf weniger eins. Nichts ist einfach, weder in der Spekulation noch im Leben. Unsere ganze Existenz beruht auf dieser Wahrheit, Politik, Kunst und sogar die Religion. Was ich damit meine? Ich meine, dass zum Schluss alles so eintrifft, wie es sein sollte. Zwei mal zwei ist vier, aber nur im Endresultat. Aber zu diesem Endresultat gelangen wir nicht auf geradem Weg, sondern auf einem Umweg. Mein Leitspruch lautet: Zunächst kommt es immer anders und erst zum Schluss, wie man es errechnet hatte, oder zwei mal zwei ist fünf (das ist falsch) weniger eins (alles ist in bester Ordnung). Dieses Axiom unterscheidet meiner Ansicht nach die Kunst von der Wissenschaft, weil eine wissenschaftliche Arbeit mit solchen Gleichungen nicht rechnen darf. Da sind zwei mal zwei sofort vier. Wenn ein Ingenieur eine Brücke baut, müssen seine Berechnungen mathematisch exakt sein. Denn wäre eine Brücke nach der Formel 2 × 2 = 5 − 1 aufgebaut, bräche sie bei fünf schon zusammen, bevor es zu vier käme.

Und so bricht der Spekulant zusammen (bei den ominösen fünf), wenn er nicht genug Nerven, Geduld und vor allem Geld hat, um durchzuhalten, bis das Unumgängliche – minus eins – eingetroffen ist. Leider haben die Spekulanten sehr oft, ja sogar meistens, nicht die nötigen Nerven, die Geduld und das Geld, um durchzuhalten. Infolgedessen behalten sie zwar zum Schluss recht, können aber davon nicht mehr profitieren.

Wenn die Logik Ihrer Spekulation wirklich logisch ist, das heißt von den richtigen Voraussetzungen ausgeht, dann wird sie sich durchsetzen. Wann? Das ist eine Frage der Imponderabilien. Was gestern noch solide war, kann sehr leicht heute morsch sein. Aber wenn die Elemente Ihres

Spekulationsgebäudes ihre Gültigkeit behalten, dann ist alles nur eine Frage der Zeit. Man muss in dem Augenblick, da irgendetwas in Unordnung gerät, die Situation richtig beurteilen können. Nichts ist so verdrießlich und sogar gefährlich, als wenn einem die Diagnose der Situation nicht gelingt und die Gründe verborgen bleiben, die der Logik entgegenwirken. Der Spekulant tappt ebenso wie der Arzt ohne Diagnose im Dunkeln. Man muss die Symptome erkennen und richtig interpretieren.

Weist die Diagnose auf eine vorübergehende Störung hin, heißt es festbleiben, die Ohren steifhalten. Wenn aber grundlegende Änderungen eintreten, Krieg oder Frieden, wichtige politische, wirtschaftliche oder finanzielle Entscheidungen, Regierungswechsel und so weiter, muss man sofort die Konsequenzen ziehen und notfalls heute über Bord werfen, was einem gestern noch lieb und teuer war.

In Ihrem Falle würde ich Folgendes sagen: Es gibt seit einiger Zeit eine ganze Menge Kapital, sogenanntes ‚HEISSES GELD'; es will nicht so angelegt werden, wie ein Familienvater es anlegen würde, es ist vielmehr ständig auf der Suche nach einem großen Spekulationscoup. Einmal spekuliert es auf das Steigen des Silbers, den nächsten Tag auf die Entwertung einer Währung, dann gleich wieder auf die Aufwertung einer anderen Währung. Man spekuliert in Waffen, Effekten, in allem, womit man spekulieren kann. Dieses Wanderkapital wird ebenso wie Ihr Geld für Spekulationen eingesetzt, die sich auf der reinen und einfachen Logik, das heißt auf fundamentalen Tatsachen aufbauen. Sie sind also nicht der Einzige, sondern Tausende von Spekulanten mit einer Riesenmenge von Geld verfolgen denselben Weg wie Sie, in denselben Sektoren: Sie haben die gleichen Waren und Werte gekauft und die gleichen auch leerverkauft.

Infolgedessen sind die Märkte, in denen Sie auf steigende Kurse spekulieren, überkauft (overbought) und die Märkte, in denen Sie auf fallende Preise spekulieren, überverkauft (oversold).

Sie sagten mir, Sie hätten Öl-Aktien. In letzter Zeit hat auch die internationale Spekulation Öl-Aktien aufgekauft und wartet nun auf die Hausse. In dem Moment, in dem die Aktien aus fundamentalen Gründen zu steigen beginnen, wollen sich viele Spekulanten mit einem relativ kleinen Nutzen begnügen und verkaufen. Daher steigen die Aktien sehr wenig oder gar nicht. Andere Spekulanten werden ungeduldig, dass die erwartete Hausse nicht eintritt, und verkaufen ebenfalls et cetera et cetera.

Und so kann es geschehen, dass die fundamentalen Gründe, auf denen man seine Spekulation aufgebaut hat, durch technische Gründe neutralisiert werden. Dann entstehen jene Situationen, in denen der Spekulant nicht begreift, warum alle gültigen Argumente sich in den Kursen nicht niederschlagen.

Kurse drücken nämlich nicht den realen Wert aus, sondern spiegeln das Verhältnis von Angebot und Nachfrage. Egal, woher das Angebot kommt, wenn es kommt, dann fallen die Kurse.

Diese Behauptung ist genauso logisch, wie es logisch wäre, dass die Öl-Aktien bei eventuell steigenden Dividenden in die Höhe gingen. Aber die Logik der technischen Gründe war in diesem Falle stärker als die Logik der fundamentalen Gegebenheiten, das heißt, Käufe und Verkäufe werden nicht nur aus fundamentalen Überlegungen getätigt.

Infolgedessen schwanken die Kurse unter dem Druck von Angebot und Nachfrage. Es wäre interessant, alle Verkaufs- und Kauforders eines einzigen Börsentages daraufhin zu untersuchen, welche Beweggründe die Verkäufer und Käufer zur Erteilung ihrer Aufträge veranlasst haben.

Herr Maier verkauft seine Papiere vielleicht, weil er in den nächsten Tagen einen Wechsel einlösen muss; ein anderer wieder, weil er sich eine neue Wohnung kaufen will; der Dritte, weil seine Tochter heiratet und er das Geld für die Mitgift braucht; ein Vierter verkauft seine Papiere in der Hoffnung, sie billiger zurückkaufen zu können. Und warum kauft Herr Schulze am selben Tag Papiere? Weil er soeben ein Haus verkauft hat und ihm flüssiges Geld zur Verfügung steht; oder weil er dieselben Papiere schon höher verkauft hat und sie jetzt billiger zurückkaufen will.

Man kann diese These auch ad absurdum führen. Nehmen wir an, ein Wert steigt bis zu dem Niveau, mit dem die Käufer gerechnet haben. Damit gelangt er aber in eine Gefahrenzone. Vom Augenblick an übt nämlich der angemessene Kurs nicht mehr die gleiche Anziehungskraft auf die Spekulation aus. Es gibt nur wenig Kaufinteressenten und diejenigen, die das Papier bereits im Besitz haben, versuchen es nun bei den erwarteten und eingetretenen hohen Preisen loszuwerden, um ihren Nutzen sicherzustellen. Dann wollen alle gleichzeitig durch die gleiche Tür. Die Baisse ist da, obwohl die erwarteten Ereignisse eingetroffen sind.

Der gleiche Prozess vollzieht sich auch im umgekehrten Sinn. Nehmen wir irgendeinen Wert, der aus absolut einleuchtenden Gründen, zum Beispiel im extremen Fall, weil die Gesellschaft in finanziellen Schwierigkeiten ist, fallen sollte. Der Wert fällt und nähert sich dem tiefen Niveau, das er logisch erreichen müsste. Und dennoch bleibt er bei einem höheren Kurs stehen, ohne weiter zu fallen. Und das sogar eine ganze Zeit lang, trotz der schlechten Berichte.

Im Börsenjargon nennt man dies das Fait accompli. Es tritt deshalb ein, weil viele die Papiere bereits verkauft haben und diese nun in Händen von Leuten sind, die den Niedergang der Gesellschaft in Kauf nehmen und damit andere Absichten verfolgen. Die Baissiers, die schon früher umfangreiche Leerverkäufe getätigt haben, sehen jetzt ihre Erwartungen erfüllt und wollen ihren Gewinn sichern. Ihre Käufe verursachen das Steigen der Kurse.

Ich habe in Dutzenden von Fällen das gleiche Phänomen erlebt. Notleidende Obligationen, Aktien von faulen Gesellschaften, die kurz vor dem Konkurs standen oder sogar schon in Konkurs waren, hielten sich noch lange auf relativ hohen Kursen, bevor sie ganz tief stürzten.

Dem Fait accompli kommt in der Kursentwicklung eine ganz besondere Bedeutung zu. Nehmen wir an, es besteht Kriegsgefahr. Viele Wertpapierbesitzer verkaufen ihre Werte. Aber am Tag der Kriegserklärung steigen die Kurse plötzlich gegen alle Erwartung. Bei Kriegsausbruch 1939 war dies typisch für alle Börsen, in Amerika genauso wie in Europa. Und all das aus den hier erörterten technischen Gründen.

Wenn man aber während des Krieges glaubt, der Friede sei nahe, und man beginnt, Werte zu kaufen, dann steigt die Börse bereits während des Krieges. Bei Unterzeichnung des Waffenstillstandes kann es aber leicht passieren, dass die erwartete Hausse nicht eintritt. Im Gegenteil, die Kurse fallen. Da spricht man dann von einem Fait accompli.

Dagegen kann es aber auch passieren, dass während des Krieges das nervöse Publikum den Großteil der Wertpapiere schon abgestoßen hat und wenn der Friede dann ganz überraschend kommt, schlägt die Börse sofort um und schießt wie eine Rakete empor.

Kurz gesagt, nach meiner Erfahrung *haben sensationelle und erschütternde Ereignisse zur Folge, dass sich die Börsentendenz um 180 Grad dreht.*

Kommen wir auf unser Beispiel Kriegsausbruch 1939 zurück.

Wären die Börsen monatelang vor Kriegsausbruch gestiegen, so hätte es zu Beginn der Feindseligkeiten einen Riesenkrach gegeben. Anstatt des ‚Fait accompli' hätte es sich um eine dramatische, schlechte Nachricht gehandelt.

Krieg und Frieden sind natürlich extreme Fälle. Das Phänomen des Fait accompli kann man jedoch auch bei vielen anderen politischen und wirtschaftlichen Ereignissen beobachten. Diese Beobachtung hat sich so oft bestätigt, dass ich sie fast zur Regel erhoben habe.

Zusammenfassend möchte ich Folgendes sagen: Ihre Logik stützt sich nur auf die sogenannten Fundamentalien, die statistischen, wirtschaftlichen, politischen und sonstigen Faktoren. All das aber wurde von den erwähnten technischen Faktoren überspielt. Mit einem Wort, Ihre Überlegungen waren zu theoretisch und deshalb entsprechen sie nicht den Gegebenheiten der Praxis.“

Wirtschaftskonjunktur und Börsentendenz – zwei sehr verschiedene Zwillinge

Die Antwort, die ich meinem Freund in Hinblick auf seine vielerlei Hausse- und Baisse-Engagements für Effekten und Rohstoffe gab, lässt sich auch auf die allgemeine Börsentendenz anwenden.

Von Zeit zu Zeit fragt man sich erstaunt, warum die Börse trotz des Konjunkturrückganges steigt und warum sie in einer Periode der Hochkonjunktur fällt. Die Erklärung dafür ist, dass Börsentendenz und Konjunkturtrend zwar voneinander abhängig und den gleichen Gesetzen unterworfen sind, aber nicht parallel verlaufen.

Zwei wesentliche Faktoren, die Geld- und Kreditsituation einerseits und die Psychologie der Massen andererseits, wirken sich nicht gleichzeitig mit der Konjunktur auf die Börse und die Wirtschaft aus. Der Geldmarkt und das Wirtschaftsleben stehen in engem organischen Zusammenhang. Aber was für die Geschäftswelt günstig ist, ist sehr oft für die Börse ungünstig. In einer Periode des wirtschaftlichen Booms, wenn Handel und Industrie florieren, werden die verfügbaren Kapitalien für die Expansion verwendet. Um zu vermeiden, dass es zu einer gefährlichen Wirtschaftsüberhitzung kommt, müssen die Behörden jedoch restriktive Maßnahmen ergreifen. Der Diskontsatz wird erhöht, Kreditrestriktionen eingeführt.

Ein höherer Diskontsatz macht das Geld teurer und knapper. Die Banken beschneiden oder streichen im äußersten Fall sogar die zugestandenen Kredite.

Um sich neues Kapital zu beschaffen, haben die Firmen mehrere Möglichkeiten. Sie können zum Beispiel ihr Kapital durch Emissionen von Obligationen erhöhen.

Wenn aber der Anleihemarkt für neue Emissionen nicht mehr aufnahmefähig ist, dann sind die Gesellschaften gezwungen, ihren Kapitalbedarf durch Emissionen von Wandelanleihen zu befriedigen. Große Emissionen in Wandelanleihen sind aber eine tödliche Konkurrenz für den Aktienmarkt.

Jeder potenzielle Aktienkäufer kann sich sofort fragen, warum er Aktien kaufen soll, wenn er mit den Wandelanleihen eine größere Sicherheit besitzt, feste Zinsen erhält und gleichzeitig dieselben Gewinnchancen bei einem Wertzuwachs der Gesellschaft hat, da doch bei einer Kurssteigerung der Aktien aus den Wandelanleihen Aktien werden.

Außer Wandelanleihen werden andere Gesellschaften ganz einfach Kapitalerhöhungen vornehmen und so die Zahl ihrer Aktien vermehren. Andere Gesellschaften werden auch aus ihrem Portfolio Aktien anderer Gesellschaften verkaufen und so weiter. Die Verkäufe üben einen Druck auf die Kurse aus und die darauffolgenden Kursrückgänge zwingen diejenigen, die Darlehen auf Aktien aufgenommen haben, ihre Papiere zu verkaufen.

Die Folge davon ist, dass eine Riesenmenge von Aktien auf den Markt kommt und dies gerade zu einer Zeit, in der durch die Regierungspolitik die Geldmasse verringert wird.

Nach einer gewissen Zeit wird das Tempo der Wirtschaft langsamer und der Kapitalbedarf dadurch geringer und da die Rentabilität der Neuinvestitionen nicht gewährleistet ist, werden diese unterlassen oder für später aufgeschoben. Der Kapitalbedarf wird geringer. Auch die Nachfrage nach Bankkrediten nimmt ab.

Der Anleihemarkt entspannt sich und die Gesellschaften, die frisches Kapital brauchen, können sich dieses bei besseren Bedingungen durch Anleiheemissionen verschaffen. Es lohnt sich nicht, neue Aktien oder Wandelanleihen auszugeben, denn es ist nicht im Interesse der alten Aktionäre, das Kapital zu verwässern.

Die Wirtschaftskrise ruft bei vielen die Angst hervor, sie könnten ihre Stellung oder ihre Einkünfte verlieren. Sie sparen daher eifriger. Der Verbrauch schrumpft und die Sparguthaben wachsen. Da die Inflationsgefahr in einem gewissen Maße und für eine gewisse Zeit lang ausgeschaltet ist (ich meine den Inflationsfaktor Nachfrage und nicht die Kosteninflation), können die zuständigen Stellen den Zinssatz senken und die Kreditaufnahme erleichtern. Wenn die Kapitalakkumulation den industriellen Investitionsbedarf übersteigt, wandert das überschüssige Geld zur Börse, um in schon notierten Wertpapieren angelegt zu werden.

Es ist mit der Börse ein wenig auch so wie mit dem Markt für gebrauchte Autos. Wenn die großen Autofirmen immer neue und attraktivere Modelle herausbringen, die Autoagenten besonders aktiv sind und ihren Kunden sogar Preiskonzessionen machen oder gewisse Gadgets gratis mitliefern, dann sinkt der Preis für gebrauchte Autos.

Wenn dagegen die Lieferzeit für neue Autos mehrere Wochen oder Monate beträgt, wenn außerdem die neuen Modelle wenig attraktiv erscheinen und auch von Preiskonzessionen keine Rede sein kann, dann wird der Markt der gebrauchten Autos aktiv und die Preise gehen in die Höhe.

An der Börse quotierte Aktien sind die gebrauchten Autos des Kapitalmarktes. Wenn der Markt mit neuen und interessanten Wertpapieren (zum Beispiel Wandelanleihen) überschwemmt wird, ist ein Kurssturz der schon an der Börse notierten Aktien unvermeidlich. Wenn aber die neuen Anlageemissionen bei fallendem Zinssatz immer seltener werden, fließen die überflüssigen Gelder zur Börse, das heißt zum Markt der „gebrauchten Autos“ zurück.

Ich werde nie den Ausspruch eines Börsianerfreundes vergessen, den ich vor 40 Jahren häufiger traf und der damals schon 80 war. Seine ganze Börsenweisheit fasste er in einem einzigen Satz zusammen, den er mir ständig wiederholte: „Die ganze Börse hängt nur davon ab, ob es mehr Aktien gibt als Idioten oder mehr Idioten als Aktien.“

Oft leidet die Börse nicht so sehr durch die Wirtschaftskrise selbst, als durch die Maßnahmen, mit denen die Regierung die Hochkonjunktur bekämpft. Infolgedessen geht die Börse während einer Hochkonjunktur häufig zurück. Die Wirtschaftskrise als Folge der Regierungsmaßnahmen folgt erst später. Ebenso häufig ergreifen Regierungen Maßnahmen, um die Konjunktur anzukurbeln. Von diesen Maßnahmen profitiert zuerst die Börse; die Kurse steigen, ehe noch die Wirtschaft auf diese Regierungsmaßnahmen günstig reagiert.

Das schafft der Börse Kursentwicklungen, die für den Außenseiter, der diesen Mechanismus nicht kennt, unverständlich und unlogisch sind.

Der Staat verfügt über bedeutende Mittel für die Konjunkturpolitik. Auf dem Schaltbrett der Wirtschaftslenker gibt es verschiedene Hebel: Budget- und Steuerpolitik, Währungspolitik, Diskontsatz, Kreditrestriktionen oder Liberalisierungsmaßnahmen. Nur in der Preis- und Lohnfrage waren die Regierungen bisher leider ohnmächtig und das hat in jüngster Zeit das Problem der Inflation außerordentlich kompliziert gemacht. Jedenfalls sollte sich jeder kluge Spekulant eine Regel merken: sich niemals den Direktiven derjenigen widersetzen, die das System in Gang halten. Denn früher oder später werden diese sich durchsetzen, weil sie die stärkeren Waffen besitzen.

Früher, ehe das erwähnte Inflationsproblem so akut geworden ist, konnte der Staat die Konjunktur mit einer gewissen Sicherheit lenken.

Die heutige Inflation, die kein reines Währungsproblem mehr, sondern vor allem ein Sozialproblem ist, bedürfte einer viel ausführlicheren Analyse, welche die Grenzen dieser Ausführungen überschreiten würde.

Hier möchte ich nur zwei von vielen Beispielen anführen, um zu illustrieren, wie sich die zwei Räder unabhängig voneinander drehen.

Zwischen 1946 und 1949 führte die Umstellung der Produktion vom Krieg auf den Frieden in den Vereinigten Staaten zu einem ungeheuren Industrieaufschwung. Die Gewinne erhöhten sich ununterbrochen. Gleichzeitig fielen die Börsenkurse an der Wall Street. Die Umstellung von der Kriegs- auf die Friedensindustrie hatte alle verfügbaren Kapitalien aufgesaugt und keine Mittel für den Kauf von Wertpapieren übrig gelassen. Außerdem betrachtete das Publikum die wirtschaftlichen Möglichkeiten der Nachkriegsjahre ängstlich, skeptisch und misstrauisch. Es verlangte infolgedessen für seine Geldanlage einen höheren Ertrag. Beide Faktoren, Geld und Psychologie, waren also negativ.

Die industrielle Umstellung vollzog sich in mehreren Etappen. Nach dem ersten Aufschwung der Friedenswirtschaft folgte eine Periode der Stabilisierung. Die Expansion der Wirtschaft verlangsamte sich, die Wirtschaft brauchte weniger Geld und die Sparguthaben wurden wieder aufgestockt. Die nicht investierten Kapitalien konnten den Weg zur Börse einschlagen und die Kurse begannen anzuziehen. Die Faktoren Geld und Psychologie wurden also positiv.

In Deutschland vollzog sich dieser Prozess anders. Die große Wiederaufbauperiode setzte mit der Währungsreform von 1948 ein. Damals stand der Börse noch wenig Kapital zur Verfügung und die Werte gelangten trotz einer langsamen Kurssteigerung über das Stadium einer Wiederherstellung des echten Wertes auf relativ niedrigem Niveau nicht hinaus, obwohl der psychologische Faktor durchaus positiv war.

Die industrielle Expansion nahm nach 1953 riesige Ausmaße an. Der Boom saugte alle verfügbaren Kapitalien auf und für die Börse blieb nichts übrig. Jeden Morgen konnte ich in den Zeitungen das seltsame Paradoxon feststellen: Die Gesellschaften verzeichneten ausgezeichnete Erfolge, die Dividenden erhöhten sich und die Kurse der Aktien gingen ununterbrochen zurück.

Die deutsche Bundesregierung hatte nämlich die nötigen Maßnahmen getroffen, um in der herrschenden Boomperiode der drohenden Inflation vorzubeugen. Die Kreditbeschränkungen zwangen die Unternehmen, neue Aktien und Obligationen zu emittieren. Die größten deutschen Unternehmen brachten Anleihen mit über 8-prozentiger Verzinsung auf den Markt. Das war für die damalige Zeit ein außerordentlich hoher Zinssatz. Die Börse war überschwemmt mit Wertpapieren, aber es gab nicht genug Kapital, um sie zu kaufen – trotz des allgemeinen Optimismus. Der Aktienmarkt schien aussichtslos. Als sich die Expansion verlangsamte und fast eine Stagnation eintrat, lockerte die deutsche Regierung die Kreditbestimmungen und öffnete den Geldhahn, der den Kapitalmarkt auf geeignete Weise fütterte.

Mit diesem ersten „Sauerstoffstoß" wurde der Markt wieder kräftig und die Werte stiegen so schnell in die Höhe, wie es eine andere Börse kaum je erlebt hat. Das jahrelang künstlich unterdrückte Hausse-Potenzial (auf fundamentalen Gründen beruhend) verursachte eine wahre Explosion der Kurse, weil die Faktoren Geld und Psychologie zur gleichen Zeit positiv wurden.

Dafür war nur Geld notwendig gewesen, der Sauerstoff der Börse. So war es schon immer und so wird es immer bleiben, solange es Börsen gibt.

„Geld, nochmals Geld und wiederum Geld!" Das berühmte Wort des Marschalls Trivulzio sollte als Motto über jedem Börsenportal eingraviert sein.

T (Tendenz) = G (Geld) + P (Psychologie)

Ich möchte nochmals auf meine Lieblingstheorie zurückkommen, nach der sich DIE BÖRSENTENDENZ AUF ZWEI ENTSCHEIDENDE GRUNDFAKTOREN ZURÜCKFÜHREN lässt:

das Verhältnis zwischen der Geldmenge und neuen Wertpapieremissionen;

das psychologische Element, Optimismus oder Pessimismus, das heißt die Einschätzung der Zukunft.

Alle Ereignisse, alle politischen, wirtschaftlichen und finanziellen Maßnahmen, seien sie nun bedeutend oder unbedeutend, münden schließlich in diese beiden Tatsachen.

Ich habe diese Theorie schon früher einmal in einer mathematischen Gleichung ausgedrückt, die das Grundprinzip jeder Börsentendenz sein sollte:

T (TENDENZ) = G (GELD) + P (PSYCHOLOGIE).

Unter dem Faktor „Geld" verstehe ich das der Börse zur Verfügung stehende Geld. Wenn ständig große Emissionen von Obligationen (oder

Wandelanleihen) zu hohen Zinssätzen aufgelegt werden, wenn Banken und Sparkassen für feste Gelder hohe Zinsen bezahlen, dann bleibt natürlich für den Ankauf von Aktien sehr wenig übrig. Kurz gesagt, der Faktor „Geld" hängt von den langfristigen Zinssätzen ab.

Dagegen ist der Faktor „Psychologie", genau betrachtet, das Produkt einer großen Zahl verschiedener Faktoren, die aber auf dem Umweg über die psychologische Auswirkung auf die Börse Einfluss nehmen.

Nehmen wir an, die Gewinne und Dividenden einer Gesellschaft werden reduziert, die Steuern heraufgesetzt et cetera, also lauter negative Maßnahmen. Wenn aber das Publikum die Zukunft mit Optimismus beurteilt, nimmt es diese schlechten Nachrichten in Kauf, weil es überzeugt ist, dass die erwähnten negativen Einflüsse nur vorübergehend wirksam sind. Der Faktor P (Psychologie) bleibt in diesem Fall positiv, trotz der schlechten fundamentalen Nachrichten.

Dies hat sich auch bei dramatischen politischen Ereignissen bestätigt. Oft kommt es vor, dass Aktien einer Gesellschaft trotz eines Streiks nicht zurückgehen, einfach weil das Publikum den Streik als ungefährlich beurteilt. Als 1939 der Krieg ausbrach, war monatelang an der Börse in Paris eine Hausse, weil man aus Inflationsangst in die Wertpapiere flüchtete. Das französische Publikum dachte, Aktien, das heißt Sachwerte, seien eine bessere Anlage als französisches Bargeld. Man beurteilte Aktien optimistischer als den Franc.

Es widerspricht zum Beispiel jeglicher Logik, dass gewöhnliche Schweizer, englische oder französische Goldmünzen, die gar keinen Seltenheitswert besitzen, 50 bis 100 Prozent über ihrem Goldwert stehen. Trotzdem bezahlt das Publikum den Preis, weil es glaubt, es müsse einige Stücke davon in seiner Schublade liegen haben. Hier handelt es sich ebenfalls um einen psychologischen Faktor – er spielt seit dem letzten Krieg eine Rolle – und er hat mit sachlichen Überlegungen nichts zu tun.

Nicht die Tatsache Krieg oder Frieden ist für die Börsentendenz absolut entscheidend, sondern die psychologische Reaktion des Publikums darauf. Auch die Beurteilung der Preis-Gewinn-Relation einer Aktie (in den USA „price to earning ratio" genannt) ist rein psychologischer Natur. Es kann vorkommen, dass der Markt, das heißt die Analysten, bei derselben Aktie eine Preis-Gewinn-Relation von 15:1 als tief beurteilen und damit das Urteil fällen, das Papier sei unterbewertet. Zu einem anderen Zeitpunkt bezeichnen sie aber dieselbe Relation bei demselben Papier als überbewertet.

Ich will nicht behaupten, dass die Analysten im gegebenen Moment unrecht haben, aber man kann aus dieser Beurteilung keine Rückschlüsse auf die weitere Entwicklung ziehen, da die Beurteilung „unter- oder überbewertet" kein arithmetisches Axiom ist, sondern eine relative Beurteilung, die in großem Umfang psychologisch bedingt ist. Deshalb muss ich immer wieder lächeln, wenn ich beobachte, wie Hunderte Analysten von dieser Preisrelation hypnotisiert sind.

Diejenigen, die die „price to earning ratio" als das Einmaleins der Börsenkunst betrachten, hätten nie IBM, XEROX und viele andere Aktien kaufen dürfen, denn nach dieser Berechnung hätten diese Aktien im gegebenen Moment immer zu hoch gestanden.

Wie falsch diese starre, einseitige Einstellung ist, zeigt sich am besten bei Gesellschaften, die mit Verlust arbeiten. Nach den Wall-Street-Analysten dürfte man diese Werte überhaupt nicht anrühren, denn theoretisch müssten sie ja aufgrund der „price to earning ratio" unter null stehen. Meine interessantesten Börsencoups habe ich aber immer mit den Aktien solcher Gesellschaften gemacht, die im Moment, als ich sie gekauft habe, mit Verlust arbeiteten. Wenn aber diese Gesellschaften dann wieder Gewinne erzielten (im Englischen nennt man dies eine „turn around situation"), schnellten die Kurse steil empor. Meiner Meinung nach kommt man mit Mathematik an der Börse überhaupt nicht weiter. Die Kurse lassen sich nicht mit dem Zollstab messen und Börsenentwicklungen nicht aufgrund mathematischer Berechnungen voraussagen.

Hier sei ein Spottvers zitiert, den eine Pariser Zeitung vor 250 Jahren auf John Law verfasste, nachdem er mit seinem System ganz Frankreich in die Misere gestürzt hatte.

> „Hier ruht Schottlands berühmter Sohn,
> der rechnete ohnegleichen schon,
> und durch seine geniale Mathematik
> brach er Frankreich das Genick."

Wie gesagt, wenn beide Faktoren, Geld und Psychologie, positiv sind, dann steigen die Kurse. Wenn beide negativ sind, fallen sie. Ist ein Faktor positiv und einer negativ, neutralisieren sich die Tendenzen, das heißt, es entwickelt sich eine farblose, uninteressante Börse ohne große Schwankungen. Man nennt dies „Trading Market", eine günstige Situation für Börsenspieler, die kleine Kursschwankungen geschickt auszunutzen verstehen.

Überwiegt ein Faktor geringfügig, wird sich dies durch leicht steigende oder leicht gleitende Kurse manifestieren, je nachdem, welcher Faktor der stärkere ist. Wenn dann einer der Faktoren umschlägt und beide entweder positiv oder negativ werden, dann kommt die große Hausse oder die große Baisse.

Die Kurse steigen, wenn große oder kleine Sparer kaufen wollen und können. Sie wollen kaufen, weil sie die Wirtschaftslage optimistisch beurteilen, und sie können kaufen, weil sie genügend flüssiges Geld in der Tasche haben. Das ist DAS GANZE GEHEIMNIS DER HAUSSE-BEWEGUNG, selbst wenn alle fundamentalen Tatsachen dagegen sprechen wollten, ebenso wie die Nachrichten über die Lage der Wirtschaft.

Derselbe Mechanismus wirkt sich natürlich auch umgekehrt aus. Das Publikum ist pessimistisch, beurteilt die Zukunft schwarz und ist knapp bei Kasse, weil es sein Geld in anderen Sektoren, zum Beispiel Immobilien, Sparkassen, Anleihen zu höheren Zinsen, anlegen konnte und weil andererseits auch Kredite schwerer zu beschaffen sind. Wie die Zigeunermusikanten in Ungarn sagen: „Kein Geld – keine Musik."

Sind G und P negativ, stürzen die Kurse unter dem Druck des Angebots in die Tiefe.

Meiner Ansicht nach sind für die Börsentendenz die Faktoren G und P viel ausschlaggebender als die fundamentalen Tatsachen.

Aber schließlich kann man nur dem Geldfaktor exakt folgen, weil der psychologische Faktor unberechenbar ist. Um ihn auch nur über 30 Tage vorauszusehen, müsste man über einen Wahrsager verfügen.

DIE ENTWICKLUNG DES LANGFRISTIGEN ZINSFLUSSES ist natürlich nicht nur für die Börse, sondern auch für das gesamte Wirtschaftsleben von Bedeutung.

Wenn Sparanlagen in den Banken zunehmen und der Zinssatz fällt, werden die Banken ihren Kunden leichter Kredite gewähren. Diese können neue Investitionen planen, umso mehr, als die Investitionen bei den billigen Zinsen rentabler sind. Die Geschäftsführer sehen auf einmal die Zukunft in einem rosigeren Licht und die Folge davon ist, dass sie neue Investitionspläne entwerfen.

Günstigere Nachrichten aus der Wirtschaft werden aber nur mit einiger Verzögerung bekannt und es geschieht häufig, dass die Börse viel früher anzieht, als diese günstigen Nachrichten durchsickern.

Steigende Zinsen haben dagegen früher oder später eine dramatische Wirkung, nicht nur auf die Psychologie, sondern auch auf die Wirtschaft im Allgemeinen. Denn wegen der höheren Zinsen werden geplante Investitionen aufgegeben oder auf später verschoben. Und dies zu einem Zeitpunkt, in dem die Nachrichten aus der Geschäftswelt und auch die Börsenkurse noch immer günstig sind.

Deshalb messe ich bei meinen Börsenentscheidungen den Bilanzziffern der Gesellschaften keine große Bedeutung bei. Erstens werden Bilanzen manipuliert, so wie es den Direktoren passt, und selbst wenn die Zahlen richtig sind, gehören sie zum Zeitpunkt ihrer Veröffentlichung bereits der Vergangenheit an.

9

Politik und Börse

Zinsfuß und Obligationen

DIE ZINSSÄTZE DER KURZFRISTIGEN RENDITE hängen in hohem Maße von der Regierungspolitik ab, in welchem Umfang und zu welchem Zinsfuß die Zentralbank Gelder dem Markt zur Verfügung stellt. Dies ist eine der Waffen der Konjunkturpolitik für die Regierungen.

Da die verschiedenen Regierungen in letzter Zeit verschiedenartige Konjunkturpolitik betreiben mussten, kamen die ärgsten Komplikationen zustande.

Und zwar haben die Vereinigten Staaten im Sommer 1971 eine Politik des billigen Geldes eingeschlagen, um die Wirtschaft anzukurbeln und die Arbeitslosigkeit zu bekämpfen.

Deutschland dagegen war gezwungen, eine Politik des teuren Geldes zu verfolgen, um die Überhitzung der Wirtschaft zu bremsen.

Infolgedessen überquerten Milliarden von Dollar den Atlantischen Ozean, um in Deutschland höhere Zinsen zu erhalten, als das in den USA möglich war. Die Konsequenzen kennen wir heute ja alle.

Nun möchte ich aber auf den OBLIGATIONENMARKT (Bondmarkt) zurückkommen.

Wenn also die Banken viel Geld haben und deshalb ihren Unternehmerkunden leichter billige Kredite gewähren, kommen viele Gesellschaften in Versuchung, ihren Geldbedarf durch billige Bankkredite abzudecken, anstatt zu einem hohen Zinsfuß Anleihen zu emittieren. So schrumpfte das Angebot an Obligationen.

Andererseits neigen viele Kapitalisten dazu, wenn sie für kurzfristige Festgelder bei den Banken nur einen niedrigen Zins erhalten, langfristige Anleihen zu kaufen, die eine höhere Verzinsung bringen und diese höhere Verzinsung auf eine längere Periode sicherstellen. Dies gilt umso mehr, wenn eine bessere Geldstabilität für die Zukunft ein geringeres Risiko bedeutet. Seit Jahren wird bei Kapitalanlagen die Verzinsung von langfristigen Obligationen so berechnet, dass man von der nominellen Verzinsung einer Anleihe die jährliche Inflationsrate abzieht.

Im Laufe des Jahres 1971 haben die Dollaranleihen eine Verzinsung von circa neun Prozent gehabt, da aber die Inflationsrate etwa sechs Prozent betrug, konnte in diesem Fall der Geldanleger mit einer Realverzinsung von nur drei Prozent rechnen.

Die Inflationsrate hat deshalb eine besonders große Bedeutung für die Entwicklung des Obligationenmarktes.

Wenn die Inflationsrate zurückgeht, wächst die Nachfrage nach langfristigen Anleihen. Diese Nachfrage wird noch verstärkt durch sogenannte Zinsarbitrage-Geschäfte. Hunderte von professionellen Geldmanagern kaufen langfristige Anleihen mit hoher Verzinsung, die sie mit billigen, kurzfristigen Krediten finanzieren.

All dies trägt zur steigenden Tendenz auf dem Bondmarkt bei und die Zinsen für langfristige Kredite gehen zurück.

Die Erfahrung der letzten 50 Jahre beweist, dass der Aktienmarkt in einem Zeitabstand von drei bis neun Monaten der Tendenz der Obligationen folgt. Für mich gilt die These: Eine Aktienhausse ist nur dann möglich, wenn die festverzinslichen Werte zuvor gestiegen sind. Stürzt aber der Obligationenmarkt, stürzt unumgänglich auch der Aktienmarkt einige Monate später.

Die Zeitspanne, in der sich der Aktienmarkt dem Obligationenmarkt anpasst, hängt vom Faktor Psychologie ab, das heißt, wie lange noch die optimistische oder pessimistische Welt anhält, während der Geld-Zinsen-Faktor schon durchgeschlagen ist. Das nenne ich die letzte Phase eines Zyklus, darüber habe ich schon berichtet. Da man den psychologischen Faktor nicht verfolgen kann, halte ich die Entwicklung des langfristigen Zinsfußes für das entscheidende Barometer der Börse.

Die Inflation von gestern und heute

Das Wort Inflation ist nicht neu, aber unsere Großväter haben es in ihrem ganzen Leben nicht so oft benutzt, wie wir es heute an einem einzigen Abend tun. Die Preise steigen zur größten Freude der schlechten Schuldner und zum größten Ärger der Sparer, Lohnempfänger und Pensionisten, also der Mehrheit der Bevölkerung. Die Inflation ist nicht nur unethisch und unästhetisch, sondern zum Schluss auch unerträglich. Die Inflation, die ich in den 20er-Jahren noch miterlebt habe, war anderer Natur als heute. Jeden Morgen musste man traurig feststellen, dass die Preise wieder hinaufgeschnellt waren. Es gab sogar eine Zeit, in der sie von Stunde zu Stunde stiegen. Ein Warenhaus verwandelte sich durch den Hexentanz der Zahlen in ein wahres Irrenhaus. Bei Geschäftseröffnung kostete eine Herrenhose 10.000 Mark, zur Mittagsstunde bereits 20.000 und bei Ladenschluss 30.000 Mark. Und so ging das in allen Geschäften in allen Städten Deutschlands.

In Österreich und in Ungarn war es nicht viel besser. Ein tapferer, aber naiver Finanzminister Ungarns versuchte die Inflation zu stoppen, aber nur ein sehr naiver Mensch konnte solche Hoffnungen hegen. Nach einigen erfolglosen Versuchen verlor er den Verstand und landete im Irrenhaus. Er wurde zur Zielscheibe des allgemeinen Spottes. Schließlich endete in Deutschland, Österreich und in Ungarn alles in einer völligen Pleite. Banknoten, Sparguthaben, Lebens- und Altersversicherungen, Pensionen und Rentenwertpapiere, das heißt Barforderungen, waren praktisch auf null gefallen. Nur eine Minderheit von Großkapitalisten konnte sich mehr oder weniger dagegen schützen, durch Grundstücke und Hausbesitz oder gute Aktien erstklassiger Unternehmen. Die meisten Sachwerte wie Juwelen, Bilder, Antiquitäten und Ähnliches, welche die mittleren und kleinen deutschen Sparer aus Inflationsangst erworben hatten, erwiesen sich als schlechte Anlage, weil sie schon bei ihrem Ankauf maßlos überzahlt wurden.

Doch heute leben wir in einer völlig anderen Welt. Die Inflationskrankheit hat alle Staaten ergriffen, die ausländischen Währungen verlieren sogar schneller an Wert als die Deutsche Mark. Im Gegensatz zu den 20er-Jahren oder auch den 40er-Jahren nimmt die heutige Geldentwertung eine langsame Entwicklung und die Volkswirte sprechen von einer schleichenden Inflation. Die Preise steigen nicht schnell und sprunghaft, sondern langsam und stetig.

Der Kampf gegen die Inflation

Lieber Hans,
das Problem der heutigen Inflation ist zu komplex, als dass man es in einem Brief behandeln könnte. Wenn man sich aber über die Börsenentwicklung ein Urteil bilden will, ist es unerlässlich, sich diese ständig vor Augen zu halten.

Die Preisinflation, das Problem Nummer 1 aller Nationen, hat zwei Ursachen, die je nach den Gegebenheiten eines Landes in ihrer Bedeutung variieren:

1.) die Kosteninflation durch ständig steigende Löhne und Preise der Dienstleistungen;
2.) die Nachfrage, die manchmal in bestimmten Sektoren die Preise in die Höhe treibt.

Welcher dieser beiden Gründe überwiegt, ist schwer zu beurteilen. Die Proportionen verschieben sich oft. Es gibt die verschiedensten Meinungen darüber, was zuerst da war, das Ei oder die Henne. Sind es die Löhne, welche die Preise in die Höhe treiben, oder sind die steigenden Löhne nur die Konsequenz der bereits gestiegenen Preise? Hier gibt es kein unanfechtbares Urteil. Man nähert sich wirtschaftsphilosophischen Problemen.

Die Lohnforderungen werden durch die immer mächtigeren Gewerkschaften erhoben und entstehen durch den Wunsch von immer mehr Bevölkerungsschichten, an einem steigenden Lebensstandard teilzuhaben. Die Folge ist die Lohn-Preis-Spirale.

Die Regierungen und Parlamente stehen diesem Phänomen machtlos gegenüber. Zumindest in der freien Welt, da eine Demokratie ohne eine gute Portion Demagogie nicht möglich ist. Deshalb konzentrieren sich die Regierungen fast überall auf den Inflationsfaktor „Nachfrage“, den sie so weit wie möglich einzudämmen versuchen.

In einem sozialistisch regierten Land sagte mir ein Minister bei einem Mittagessen zu zweit: „Da wir ganz unter uns sind, darf ich Sie auf Folgendes hinweisen. Ihr könnt leicht gegen die Inflation ankämpfen, da ihr euch den Luxus einer Arbeitslosigkeit erlauben könnt. Aber wie dürften wir in einem sozialistischen Land Arbeitslose haben? Aufrichtig gesagt, das ist die einzige Pression, die es möglich macht, den ständigen Preisdruck der Arbeitnehmer zu zügeln. Diese Möglichkeit ist uns leider verschlossen.“ Damit will ich dir nur sagen, dass es in der Debatte über das Problem Ei und Henne sehr schwer ist, ein zutreffendes Urteil abzugeben.

In diesem Kampf verfügen die Regierungen über zwei Waffen: die Steuer- und Geldpolitik. Und damit komme ich an den Punkt, der uns Börsianer besonders interessiert.

Wenn die Regierung die Kaufkraft der Bevölkerung durch höhere Steuern abschöpfen kann, darf sie in der Kreditpolitik liberaler sein, Restriktionen vermeiden und geringere Zinsen verlangen. Dies ist die günstigere Situation für die Börse.

Wenn aber die Regierung aus politischen, sozialen oder irgendwelchen anderen Gründen die Steuern nicht erhöhen will, sondern lieber die

Geldmenge reduziert, Kreditrestriktionen einführt und die Zinsen erhöht, dann ist das die für die Börse denkbar gefährlichste Situation. Sie erinnert an ein Auto, das einen Abhang hinunterrollt. Man kann die Fahrt auf zweierlei Art verlangsamen: 1.) durch das Zurückkuppeln auf einen niedrigeren Gang, das entspricht der Fiskalpolitik, oder 2.) mit der Bremse, was einer restriktiven Geldpolitik entspräche. Wenn der Fahrer den Wagen im Freilauf lässt und nur mit der Bremse den Wagen zurückzuhalten versucht, werden die Bremsen bald quietschen. Und genauso quietscht es an der Börse, wenn eine Regierung die Inflation durch Kreditrestriktionen zu bremsen versucht.

Geldpolitik gegen Fiskalpolitik

Aus rein politischen Gründen ist es für jede Regierung leichter, eine Geldpolitik zu betreiben, weil die Entscheidungen allein von ihr abhängen. Steuer- und Budgetmaßnahmen hingegen benötigen die Zustimmung des Parlaments oder des Kongresses und dort spielen demagogische Überlegungen eine große Rolle. Bis ein Steuergesetz schließlich mit Ach und Krach durchgeht, dauert das zum Beispiel in den USA jahrelang; während die Kongressmänner hin und her debattieren, verwandelt sich die schleichende Inflation in eine galoppierende.

Als Präsident Johnson Anfang 1967 die US-Inflation durch Steuererhöhungen unter Kontrolle bringen wollte und ein diesbezügliches Gesetz dem Kongress vorlegte, konnte er die Zinssätze eine Zeit lang reduzieren, sie niedrig halten und die Geldmenge erhöhen. Hohe Steuern sind auch nicht der Wunschtraum der Börse, aber sehr viel weniger gefährlich als hohe Zinsen.

Die Geld-, Zins- und Kreditpolitik einer Regierung kann man sehr genau verfolgen. Sie macht ja auch kein Geheimnis daraus. Man konnte auch nicht aufrichtiger sein als Präsident Johnson, der Anfang 1967 erklärte: „I will do everything in my power to reduce interest rates." Bei einer solchen Bemerkung des Präsidenten der Vereinigten Staaten musste ein Börsianer wie vom Trampolin abgeschnellt an die Wall Street stürzen. Die Hausse-Bewegung, die darauf folgte, war umso stürmischer, als auch die Steuererhöhung im Kongress zwei Jahre stecken geblieben war.

Die große Reaktion auf diese Bewegung, das heißt die Baisse, folgte erst, als die neue Administration Präsident Nixons eine äußerst strenge Geldpolitik betrieb.

Nach meiner Theorie war also vorauszusehen, dass nach der Johnson-Euphorie für die Wall Street wieder schwierigere Zeiten kommen würden. Aber der Zusammenbruch kam erst, als auch der psychologische Faktor negativ geworden war.

Der Zusammenbruch war besonders heftig, weil die vorangegangene Spekulationswelle viel zu hoch gewesen war. Ich möchte deshalb bei dieser Gelegenheit den Zusammenbruch an der Wall Street im Jahr 1970 und seine Auswirkungen bis Herbst 1971 kurz umreißen. Gleichzeitig weise ich darauf hin, dass die Heftigkeit dieses Zusammenbruchs nur mit dem Börsenkrach von 1929 und eventuell mit dem von 1937 zu vergleichen ist. Acht Jahre lang diente eine ständig anwachsende Geldmasse (teilweise auch als Folge des Vietnamkrieges, den man nicht durch Steuern finanziert hatte) als Heizmaterial für die drei Riesenmotoren, die die Wall Street auf Hochtouren brachten, das heißt das Broker-Establishment mit seinen 100.000 Maklern als Zentralmotor, die Investment Funds und die Mischkonzerne als Hilfsmotoren.

Der Spekulationsmechanismus hat folgendermaßen funktioniert. Die Broker verkauften dem Publikum die Anteile der Investment Funds. Mit diesem Geld in den Kassen der Investment Funds kauften dieselben Broker für die Rechnung der Fonds die Aktien der Mischkonzerne. Und diese Mischkonzerne kauften mithilfe derselben Broker die Aktien anderer Gesellschaften, um sie zu absorbieren.

Das Heer der 100.000 Makler tut das Nötige, um die heißen Tipps von Fonds- und Konglomerat-Operationen zu verbreiten. Man flüstert die Tipps von Ohr zu Ohr, Profis, Mitläufer und Tagesspekulanten stürzen sich auf die Aktien, deren Kurse in einer Todesspirale senkrecht immer höher und höher steigen – das alles mit dem Heizmaterial der uferlosen Geldmenge.

Nicht nur das traditionelle Börsenpublikum wird von dieser Atmosphäre angesteckt, sondern auch Pensionskassen, Kirchen, Universitäten und sogar Gewerkschaften, die alle von den ständig steigenden Kursen profitieren wollen.

Die bisherigen Vermögensverwalter dieser Institutionen werden gefeuert und durch neue, junge Manager ersetzt, die direkt von der Schulbank weg an die Wall Street übersiedelten, um dort mit Milliarden zu jonglieren.

Die Wall Street wird ein gigantisches Casino, in dem das Spielfieber von Tag zu Tag immer leidenschaftlicher und hemmungsloser steigt.

Nachdem Präsident Nixon sein Amt angetreten hatte, hielt er es für seine erste Pflicht, der Inflation das Rückgrat zu brechen. Da er es mit einem demokratischen Kongress zu tun hatte, war die Geldpolitik seine einzige Waffe; das heißt die Heraufsetzung der Zinssätze. Präsident Nixon hatte seine Intentionen nicht verheimlicht und bald nach seinem Amtsantritt die neue Geldpolitik angekündigt. Das war eine Warnung für alle Börsianer, dass für die Wall Street sehr schwache Zeiten anbrechen würden. Genauso hatte Präsident Johnson zwei Jahre zuvor mit der Bemerkung, dass er die Zinssätze herabsetzen werde, die Aufforderung zum Tanz ausgesprochen. Ermunterung und Warnung waren eindeutig gewesen. Die Federal Reserve dämmte den Geldstrom radikal ein, die Zinssätze gingen in die Höhe, die Kreditrestriktionen wurden immer strenger und der Markt der Obligationen begann abzubröckeln. Der erste Motor, der ausfiel, waren die Mischkonzerne. Neben dem wachsenden Geldmangel brachte ein zweiter Grund sie in Schwierigkeiten. Ein neues Gesetz des Kongresses schob den finanzakrobatischen Kunststücken (den Steuertricks) der Mischkonzerne einen Riegel vor.

Der Kurszusammenbruch der Mischkonzerne zog den Kurssturz der Investmentanteile nach. Die Investmentfonds verkauften aus ihrem Portefeuille Aktien, gleichgültig welche und zu welchem Preis, um Bargeld in der Kasse zu haben für eventuelle Rückzahlungen der Anteile, die das Publikum fordern könnte.

Im Zuge dieses allgemeinen Debakels gerieten auch die Broker in Schwierigkeiten. Der Zentralmotor des Systems begann zu stottern. Viele Broker konnten ihre Spesen nicht mehr decken, verloren ihr Betriebskapital, mussten ihr Personal entlassen und in vielen Fällen sogar ihre Firma liquidieren. Das alles verstärkte das allgemeine Unbehagen und das Publikum verfiel einem tiefgreifenden Pessimismus. Auch der psychologische Faktor war ins Negative umgeschlagen.

Diese Entwicklung dauerte ungefähr ein Jahr, dann änderte die amerikanische Regierung ihre Politik radikal, da sich die wirtschaftliche und finanzielle Situation so zugespitzt hatte, dass es beinahe zu einer Liquiditätskrise gekommen wäre. Der Konkurs der PENN-Central und die finanziellen Schwierigkeiten einiger großer Industrieunternehmen hatten eine einschneidende Revision der Geldpolitik durch die Regierung zur Folge.

Unter dem Einfluss dieser Wende brach an der Wall Street eine stürmische Hausse aus und der größte Teil des Verlustes wurde auf dem

Dow-Jones-Index wieder eingebracht. Diese Euphorie dauerte aber nur so lange, bis die Zinssätze wieder zu steigen begannen.

Im Herbst 1971 war der Geldfaktor wieder günstig, aber der psychologische äußerst herabgestimmt. Als Grund gaben verschiedene Analysten die internationale Währungskrise und die neue Wirtschaftspolitik Präsident Nixons an. Im Grunde aber ist dies unwichtig, wichtig war nur, dass der psychologische Faktor äußerst negativ wurde.

Meiner Meinung nach sollte die neue Wirtschaftspolitik Präsident Nixons, die er am 15. August angekündigt hat, sich auf die amerikanische Wirtschaft eher günstig auswirken.

Ich glaube, dass die heftigen Rückschläge vom Herbst 1971 die letzte Phase einer Baisse-Welle waren. Und die letzte Phase eines solchen Bear Markets verläuft genauso hysterisch wie die des Bull Markets, wenn die Kurse von Stunde zu Stunde in die Höhe springen. In dieser letzten Phase eskalieren sich Kurse und Stimmung gegenseitig. In der letzten Welle einer Hausse erzeugen die hohen Kurse eine rosige Stimmung und diese treibt die Kurse nur noch weiter in die Höhe. Nach einer langjährigen Baisse-Bewegung erzeugen die tiefen Kurse einen schwarzen Pessimismus, der wiederum auf die Preise drückt, und die Kurse fallen wie die Blätter im Herbstwind.

Diese Baisse- oder Hausse-Welle der letzten Phase dauert immer so lange, bis ein psychischer Elektroschock aus irgendeiner Richtung den Circulus vitiosus zu durchbrechen vermag.

Wenn der Elektroschock nicht kommt, der Geldfaktor aber schon in die Gegenrichtung tendiert, dann tobt sich diese letzte, rein psychologische Phase langsam aus. Und eines Tages wendet sich die Markttendenz ohne jede erkennbare Veranlassung zur größten Überraschung des Publikums, das darauf nicht vorbereitet war.

Wenn ich meinen Gedankengang ad absurdum führen möchte, würde ich sogar behaupten, dass sich der psychologische Faktor vom Geldfaktor ableiten lässt, aber erst nach einer gewissen Zeitspanne. Folglich braucht man bei einer langfristigen Spekulation nur den Faktor Geld zu verfolgen, das heißt die Entwicklung des Zinsfußes, da die Psychologie überhaupt nicht abzumessen ist. Sie kann innerhalb von Minuten umschlagen, ist unberechenbar und hysterisch. Selbst wenn ich die Ereignisse 100-prozentig sicher voraussehen könnte, wüsste ich doch nicht, ob das Publikum positiv oder negativ auf diese Ereignisse reagiert.

Das Geld speist die Börse

DAS GELD SPEIST DIE BÖRSE wie die Quelle den Fluss. Die Börsentendenz entspricht der Strömung, die je nach der Wassermenge stärker oder schwächer wird. Der Versuch, sich gegen die Börsentendenz zu stemmen, ist ebenso gefährlich wie das Schwimmen gegen den Strom. Aber bei den großen Börsenbewegungen gibt es doch stets Wertpapiere oder auch Gruppen davon, die sich von den anderen absondern und ihren eigenen Weg gehen.

In diesem Falle mache ich gern einen Unterschied zwischen „Wertpapierbörse" (Stock Market) und „Börse von Wertpapieren" (Market of Stocks). Unter Ersterem verstehe ich den Kapitalmarkt im Allgemeinen und unter Letzterem den Markt, wo verschiedene Effekten gehandelt werden und wo man über jedes Wertpapier eine spezielle Meinung haben kann.

Während der Talfahrt der Börse kommen Werte, die aus ganz bestimmten Gründen unbedingt steigen sollten, nur langsam voran. Sie können sich durchsetzen, aber nur gegen große Schwierigkeiten. So konnte man im Jahre 1957 während der schlechten Konjunktur in den Vereinigten Staaten beobachten, dass die pharmazeutischen Werte bei einer völlig zerrütteten Börse ihre gute Position behaupten konnten, weil sie eine Sonderstellung innehatten. Wäre der allgemeine Trend günstig gewesen, wären sie sicherlich steil in die Höhe geschnellt.

Dagegen kann die Aufwärtstendenz gewisser Industriewerte andauern, obwohl sich die betreffenden Industrien bereits in einer Regression befinden, wenn der Geldstrom gut genährt wird. Trifft aber die Regression dieser Unternehmen mit einer gleichzeitig sinkenden Börsentendenz zusammen, dann ist die Katastrophe für diese Aktien unweigerlich gekommen.

Die Erdöl-Aktien sind während der Hausse-Periode der Jahre 1959/60 an den europäischen Börsen langsam, aber unaufhaltsam abgebröckelt. Sie wären sicherlich noch weit mehr abgerutscht, wenn nicht allgemein die Tendenz auf Hausse gestanden hätte.

Wenn aber die in voller Entwicklung befindlichen Industrien durch eine Hausse-Bewegung begünstigt werden oder durch flüssiges Kapital neue Nahrung erhalten, dann erlebt man – und das ist nur natürlich – einen außergewöhnlichen Aufschwung dieser Aktien an der Börse. Die Euphorie kennt dann keine Grenzen. So erklärt sich auch der große

Aktienboom der revolutionierenden Industriezweige, der Anfang 1959 eingesetzt hat und der sich vor allem in der Computer- und technologischen Industrie in den Jahren 1967 bis 1968 auswirkte.

Sonderregeln während der Euphorie

In Zeiten, in denen alle positiven Phänomene konvergieren, verlieren die Kurse dieser Werte jede Beziehung zur Wirklichkeit. Sie entarten zu bloßen Zahlen ohne Bedeutung, zu Telefonnummern, mit denen man jongliert, ohne jede sachliche Überlegung.

Die Zahlen in den Geschäftsberichten bedeuten nichts mehr, die Gewinne auch nicht, denn sie gehören der Vergangenheit an. An der Börse aber spielt man auf die Zukunft. Wichtig allein ist die Schnelligkeit, mit der die Industrie nach oben klettert. In Amerika haben prominente Börsenanalysten bestimmte Theorien über den Zusammenhang zwischen der Entwicklung einer Industrie und dem entsprechenden Börsenkurs aufgestellt. Steigt der Reingewinn einer Gesellschaft seit x Jahren um y Prozent pro Jahr, dann lässt sich ein bestimmter Börsenkurs z vorausberechnen, und zwar durch einen Koeffizienten w. Das ist natürlich reine Theorie. Eine ganze Schar von Analysten ist diesen Theorien gefolgt und hat dadurch das größte Fiasko erlitten, zum Beispiel mit den Mischkonzernen.

In Zeiten der Euphorie sollte der gute Spieler zuweilen seine Logik etwas zügeln. Er muss nicht nur klug, sondern auch weise genug sein, um „den Dummen zu spielen". Er darf seinen kritischen Verstand einmal ausschalten, sich von der Flut mitreißen lassen, sogar weiter, als die Analysten voraussagen, und zwar so lange, wie G und P beide positiv sind. Er muss aber im gegebenen Moment auch realistisch genug sein, um aus dem Markt herauszugehen, wenn Symptome zu erkennen sind, dass der Faktor G (Geld) negativ wird. Und dies trotz verführerischer Relationsziffern in den verschiedenen Analysen und trotz der fundamentalen Gründe.

Dies gilt vor allem für die letzte hysterische Phase des Bull Markets, wenn der Optimismus durch die ständig steigenden Kurse heftig aufgepeitscht ist und wenn die Kurse ohne alle sachlichen Gründe sprunghaft in die Höhe steigen. Es sieht so aus, als ob nur der Himmel eine Grenze setze.

Aber die Bäume wachsen nicht in den Himmel. Denn wenn in dieser Periode allgemeiner Euphorie der Geldfaktor negativ wird, muss man aus dem Markt heraus, selbst wenn es einem in dieser rosigen Atmosphäre schwerfällt. Man darf sich von optimistischen Ziffern und optimistischen Prophezeiungen keineswegs beeinflussen lassen, denn der Optimismus kann innerhalb von 24 Stunden in den schwärzesten Pessimismus umschlagen. Man muss sozusagen durch das Hintertürchen aus dem Markt heraus, wie aus einem Haus mit schlechtem Ruf, damit nur ja niemand einen sieht, denn sonst könnte man durch den Optimismus der anderen wieder hineingezogen werden. Dazu braucht man aber eine feste Überzeugung, Charakter und Training.

Es gibt keine unfehlbare Regel, wie man sich in diesem Wirrwarr verhalten soll. Es gibt kein Börsenlehrbuch über die vollkommene Spekulation. Es gibt auch keine Methode, die man blind anwenden kann. Wenn es so einfach wäre, gäbe es keine Bergleute mehr in den Bergwerken und keine Holzfäller in den Wäldern. Jedermann würde seinen Lebensunterhalt an der Börse verdienen.

Der Spekulant muss elastisch und hart sein

Der Erfolg einer Spekulation hängt zum Großteil vom Geschick des Spekulanten ab und davon, wie er den einzigen an der Börse gültigen Lehrsatz anzuwenden versteht, von dem schon mehrmals die Rede war:

$$2 \times 2 = 5 - 1$$

Wir sprachen aber auch schon von den vier „G“, die der Spekulant haben muss; Geduld, Geld, Glück und Genie. Genie muss er haben, damit er die richtigen Ideen fasst, Geld und Geduld, damit er durchhalten kann, und dass er Glück haben muss, versteht sich ja von selbst. Ich glaube, es steckt wirklich etwas Mystisches in der Spekulation.

Wenn man von einer Idee vollkommen überzeugt ist, dann muss man durchhalten. Nur wenn sich die Situation von Grund auf ändert und man plötzlich erkennt, dass man im falschen Boot ist, dann muss man so schnell wie möglich herausspringen.

Man darf und soll sich auf eine Idee versteifen, wenn einem die Ereignisse recht geben. Man muss sich aber auch von einer Idee lösen können, wenn man erkannt hat, dass man in eine Sackgasse geraten ist. Man sollte also zugleich hart und elastisch sein.

Immer wieder bei null anfangen

Nur vor einem muss man sich hüten wie vor der Pest: um jeden Preis das verlorene Geld „zurückgewinnen" zu wollen. Wenn man einen Verlust erlitten hat, muss man ihn schlucken, reinen Tisch machen und sofort wieder bei null anfangen.

Das Schwierigste ist, an der Börse einen Verlust resigniert hinzunehmen. Es ist ein chirurgischer Eingriff. Man muss den Arm amputieren, bevor sich die Vergiftung ausbreitet. Je eher, desto besser. Das ist schwer und unter 100 Menschen gibt es nur einen, der imstande ist, so zu handeln. Der unverzeihliche Fehler der meisten Börsenspieler ist es, die Gewinne zu limitieren und die Verluste anschwellen zu lassen. Das Resultat sind kleine Gewinne und große Verluste. Ein richtiger und routinierter Spekulant lässt die Gewinne wachsen und schneidet mit relativ kleinen Verlusten ab. Den Spruch „Kleine Fische – gute Fische" soll man an der Börse nicht anwenden. Mein Sprüchlein für die Börse lautet eher: „Wer das Kleine sehr ehrt, ist das Große nicht wert."

Im Zusammenhang mit meiner Theorie über Gewinn und Verlust will ich Folgendes festhalten. Derjenige, der ein Wertpapierportfolio besitzt, muss es von Zeit zu Zeit mit dem Bleistift in der Hand prüfen und sich folgende Fragen stellen: Würde ich diesen Wert kaufen, wenn ich ihn nicht schon besäße? Lautet die Antwort ja, dann muss man ihn behalten. Lautet sie nein, muss man ihn sofort verkaufen, um mit seinem Gewissen ins Reine zu kommen.

Man muss die Wertpapiere von einem absolut objektiven Standpunkt aus beurteilen, unabhängig von dem Preis, den man dafür bezahlt hat. Man muss kaufen und verkaufen, ohne sich davon leiten zu lassen, zu welchen Kursen man gekauft hat. Denn man muss unter Umständen auch ein Papier zu höheren Preisen zurückkaufen, selbst wenn man es zu einem tieferen Preis verkauft hat. Auf alte Kurse darf man keine Rücksicht nehmen. In gewissen Fällen ist einem Börsianer das Zurückschauen verboten wie Frau Lot in der Bibel. Er kann sonst wie sie bestraft werden.

Jeder Börsenkurs muss aus der jeweiligen Gegenwart beurteilt werden und das Gleiche gilt für seine zukünftigen Entwicklungsmöglichkeiten. Die Börse geht ihren eigenen Weg, sie nimmt keine Rücksicht auf uns, auch nicht auf unsere Dummheiten.

Man kauft oder verkauft aus sachlichen Gründen, unabhängig davon, ob man gewinnt oder verliert. Habe ich beispielsweise ein Papier zu 100 gekauft, verkaufe ich es nicht, selbst wenn es auf 150, ja sogar auf 200 steigen sollte und ich durch den Verkauf einen hohen Profit erzielen würde, wenn ich überzeugt bin, dass der Kurs mit 200 auch noch zu tief ist. (So konnte es auch einmal passieren, dass ich eine auf französische Franken lautende deutsche Young-Anleihe mit 1 gekauft und für 100 verkauft habe.) Dagegen muss man ein für 100 gekauftes Papier sogar mit 80, 70 oder 60 verkaufen, wenn man der Überzeugung ist, dass selbst der Kurs mit 60 überzahlt ist.

Ich muss lachen, wenn mir Kollegen erzählen, dass sie ein Wertpapier kaufen und gleichzeitig einen 10-prozentigen Verkaufsauftrag erteilen. Das erinnert mich an den großen französischen Schauspieler Sacha Guitry, der einmal seinem Makler folgenden Auftrag gegeben hat: „Kaufen Sie mir 100 Royal Dutch und verkaufen Sie, wenn Sie den Kurs wiedersehen." Sacha Guitrys Witz liegt nicht weit ab von der Einstellung meiner Kollegen.

Wenn ein Börsenspekulant mit besonderer Fantasie begabt ist und noch dazu einen romantischen Charakter besitzt, dann wird er an der Börse handeln wie ein guter Pokerspieler oder wie überhaupt ein erfolgreicher Mensch im Leben handeln würde. Wenn er spürt, dass er mit seiner Idee recht behalten könnte, erhöht er seinen Einsatz, fühlt er, dass er sich geirrt hat, zieht er sich zurück und bremst seine Aktivität. Die Kunst des erfolgreichen Menschen besteht darin, den jeweiligen Moment richtig zu erkennen.

Wenn der Pokerspieler sein Glück spürt, dann erhöht er den Einsatz. Der Spekulant sieht, dass seine Ideen richtig waren, wenn sie sich mehr und mehr realisieren, und er erhöht deshalb sein Börsenengagement.

Das war auch der Fall bei einer meiner erfolgreichen Spekulationen, die zwar lange Zeit zurückliegt, mir aber bis heute in lebhafter Erinnerung geblieben ist.

Die Suezkanal-Aktien

Einige Jahre vor Ausbruch des Zweiten Weltkrieges hatte ich mich in einer gründlichen Studie mit DER SUEZKANAL-GESELLSCHAFT befasst. Die Aktien dieser Gesellschaft waren der Prototyp eines Goldwertes. Es waren genau die Papiere, die der gute Hausvater kaufte, sie waren ein Schutz für den Sparer, eine Garantie für die Zukunft, sie behielten ihren Wert trotz aller Wechselfälle der Währungen und späteren Abwertungen.

Nachdem ich meine Studie abgeschlossen hatte, kam ich jedoch zu ganz anderen Schlüssen. Die „Suez“ waren ein falscher Goldwert geworden, ihr Preis war unverhältnismäßig hochgetrieben. Obwohl ich mich damit gegen die allgemeine Meinung stellte, begann ich eine schriftliche und mündliche Kampagne gegen die Kanal-Aktien. Meiner Umgebung, allen meinen Freunden, riet ich, die Suez-Aktien zu verkaufen. Ich selbst engagierte mich sehr stark in einer Baisse-Spekulation mit denselben Aktien.

Während der ersten Jahre bewahrheiteten sich meine Voraussagen nicht direkt. Beim geringsten Anzeichen für eine Hausse liefen Gerüchte um, welche die Spekulation noch mehr aufpeitschten.

„Die französische Regierung kauft Suez-Aktien, um sie Mussolini zum Geburtstag zu schenken.“

„Mussolini kauft Suez-Aktien, um in den Aufsichtsrat zu kommen und die Franzosen zu ärgern.“

„Die Engländer kaufen, um die Franzosen am Kauf zu hindern.“

„Die Kanalgesellschaft hat tonnenweise Gold im Abessinischen Krieg gewonnen.“ Und so weiter.

Jedes Gerücht war recht, wenn es nur den Kurssteigerungen diente. Wahrscheinlich haben damals gewisse Gruppen auch versucht, ihre Papiere so hoch wie möglich abzustoßen, denn ich war nicht der Einzige, der begriffen hatte, dass die Kurse überhöht waren und ihre Zukunft hoffnungslos.

Kurz gesagt, ich ließ mich von diesen fantastischen Gerüchten weder beeinflussen noch entmutigen. Nichts konnte meine feste Überzeugung erschüttern und besonders nicht so alberne Geschichten. Je haltloser und lächerlicher die Argumente gegen meine Prognose waren, umso mehr versteifte ich mich auf meine Baisse-Position.

Die Logik trug schließlich den Sieg davon. Selten hat sich eine Prophezeiung so exakt und so umfassend erfüllt. Etwa zehn Jahre nach meiner Studie verloren die Suez-Aktien neun Zehntel ihres damaligen Wertes, während zur gleichen Zeit alle anderen internationalen Papiere auf das 5-Fache, in manchen Fällen sogar auf das 10- oder 30-Fache stiegen.

Die Sperrmark und das Wirtschaftswunder

Zehn Jahre später, nach dem Zweiten Weltkrieg, hatte ich mir wieder eine fixe Idee in den Kopf gesetzt, an die ich unerschütterlich glaubte: DEN WIRTSCHAFTLICHEN WIEDERAUFBAU DER DEUTSCHEN BUNDESREPUBLIK.

Man konnte sich auf mehreren Gebieten betätigen, mit Obligationen und Industrie-Aktien, wie ich es schon beschrieben habe, aber auch auf die sicherste, dynamischste und leichteste Weise, nämlich mit der deutschen Währung selbst, der Sperrmark.

Nach der Währungsreform von 1948 waren alle auf Mark laufenden Ausländerguthaben bei den Banken, wo sie geführt wurden, gesperrt. Die Vorschriften waren strikt und die Fälle begrenzt, in denen über diese gesperrten Marktbeträge verfügt werden durfte. Die ausländischen Konteninhaber konnten sie nur zu Investierungen in deutschen Effekten und Immobilien verwenden oder sie in Produktionswerten in Deutschland anlegen. Die in Rede stehenden Markbeträge beliefen sich auf beträchtliche Summen. Zu den bereits vorhandenen Guthaben kamen die Zinsen, die sich während der Kriegsjahre angesammelt hatten, und neue Guthaben, die aus deutschen Restitutionen (Wiedergutmachungen) nach dem Kriege herrührten.

DIE SPERRMARK, die also nur beschränkt verwendbar war, hatte im Verhältnis zum amerikanischen Dollar einen Wert von 12½ Cent, während die freie Mark 25 Cent wert war. Zum Kurs von 12½ Cent wurden in Amerika und in der Schweiz Großumsätze gemacht. Für einen weltgewandten Spekulanten war dies ein großes Betätigungsfeld, vorausgesetzt, dass er genug Fantasie und Mut hatte.

Zusammen mit einigen Freunden kaufte ich Sperrmark, das heißt DM zweiter Qualität, zu 12½ Cent.

Die Sache schien sich gut anzulassen. Der Kurs stieg langsam auf 14, sogar auf 15 Cent. Deutschlands wirtschaftlicher Wiederaufstieg wurde Wirklichkeit, die Städte wurden neu aufgebaut, die Fabriken modernisiert. Gleichzeitig nahmen die ausländischen Investitionen zu.

Die internationalen Gesellschaften errichteten Niederlassungen, ausländische Firmen zahlloser Branchen eröffneten Zweigstellen in Deutschland. Die neuen Betriebe, die Kapital brauchten, kauften natürlich Sperrmark zu 14 oder 15 Cent, da sie diese ja in Deutschland verwenden sollten.

Nach einer langen Hausse machte die Sperrmark dann plötzlich innerhalb von wenigen Tagen einen Sprung nach vorn und stieg von 15 auf 18 Cent, was für eine Währung erstaunlich ist.

Die Spekulation war im höchsten Grad interessant, weil noch immer der Unterschied zwischen dem Kurs der Sperrmark und dem der freien Mark enorm war.

Ein paar Tage nach dieser plötzlichen Hausse rief mich mein Freund Hans K. an, ein getreuer Gefährte meiner Spekulationsabenteuer.

„Was hältst du von der Erklärung über die Sperrmark?"

Seine Stimme verriet eine große Unruhe.

„Von welcher Erklärung?"

„Aber hör mal, sie steht doch in allen Zeitungen und ist sehr unangenehm. Zwei hohe Beamte der Deutschen Bundesbank haben erklärt, die Hausse der Sperrmark entbehre jeder Grundlage und entspräche absolut nicht dem effektiven Wert. Die nächsten Monate würden die Verwendung der Sperrmark stark liberalisieren, aber das rechtfertige keineswegs eine so gewaltige Preissteigerung."

„Aber das ist ja ausgezeichnet, glaube mir, ich weiß da besser Bescheid als die. Es ist wirklich ausgezeichnet, und da ich weiß, dass du mich für eingebildet hältst, wiederhole ich, dass ich besser Bescheid weiß als die, dass du besser Bescheid weißt als die und dass der Spekulant X auch besser Bescheid weiß als diese Bundesbankbeamten. Dass sie darüber sprechen, ob sie die Verwendung der Mark liberalisieren oder beschränken wollen, das ist ihr Beruf, aber sie sollen sich nicht in eine Diskussion über die Kurse einlassen, das ist unser Gebiet, nämlich das der Spekulation. Sie können mich nicht im Mindesten beunruhigen und gerade durch ihren Bericht bin ich noch optimistischer als zuvor." Mein Freund versuchte gar nicht erst, mit mir zu streiten. Ich muss zugeben, es wäre für ihn auch schwierig gewesen, so überzeugt und eigensinnig wie ich war.

Nach acht Monaten erreichte die Sperrmark den Kurs von 25 Cent, das heißt, sie zog mit der freien Mark gleich; dann wurden alle Guthaben freigegeben und der Begriff Sperrmark verschwand. Es kam sogar noch besser. Eine Zeit lang war die Sperrmark mehr wert als die freie Mark. Und wie sich die Mark seither entwickelt hat, gehört zu den interessantesten Kapiteln der Währungsgeschichte.

Das war eine gut überlegte und gut aufgebaute Spekulation. Vor allem musste man von seiner Idee überzeugt sein. Die Zukunft Deutschlands war wolkenlos, die mögliche Gewinnspanne bis zum Kurs der freien Mark sehr groß. Aber man musste warten können, bis die Situation von selbst reif war.

Es stellt sich immer wieder heraus – und auch das Beispiel der Sperrmark hat es gezeigt –, dass die erfahrenen Spekulanten am besten wissen, ob ein Kurs überhöht ist oder nicht. Beamte, Ingenieure, Erfinder, Techniker, Wissenschaftler und sogar Leiter einer Gesellschaft sind am wenigsten geeignet, die Kursentwicklung einer Aktie an der Börse zu diagnostizieren. Auf ihrem eigenen Sektor wissen diese Leute sehr viel. Der Spekulant hat kein Spezialwissen, koordiniert aber das Wissen der anderen. Zu viel zu wissen, ist manchmal sogar schädlich.

Die Entscheidung eines Spekulanten ist wie das Urteil eines Richters im Prozess: Es gibt Zeugen, die beim Verbrechen zugegen waren. Es gibt Experten, die nicht dabei waren, die aber die technischen Einzelheiten des Falles aufklären. Der gute Richter ist weder Zeuge noch technischer Experte. Trotzdem kann er ein gerechtes Urteil fällen, wenn er alle objektiv anhört und dann seine Schlüsse zieht. Er interpretiert und siebt. Dasselbe tut der gute Spekulant, er verwendet alles, was er gelesen, gehört oder gesehen hat, und fällt sein Urteil.

10

Profis, Parasiten und Laien beim Spiel

Spekulanten verschiedener Art

Man soll das Wort „Spekulant“ nicht missbrauchen. Nicht jeder, der mit der Börse zu tun hat, ist ein Spekulant. ES GIBT SOLCHE UND SOLCHE BÖRSIANER. Es gibt den Doktor der Börsenkunst und den Börsenspieler von einem Tag zum anderen oder sogar von einer Stunde zur anderen. Es gibt Amateure, Halbamateure, es gibt Winkelspekulanten und so fort.

Und dann gibt es noch das ganze Heer der technischen Armatur: Bankiers und ihre Angestellten, Makler, Zensale, Remisiers, Agenten und Subagenten, abgebrannte Anlageberater, deren Beruf eher dem eines Staubsaugerverkäufers als dem eines Vermögensverwalters ähnelt, und ein ganzes Heer von Menschen, die durch die Börse oder auch nur an der Börse leben, von Kommissionen, Provisionen, Vermittlungsgebühren und so weiter. Der Spekulant jedoch macht sein Vermögen – aber auch seinen Ruin – mit der Börse. Er kennt sie wie seine Westentasche. Sobald der Spekulant eine Idee hat, beginnt für ihn eine pausenlose Arbeit. Er versucht zunächst, das Problem abzugrenzen. Seine Gedanken eilen von einem Gebiet zum anderen, um jedes Pro und Kontra abzuwägen. Er nimmt seine Erfahrungen zu Hilfe. Alle analogen Umstände, die er oder seine Kollegen miterlebt haben, kommen ihm wieder ins Gedächtnis. Er deduziert, induziert, analysiert, addiert und subtrahiert, multipliziert, um zu einem praktischen Schluss zu kommen. Alles konzentriert sich auf die neue Idee. Sie lässt ihn nicht mehr los, ohne ihn jedoch so weit zu beherrschen, dass er dabei seinen gesunden Menschenverstand verlieren würde.

Er nimmt alle Nachrichten, alle Informationen, alle Auskünfte auf und unterwirft sie sorgfältigst einer kritischen Auslese. Wie ein Romanschriftsteller an seinem Buch oder ein Musiker an seinem Thema, so arbeitet der Spekulant an seiner Idee. Nachdem er die Melodie gefunden hat, setzt er sie in Form, harmonisiert und instrumentiert sie. Wenn die Partitur fertig ist, tritt der Dirigent auf den Platz, das letzte Glied in der Kette; er führt das Werk auf, genau wie der erfahrene und geschickte Makler die Aufträge seines Kunden ausführt. Der Spekulant sucht sich aus den vielfältigen Analogien das Wesentliche heraus und setzt daraus eine Art Mosaik zusammen, das die Grundlage seiner Operationen bilden soll.

Man sollte die beiden Begriffe Finanzier und Spekulant nicht verwechseln. Der Finanzier steckt ständig bis über die Ohren in Transaktionen, er erwirbt die Kontrolle über Gesellschaften, plant Fusionen, baut Trusts und Konglomerate auf, lanciert neue Industrien und führt ein sehr unruhiges Leben voller Aktivitäten. Er wendet sich an die Börse, um sich das nötige Kapital zu beschaffen. In einem „vertikalen Trust" vereinigt er einander ergänzende Betriebe oder in Konglomeraten mischt er verschiedene Produktionszweige und vereinigt sie unter einem Finanzdach. Aber diese Transaktionen verlangen die kompliziertesten und raffiniertesten buchhalterischen und Steuertricks. Die bekannten Konglomerat-Finanziers sind viel eher gerissene Juristen, Steuer- und Buchhaltungsexperten als Börsenspekulanten. Aber ihre Operationen verursachen Kapitalbewegungen, die sich auf die gesamte Börse auswirken. Der Spekulant bleibt passiver Zuschauer bei diesen Bewegungen, die er nicht ausgelöst hat, von denen er aber zu profitieren versucht.

Der Mischkonzern

Lieber Hans,
du fragst mich, was ein Mischkonzern, ein sogenanntes Konglomerat, ist und was ich darüber denke. Meine Meinung darüber deckt sich ungefähr mit der über Investment Trusts. Das Prinzip ist gesund und fair und es gibt juristische und wirtschaftliche Gründe, die dafür sprechen. Aber wie immer kann auch das gesündeste Prinzip entarten, wenn es sich um Geld und wie hier um besonders viel Geld handelt. Der Boom der 60er-Jahre hat in Amerika parallel mit den jungen Investmentmanagern eine neue Rasse von jungen Finanziers herangezüchtet, der Typ des Corporate-Finanziers, eine Mischung von gerissenem Anwalt und waghalsigem Finanzier. Sie haben diese „Missgeburten", die Mischkonzerne, erfunden, zumindest in dem Sinne, wie sie an der Wall Street ihre Blüte und ihren Niedergang erlebten.

Das amerikanische Antitrust- und Kartellgesetz wacht streng darüber, dass gewisse Unternehmen keine verwandten und komplementären Industrien aufkaufen und mit ihnen fusionieren, um so eine Monopolstellung zu erreichen und die echte Konkurrenz auszuschalten.

Zum Beispiel darf eine große Autofirma keine kleineren auffressen oder mit Kunden oder Lieferanten fusionieren. Das alles verstieße grosso modo gegen das Gesetz. Jedenfalls ist das Gericht stets dafür zuständig, ob diese Gefahr besteht oder nicht.

Große Industriefirmen haben aber in den letzten Jahren hier und da über große Barmittel verfügt, die sie anlegen wollten. Es läge nahe, das Geld in verwandte Industrien zu investieren, aber das verbietet das Gesetz.

Dagegen können sie ihr Geld für den Aufkauf ganz branchenfremder Industrien verwenden. Wenn nun mehrere solcher nicht miteinander verwandter Industrien fusionieren oder aufgekauft werden, nennt man dies einen Mischkonzern oder ein Konglomerat.

Dies wäre ein Konglomerat im guten Sinne des Wortes und dagegen ist auch nichts einzuwenden. Aber die meisten Mischkonzerne, über die man in den letzten Jahren so viel gesprochen hat, waren nicht aus einem Überschuss an Bargeld entstanden, sondern um einen erfolgreichen Börsencoup durchzuführen. Die Gesellschaft, die sich zu einem Konglomerat entwickeln wollte, hatte kein Bargeld zur Verfügung und kaufte deshalb die Gesellschaften mit ihren eigenen Aktien oder Wandelanleihen auf.

Nehmen wir an, dass eine Brauerei, von der zehn Millionen Aktien existieren, die zu je zehn Dollar an der Börse gehandelt wurden, fünf Millionen Dollar im Jahr verdient, das heißt 50 Cent pro Aktie. Diese an der Börse quotierte Gesellschaft schlägt nun einer Papierfabrik, deren Aktien an der Börse nicht gehandelt werden und die jährlich drei Millionen verdient, eine Fusion vor.

Die Brauerei bietet der Papierfabrik als Kaufpreis für die ganze Gesellschaft 30 Millionen Dollar, aber nicht in bar, sondern in Form ihrer eigenen Wandelanleihen. Diese Wandelanleihen würden sechs Prozent Jahreszinsen zahlen und dem Besitzer eine Option geben, sie zu einem x-beliebigen Kurs gegen die Stammaktien derselben Brauerei einzutauschen. Der Profit der Papierfabrik wird nun zu dem Profit der Brauerei hinzugeschlagen und dadurch steigt der Jahresgewinn pro Aktie von 50 auf 72 Cent brutto, wozu man noch die Steuerabschreibung für die Zinsen der Wandelanleihen hinzurechnen muss, sodass der Nettogewinn einen noch größeren Zuwachs zeigt. Dieses Brauerei-Papier-Unternehmen wird eine ähnliche Transaktion wiederholen, indem es mit Wandelanleihen eine Kinogesellschaft aufkauft und später eine Schifffahrtslinie.

Durch diese Fusionen ist der Gewinn der Brauerei, des neuen Mischkonzerns (Bier-Papier-Kino-Schifffahrt), pro Aktie jährlich um eine beträchtliche Rate permanent gestiegen.

Dieser Wertzuwachs resultiert aber nicht aus einer Produktionssteigerung (die neuen fusionierten Gesellschaften berühren sich produktionsmäßig überhaupt nicht), sondern nur aus finanziellen Operationen. Also eine wunderbare optische Täuschung für das naive Publikum und die ebenso naiven Fondsmanager.

Börsenanalysten stellen den theoretischen Wert einer Aktie – wie gesagt – mithilfe der sogenannten „price to earning ratio" fest, indem sie den Jahresgewinn mit einem Koeffizienten multiplizieren, der je nach Branche und Zuwachsrate variiert.

Da nun unsere Brauerei dank der Fusion während fünf Jahren jährlich einen so enormen Gewinnzuwachs pro Aktie aufweisen konnte, nehmen die Analysten für diese Aktie einen sehr hohen Preis-Gewinn-Koeffizienten als Basis, mit dem sie den Jahresgewinn multiplizieren. So wird potenziellen Aktionären eine ständig steigende Gewinnchance vorgespiegelt.

Die unerfahrenen Portfoliomanager der Investment Funds und anderer Institutionen fallen auf diese Vorspiegelung herein und kaufen die Aktien. Sie treiben dadurch den Kurs in die Höhe, bis er den von den Analysten prophezeiten Preis erreicht.

Dank dieser hohen Kurse der Brauerei-Aktien kann man umso leichter eine neue Fusion ins Auge fassen, ja, jetzt eine neue Gesellschaft zu noch besseren Bedingungen erwerben.

Das wäre ewig so weitergegangen, wenn nicht der Krach von 1970 gekommen wäre.

Einer der berühmten Konglomerat-Manager ist in seinem schönen Optimismus sogar so weit gegangen, bei einer Pressekonferenz zu erklären, ohne mit der Wimper zu zucken, seine Gesellschaft werde in einigen Jahren größer sein als General Motors. Oft stiegen die Kurse bereits bei den Gerüchten einer geplanten Fusion. Das war genau das, was die Manager der Konglomerate wollten.

Die Folge dieser Operationen war ein wahrer Hexentanz an der Wall Street. Die Aktien der neuen Konglomerate stiegen vertikal bei jeder neuen Fusion.

Aber wie gesagt, bei dieser Methode ist überhaupt kein wirklicher Wertzuwachs in der Gesellschaft zu verbuchen. Die Transaktionen wurden einzig und allein in Hinblick auf die Börsenspekulationen getätigt, mithilfe von

Steuertricks und buchhalterischen Manipulationen. Und niemand kam auf die Idee, dass die Rechnung von völlig falschen Voraussetzungen ausging. Es schien, als wären 2 + 2 = 5, 2 + 2 + 2 = 8 oder 2 + 2 + 2 + 2 = 16.

Man fusionierte zum Beispiel drei Gesellschaften, die je 100 Millionen Dollar wert waren und nach der Fusion an der Börse auf 600 Millionen kapitalisiert wurden.

Schließlich wurden die Konglomerat-Finanziers so frech und aggressiv in ihren neuen Plänen, immer größere und größere Gesellschaften aufzusaugen, dass der Kongress aufmerksam wurde und durch eine neue Gesetzgebung die Steuertricks der Konglomerat-Finanziers unterband.

Damit wurde ihnen der Teppich unter den Füßen weggezogen und das Kartenhaus stürzte ein. Durch das neue Gesetz waren weitere Fusionen mithilfe von Wandelanleihen unmöglich geworden und damit eine Gewinnsteigerung der Aktie der Muttergesellschaft gestoppt. Der Sex-Appeal der Konglomerat-Aktien war dahin. Selbst ohne Krach von 1970 wäre die Mystik der Konglomerate endgültig verschwunden. Ich neige sogar zu der Annahme, dass der Zusammenbruch der Konglomerate eine der Hauptursachen des Börsenkrachs von 1970 war. Der Konglomerat-Umfang der 60er-Jahre war zweifelsohne einer der größten Börsenschwindel der Finanzgeschichte.

Hasardspieler und Spekulanten mit Kopf

Wenn die Börse auch – zugegeben – oft ein Spiel, sogar ein gefährliches ist, so gibt es doch auch Elementarregeln, sogenannte Spielregeln, die man einhalten muss. Eine dieser Regeln besagt, dass derjenige, der auf lange Sicht spekuliert, sich strikt auf sein Gebiet begrenzen muss und dass der, der auf kurze Zeit operiert, das seine ebenso wenig verlassen darf. Das sind zwei grundverschiedene Gebiete. Wenn einer sich auf das Gebiet des anderen begibt, wird er auf beiden erfolglos bleiben. Die Spielregeln der beiden sind verschieden. Denn die Logik eines Gebietes lässt sich nicht auf ein anderes übertragen.

Wenn man auf lange Sicht spekuliert und einer Grundidee folgt, darf man sich von Tagesereignissen und den stark schwankenden Börsenstimmungen nicht beeinflussen lassen. Derjenige aber, der von heute auf morgen operiert, darf sich nicht durch langfristige Überlegungen leiten lassen. Er ist ein Roulettespieler, der im Spielsaal von einem Tisch zum anderen eilt.

Er gehört zu den typischen Hasardspielern. Lächelt ihm das Glück und er hat seine 1.000 oder 10.000 Mark gewonnen, verlässt er den Spielsaal, das heißt die Börse, mit der einzigen Genugtuung, eine befriedigende Summe gewonnen zu haben. Es fehlen ihm die intellektuelle Konstruktion und das geistige Abenteuer eines Spekulanten, der alle Ereignisse analysiert und daraus seine Rückschlüsse zieht.

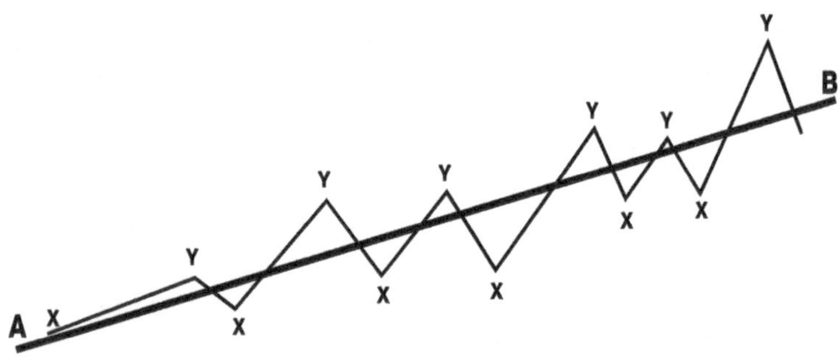

Nehmen wir an, diese Kurve stellt die Kursentwicklung innerhalb eines bestimmten Zeitraumes dar. Der Börsianer, der auf kurze Zeit spekuliert, wird akrobatische Kunststücke machen, um jedes Mal zwischen x und y einen Gewinn einzustreichen. Er kann Erfolg haben, wenn er ein geschickter und routinierter Seiltänzer ist. Aber es kommt sehr selten vor, dass man die Schwankungen zwischen x und y im richtigen Moment erwischt. Die Institution der Broker war und ist immer daran interessiert, das Publikum dahin zu erziehen, dass es den Tagesnachrichten folgt, um die Kursschwankungen zwischen x und y auszunutzen. Ihr Motiv lautet: kaufen, verkaufen, kaufen und wieder verkaufen; das heißt den höchstmöglichen Umsatz erzielen.

Deshalb haben sie alles darangesetzt, das Publikum für Tagesnachrichten empfindlich zu machen. Die Hyperempfindlichkeit des Publikums führt dazu, dass man den Geschäftsgang einer Gesellschaft von Tag zu Tag, von Woche zu Woche überwacht. Selbst bei Nachrichten von nur geringer Bedeutung, zum Beispiel der Erteilung eines neuen Auftrages für eine Gesellschaft oder die Abbestellung eines alten, werden sofort Aktienkäufer oder -verkäufer hervorgelockt.

Bei Kanonendonner kaufen, bei Harfenklängen verkaufen

Der Spekulant lässt diese kleinen Ausschläge außer Acht. Er folgt nur der Tendenz: Die von A nach B laufende Gerade, eine steigende Linie, stellt trotz der Ausschläge nach oben und unten die Hausse-Kurve dar. Eine Spekulation auf der Geraden A–B stützt sich auf ganz andere Motivationen als das kurzfristige Spiel zwischen x und y.

Der Spekulant auf lange Sicht verfolgt verschiedene Grundelemente: Geld- und Kreditpolitik, Zinssatz, wirtschaftliche Expansion, internationale Lage, Handelsbilanzen, Geschäftsberichte und so weiter und lässt sich von den sekundären Tagesnachrichten nicht beeinflussen.

Wenn aber die Kurse wegen irgendeines Vorfalles vorübergehend fallen, sagen wir zum Beispiel der Präsident der Vereinigten Staaten erlitt einen Herzanfall (Präsident Eisenhowers Herzanfall im Jahre 1955) oder in Südamerika gab es ein Erdbeben, dann wird er seine Spekulationskonstruktion nicht sofort über den Haufen werfen. Dagegen muss der Tagesspekulant jedem Gerücht sein Ohr leihen, auf das kleinste Gemunkel lauschen und jede Information unverzüglich auswerten. Er muss eine gewisse Wendigkeit besitzen und jederzeit sein Programm umstoßen können.

Sehr häufig kommt er zur Börse mit einer Tasche voll bereits ausgefertigter Verkaufsorders. Dann merkt er, welcher Wind heute weht, stößt sein Programm blitzschnell um und statt zu verkaufen, kauft er. Er ist der *Taktiker*, während der Spekulant auf lange Sicht ein *Stratege* ist. Der Unterschied zwischen taktischen und strategischen Operationen an der Börse ist ganz wesentlich.

Um nicht einmal in Versuchung zu kommen, seine Meinung zu ändern, sollte der Spekulant gar nicht zur Börse gehen. Er sollte eher einen Umweg machen, nur um nicht in Gefahr zu geraten, von einer Atmosphäre angesteckt zu werden, die ebenso launisch ist wie der Himmel über der Meeresküste.

Was mich betrifft, habe ich es mir nahezu gänzlich abgewöhnt, ein Büro eines Maklers zu betreten, vor allem wenn ich bereits einen Entschluss gefasst habe. Aber wenn ich mich durch einen Rest an Neugier doch verleiten lasse und zur Börse gehe, dann bemühe ich mich, dem Tumult fernzubleiben – Gerede, Kommentare und sogar die Meldungen über Kursschwankungen an mir vorbeiziehen zu lassen. Am liebsten fasse ich meine Entschlüsse allein, eingeschlossen in mein Arbeitszimmer, fernab von jeglicher hysterischen Atmosphäre. Um ganz aufrichtig zu sein: Ich treffe die besten Entscheidungen, während ich Musik höre. Die Praxis hat mir das oft bestätigt. Das Wichtigste ist, sich von der allgemeinen Atmosphäre freizuhalten. Denn fast immer muss man aus dem Markt heraus, während die Stimmung „himmelhochjauchzend“ ist, und einsteigen, während alles „zu Tode betrübt“ erscheint. Nach der Theorie des berühmten Börsenanalysten der 20er-Jahre, Major Angas, soll man Stahl-Aktien verkaufen, wenn die Stahlproduktion einen Höhepunkt erreicht, und zurückkaufen, wenn die Erzeugung auf einem Tiefpunkt ist. Was für die Stahlwerke gilt, lässt sich auch auf die Korrelation zwischen Wirtschaft und genereller Börsentendenz anwenden.

Poetisch könnte man das so ausdrücken: Bei Kanonendonner muss man kaufen und bei Harfenklängen wieder verkaufen.

Die Verführung, die von der Stimmung ausgeht, ist aber stets so groß, dass man sich schwer gegen sie abschirmen kann. Meistens denkt man – sogar wenn man unserer These treu bleiben will –, dass es diesmal anders sein wird. Man findet auch immer die nötigen Argumente dafür.

Erst später stellt sich dann heraus, dass es auch diesmal nicht anders war und dass die These doch richtig ist.

Selbst auf die Nachrichten, die von der Börse kommen, ist kein Verlass. In den meisten Fällen machen nämlich nicht die Nachrichten die Kurse, sondern die Kurse die Nachrichten. Das ist dasselbe in New York, London und Paris. Nach Börsenschluss versucht jeder, die Kursvariationen oder jedwede Änderung der Tendenz zu erklären – und das mithilfe von Argumenten, die er sich vor zwei Stunden noch nicht hätte träumen lassen.

Jeder glaubt das, was ihm am besten in den Kram passt. Der Haussier wird immer gute Gründe finden, die steigenden Kurse zu erklären, der Baissier ebenso gute Gründe für jeden Kursrückgang.

Es gibt viele Fallen und Hinterhalte, vor denen man sich hüten muss: grundlose Gerüchte, entstellte Nachrichten, falsche Nachrichten und – was besonders gefährlich ist – die falsche Auslegung richtiger Nachrichten. In diesem Wirrwarr gelangt man schließlich dahin, gar nichts mehr zu glauben. Und dann kommt die letzte wahre Nachricht: nämlich die, dass alle vorhergegangenen falschen Nachrichten doch richtig waren … Bei der falschen Auslegung falscher Nachrichten kann man auch der Wahrheit nahekommen, da Minus mal Minus Plus ergibt. Doch der allergefährlichste Fallstrick, dem alle Spekulanten, vom naivsten bis zum gerissensten, zum Opfer fallen können, ist die falsche Auslegung richtiger Nachrichten, denn eine halbe Wahrheit ist so viel wie eine ganze Lüge.

Zur Illustration dieser Behauptung dient die folgende Geschichte.

Japanische Obligationen aus der Büchse der Pandora

Während der Nachkriegsjahre bestanden in Frankreich wegen der Devisenknappheit sehr strenge Vorschriften für ausländische Währungen. Die Franzosen waren verpflichtet, ihre Auslandswerte in Bankdepots unterzubringen, wo sie blockiert blieben. Auf der Liste der zu deponierenden Effekten waren nur unbedeutende Aktien und notleidende Obligationen nicht aufgeführt. Man nahm an, dass sie im Ausland unverkäuflich seien und daher keine Devisen einbringen könnten. Nur zweitrangige und uninteressante Werte waren also von den Vorschriften ausgenommen.

Außerdem war die Ein- und Ausfuhr ausländischer Werte streng kontingentiert. Man konnte keine ausländischen Papiere nach Frankreich einführen, wenn man nicht ein anderes gleichwertiges Wertpapier exportierte und dadurch die nötigen Devisen beschaffte. Auf diese Weise wurde das Gleichgewicht fast automatisch gewahrt.

Damals waren Erdölpapiere, und besonders Royal Dutch, in Frankreich Liebhaberwerte. Um aber Royal-Dutch-Aktien einzuführen, musste man einen anderen Auslandswert in gleicher Höhe ausführen.

Es gab damals einige notleidende japanische Obligationen, die nicht auf der Liste der zu deponierenden Werte standen. Die Verhandlungen zwischen der französischen und der japanischen Regierung hatten keinerlei Erfolg und die Japaner wollten weder Zins- noch Kapitalrückzahlungen aufnehmen. Wenige Leute an der Pariser Börse kannten diese Papiere, noch weniger waren sie im Ausland bekannt.

Plötzlich tauchten diese japanischen Obligationen in der Schweiz auf, als kämen sie aus der Büchse der Pandora. Die erstaunten Beobachter sahen, wie sich der Markt dieser Werte in der Schweiz und in Paris zur gleichen Zeit immer mehr und mehr entwickelte. Niemand verstand das.

In Paris verdichteten sich Gerüchte, dass diese Anleihen in der Schweiz gesucht würden.

Tatsächlich kauften einige auf die internationale Arbitrage spezialisierte französische Banken unablässig und die gut informierten Leute wussten, dass dies geschah, um die Papiere in der Schweiz weiterzuverkaufen.

In der Schweiz lief wiederum das Gerücht um, dass Paris Käufer sei. Die Schweizer Arbitrage-Banken kauften unablässig und die gut informierten Leute wussten, dass dies geschah, um die Papiere in Paris weiterzuverkaufen.

Die Börsianer an einem Ort neigen immer zu der Ansicht, ihre Kollegen jenseits der Grenzen seien besser informiert als sie. Man tuschelte in Paris, die Schweizer wüssten über eine wahrscheinliche Einigung mit Japan Bescheid, und die Schweizer ihrerseits glaubten, die Franzosen hätten günstige Nachrichten über die Verhandlungen in Tokio. Alle waren sich darüber einig, dass irgendetwas in der Luft lag. Viele ließen sich vom Strom mitreißen. Sie standen unter dem Eindruck der großen Transaktionen, die eine ausgezeichnete Regelung anzukündigen schienen.

Der Bratenduft stieg vielen Börsianern in die Nase. Die Außenseiter, die kleinen Geschäftemacher, verfolgten die Vorgänge mit Interesse. Die Kurse stiegen allmählich, bis zu dem Tag, an dem sie die Grenze der Vernunft überschritten.

Und im Fernen Osten gab es noch immer nichts Neues. Noch war keine Regelung in Sicht. Wo lag also die Wahrheit? Wo das Geheimnis? Die Erklärung ist einfach.

Da das französische Publikum damals Royal-Dutch-Aktien haben wollte, kauften die Arbitragisten das Papier an den Schweizer Börsen, um es nach Paris einzuführen. Die Operation war völlig legal, vorausgesetzt, dass man mit Devisen bezahlen konnte, die man wiederum durch den Verkauf eines anderen ausländischen Wertes erhielt, der von Paris nach der Schweiz exportiert wurde.

Man musste also eine ausreichende Menge ausländischer Werte auftreiben, die in Paris käuflich und in der Schweiz ohne oder nur mit geringem Verlust verkäuflich waren. Die „Japaner" eigneten sich großartig dafür. Man konnte in Frankreich jede Menge kaufen und in der Schweiz offenbar auch jede beliebige Menge verkaufen. Warum?

Ganz einfach, weil andere Arbitragisten in der Schweiz die japanischen Obligationen kauften, sie mehr oder weniger illegal nach Frankreich brachten und sie dort an der Pariser Börse verkauften. Mit dem Gegenwert in Französischen Francs besorgten sie sich auf dem schwarzen Markt die ausländischen Devisen, um ihre Käufe in der Schweiz zu bezahlen. Die legale Arbitrage verdiente mit der Einfuhr von Royal Dutch sechs bis sieben Prozent, verlor aber mit der Ausfuhr der japanischen Anleihen drei bis vier Prozent. Diese drei bis vier Prozent flossen in die Taschen der illegalen Arbitragisten, die sie mit der illegalen Einfuhr derselben japanischen Anleihen verdienten.

So kam es, dass dieselben Papiere zwischen Frankreich und der Schweiz ständig hin- und herreisten. Die großen Arbitrage-Banken schickten die „Japaner" von Paris nach Zürich und die Schwarzmarkt-Arbitragisten sandten genau dieselben Papiere wieder nach Paris zurück.

Wenn die Spazierfahrt Paris–Schweiz auch die gesetzlichen Bestimmungen nicht verletzte, erfolgte die Rückreise Schweiz–Paris zweifellos nicht auf dem Pfade der Tugend …

Nach den Gesetzen der Logik hätte sich der Kurs gar nicht ändern dürfen, weil genau die gleiche Anzahl von Papieren auf beiden Waagschalen zum Kauf und Verkauf angeboten wurde. Aber diejenigen, die in den großen Transaktionen Anzeichen für eine günstige Regelung erblickten, störten das Gleichgewicht. Ein paar Gramm mehr auf einer der Waagschalen und schon steigt das Papier Tag für Tag.

Alles ging gut bis zu dem Tag, an dem eine für die Inhaber und die Spekulanten sehr ungünstige Regelung mit Japan getroffen wurde. Die Kurse fielen um 50 Prozent bis auf das im Abkommen festgesetzte Niveau.

Das war eine gute Lehre für alle, die glauben, ihre Kollegen an anderen Märkten wüssten mehr als sie selbst. Man bildet sich so leicht ein, der Rasen des Nachbarn sei grüner als der eigene!

Oft höre ich Kollegen sagen: Die Käufer, die für irgendein Wertpapier hohe Preise bezahlen, wissen schon warum. Wenn sie für diese oder jene Aktie 50 zahlen, dann ist diese Aktie für mich auch 50 wert. Diese Einstellung kann zu dem größten Hereinfall führen. Die Ereignisse, die sich hinter den Kulissen der Börse abspielen, sind nicht nur kompliziert, sondern oft auch mysteriös.

Darum wiederhole ich, nichts ist gefährlicher als die falsche Interpretation wichtiger Nachrichten.

11

Informationen, Tipps und Rezepte

Experten und Wunderrabbiner

Lieber Hans,
du fragst mich, wie auch viele andere, woher ich meine Informationen und meine Ideen nehme. *Ich suche sie nicht, ich finde sie.*

Meine Antwort ist leicht und ich fürchte, du wirst sogar lächeln darüber. Ich finde meine Informationen überall, erhalte sie von allen Sorten von Menschen, von Taschendieben, Vorstandspräsidenten oder Ministern, das heißt von jedermann außer von Bankiers, Brokern und Analysten. Letztere sehen nicht über ihre Nasenspitze hinaus oder wie man auch sagt, sie sehen den Wald vor lauter Bäumen nicht. Am liebsten tue ich das Gegenteil von dem, was sie mir empfehlen (und ich habe es auch oft erfolgreich getan).

In den 30er-Jahren war ich öfter in London, wo einer meiner besten Jugendfreunde von einem anderen Ungarn, der heute Lord Balogh heißt und Finanzberater der Labour Party ist, Tipps für die Londoner Börse erhielt. Lord Balogh war als Analyst bei der Firma Falk & Co. angestellt. Stiller Partner dieser Firma war kein Geringerer als John Maynard Lord Keynes, der größte Nationalökonom unserer Zeit. Paradoxerweise ist aber kein einziger Börsentipp, den ich von dieser Firma über meinen Freund erhielt, richtig gewesen.

Lord Keynes hat sich zwar durch erfolgreiche Spekulationen ein Vermögen erworben, aber höchstwahrscheinlich nicht an der Börse, sondern in ausländischen Währungen. Er spekulierte in Indischen Rupien, in Französischen Franken, in Mark, in Lira, und zwar hauptsächlich auf Baisse. Seine Währungsspekulationen waren immer erfolgreich – seine Börsentransaktionen wahrscheinlich weniger.

Ich habe dir diese kleine Episode zitiert, um zu beweisen, wie unzuverlässig Tipps – selbst aus bester Quelle – sind.

Und wenn man schon einen äußerst seriösen Bankier oder Broker nach seiner Meinung fragen würde, wäre die Antwort ebenso sibyllinisch wie die des Wunderrabbiners von Fürth.

Eine kleine Gruppe von Frankfurter Börsianern wandte sich einmal an den weltberühmten Wunderrabbiner, um seine Meinung über die kommende Börsentendenz zu erfahren. „Kaufet nicht verkaufen", war die lakonische Antwort aus Fürth. Es war ein „Wunderrezept". Gingen die Kurse zurück, hieß es: „Kaufet nicht, verkaufen", stiegen sie, würde es lauten: „Kaufet, nicht verkaufen".

Da ich mich weder von den Ratschlägen eines Wunderrabbiners noch von denen eines angesehenen Bankiers ernähren könnte, bin ich gezwungen, meinen eigenen Methoden zu folgen.

Informationsquellen – ATT-Aktien

Wenn ich in einer Stadt ankomme und mir ein Taxi nehme, ist der Taxifahrer meine erste Informationsquelle. Während der Fahrt frage ich ihn, was er verdient, wie viel er zum Leben braucht, wie die Preise sind, seine innen- und außenpolitische Einstellung, seine Reaktion auf die internationalen Ereignisse und so weiter. Und das geht so während des ganzen Tages, bei den verschiedensten Leuten, mit denen ich zusammentreffe.

Was die Tagesnachrichten betrifft, so beginne ich mit dem Rundfunk um sieben Uhr morgens; ich höre die Nachrichten aus verschiedenen Ländern, da die Ereignisse je nach dem Land verschieden interpretiert werden. Die Zeitungen brauche ich nicht besonders zu erwähnen, da du ja weißt, dass ich ein großer Zeitungsleser bin und die Routine gewonnen habe, die für mich wichtigsten Nachrichten sofort zu bemerken.

Ich will nur hinzufügen, dass mich in den Zeitungen die Nachrichten viel mehr interessieren als die Kurse, denn die Kurse sind – wie schon gesagt – bereits Vergangenheit, die Nachrichten aber sind eventuell die Kurse von morgen. Wenn man zu eng an den Kursen klebt, kann man an seinem Konzept irrewerden und die vielen Kursschwankungen machen einen nervös.

Außerdem gibt es Ereignisse, die dem Normalbeobachter nichts sagen, die in einem Börsianer aber eine ganze Gedanken- und Ideenserie auslösen.

Dazu möchte ich dir eine typische Geschichte erzählen.

Wie du weißt, gelten DIE AMERIKANISCHEN TEL-&-TEL-AKTIEN als eine der besten und sichersten Anlagen der Welt. Sie sind sozusagen die Aristokraten unter den Wertpapieren.

Was die ATT bedeutet, illustrieren am besten einige Zahlen. Heutige Kapitalisierung 38 Milliarden Dollar und eine langfristige Verschuldung von 22 Milliarden. 1970 betrug der Geschäftsumsatz ungefähr 17 Milliarden Dollar. Die Gesellschaft hat heute über 3 Millionen Aktionäre und 1 Million Angestellte, sie zählt 96.500.000 Telefonapparate. 1970 wurden 7 Milliarden 200 Millionen Ferngespräche geführt, für das Jahr 1980 schätzt man 18 Milliarden. Für das erste Trimester 1972 sind Investitionen in der Höhe von 390 Millionen Dollar vorgesehen.

Im Dschungel der amerikanischen Mammutunternehmen muss die US-Regierung auf die Geschäftsführung des „Big Business“ besonders achten, um die kleinen Unternehmen und die Konsumenten zu schützen. Das Credo der amerikanischen Wirtschaftspolitik ist der ständige Kampf gegen die Kartelle, die Trusts und die Monopole. Und das mit Recht, denn war nicht die freie Konkurrenz der Motor des amerikanischen Wirtschaftswunders der letzten 50 Jahre?

Es ist deshalb nicht erstaunlich, dass die ATT, die de facto eine Monopolstellung genießt, sehr oft mit der Regierung in Konflikt gerät. Die Gebühren der Gesellschaft werden streng kontrolliert, Tariferhöhungen oft abgelehnt und es kommt sogar vor, dass sie unter bestimmten Voraussetzungen gesenkt werden. Wenn nämlich die Regierung dies für gerecht und möglich hält. Eben das lässt die Gesellschaft so überempfindlich auf jede Kritik der Regierung oder des Publikums reagieren. In welchem Maße, das weiß ich aus eigener Erfahrung.

Nach meiner Reise in den Orient im Jahr 1960 – wir Journalisten hatten damals Präsident Eisenhower begleitet – blieb ich mit einer Grippe in Neu-Delhi liegen. So kehrte ich später als geplant nach New York zurück. Meine Post hatte sich in der Zwischenzeit angehäuft und ich fand in meiner Wohnung einige Kilo Briefe, darunter eine Rechnung der Telephone Company über 8 Dollar 31 Cent, die seit zwei Monaten offen war. Mein Telefon war von der Company gesperrt worden, für einen Spekulanten eine wahre Katastrophe.

Natürlich eilte ich sofort zur nächsten Telefonzelle, um die zuständige Stelle anzurufen. Ich trug meine Entschuldigung vor, erklärte, dass ich den Scheck bereits eingesandt hätte, und bat um sofortige Wiederinbetriebnahme meines Anschlusses.

In kürzester Zeit hatte mein Gesprächspartner meinen Akt vor sich – die Computer arbeiten schnell – und mein Erstaunen war groß, als ich Folgendes zu hören bekam: „Nicht so schnell, Mister Kostolany. Es genügt nicht, Ihre Schulden zu bezahlen. Wer nicht pünktlich zahlt, hat bei uns seinen Kredit verloren. Um Ihren Anschluss wiederherzustellen, müssen Sie ein Garantiedepot von 200 Dollar einrichten, damit sich solche Fälle nicht wiederholen. Außerdem werden Sie 14 Tage warten müssen." Durch meine verzögerte Rückkehr war ich schon nervös genug – vielleicht war auch die Börse schwach –, dies genügte jedenfalls, mich vor Wut explodieren zu lassen. Ich empfand das Ganze als eine persönliche Beleidigung. Was macht ein Börsianer ohne Telefon? 14 Tage schienen mir eine Ewigkeit.

Ich entschloss mich sofort, die große Schlacht meines Lebens zu schlagen, den Kampf Davids gegen den Goliath Telefon. Ich erwiderte deshalb in aggressivstem Ton: „So diskriminieren Sie also Ihre Abonnenten. Ohne jede Prüfung ziehen Sie Rückschlüsse auf die Kreditwürdigkeit eines alten Kunden, nur weil er eine Rechnung über lumpige 8,31 Dollar mit Verspätung bezahlt. Sie wollen mir auf die Finger klopfen wie einem Kind, um mich zur Disziplin zu erziehen?" „Das sind unsere Vorschriften", kam die strenge Antwort vom anderen Ende des Drahtes.

„Gut", erwiderte ich darauf ironisch, herablassend und zugleich auch gehorsam. „Ich werde Ihnen also die 200 Dollar einschicken. Warum fordern Sie nicht 500 oder 5.000 Dollar? Die müsste ich ja auch bezahlen, was könnte ich sonst tun? Sie sind das Riesenmonopol und ich bin der kleine Normalverbraucher. Wenn es noch eine andere Telefongesellschaft gäbe, könnte ich sagen, zum Teufel mit euch, ich gehe zur Konkurrenz. Aber diese existiert ja nicht. Und da man in New York ohne Telefon nicht leben kann, muss ich kapitulieren. So wird der kleine Mann vom Riesenmonopol erpresst. Ich werde meinen Senator und meinen Kongressmann fragen, wie sie darüber denken."

Die vorher so energische Stimme klang auf einmal sanft und sehr beschwichtigend: „Bitte, bitte, Mister Kostolany, nehmen Sie es nicht so tragisch. Wir werden die Sache nachprüfen."

Und nach einer Minute hörte ich ein Tremolo: „Seien Sie versichert, mein Herr, wir werden alles tun, um Sie zufriedenzustellen. Morgen früh wird unser Techniker zu Ihnen kommen, um Ihr Gerät wieder anzuschließen. Wir verzichten auf das Depot, nur bitten wir Sie freundlichst, uns jede längere Abwesenheit mitzuteilen."

Am nächsten Morgen um sieben Uhr war der Techniker da und stellte meinen Anschluss wieder her. Um acht Uhr erhielt ich einige Rückrufe der Telefongesellschaft, ob alles in Ordnung sei.

Seither sind Jahre vergangen, aber ich konnte wiederholt feststellen, dass ich ein bevorzugter Kunde der Gesellschaft geblieben bin. Ich, der Kunde, bin doch König. Die arme ATT aber ist nolens volens zu einem Monopol geworden. Denn wer konnte schon eine derartig gigantische Summe in ein Unternehmen investieren? Stell dir die Summe vor: 180 Milliarden Mark. Wie jeder, der in Amerika lebt und ein paar Dollar anlegen kann, besaß auch ich immer einige Aktien der ATT. Nicht mehr nach diesem Abenteuer. Denn bei einer Gesellschaft, die sogar ich einschüchtern kann, bleibe ich gern Kunde, aber keineswegs Partner.

Und meine Entscheidung war richtig, denn in den letzten zwölf Jahren waren die ATT trotz ihrer finanziellen Potenz und ihres Rufes für Aktionäre eine schlechte Anlage.

Ich will nicht behaupten, dass es sich hier um eine Information gehandelt hat. Durch meine persönliche Erfahrung habe ich mir nur meine eigene Meinung über die ATT gebildet; aber in meiner langjährigen Erfahrung bin ich zu der Überzeugung gekommen, dass eine Idee oder ein Einfall besser ist als die beste Information aus der sichersten Quelle.

Informiert – ruiniert

Wer hätte zum Beispiel besser informiert sein können als Signor Bingen, Bankier in Genua und Schwiegervater des großen Automobilkonstrukteurs André Citroën?

Er hatte sein Portefeuille unaufhörlich mit CITROËN-AKTIEN gefüllt und sicherlich wusste er, warum. Da geschah es – und wer hätte das voraussehen können –, dass die Gesellschaft in weniger als sechs Monaten Konkurs anmelden musste. Es war eine böse Überraschung für die Aktionäre. Sie hatten Schiffbruch erlitten, obwohl die Gesellschaft noch vor einem halben Jahr ihre Dividenden erhöht hatte, um einen rettenden Börsencoup zu versuchen.

Ohne Zweifel bedeutet an der Börse „informiert“ sehr oft „ruiniert“.

So ist es auch mir einmal anfangs der 30er-Jahre ergangen, als ich einen Winter in St. Moritz verbrachte.

St. Moritz war damals ein Symbol für Luxus und Reichtum. Das Palace Hotel mit Halle, Bar und Grill spielte eine besondere Rolle. Es war der Treffpunkt der internationalen Hochfinanz, der Playboys und der Prominenz aus aller Welt.

Du kannst mich also mit Recht fragen, was ich in diesem exklusiven Kreis zu suchen hatte. Als Zuschauer absolvierte ich meine Lehrjahre in Luxus und Lebenserfahrung, die mir bis heute nützlich sind. Diese kleine, farbige Welt ist verschwunden wie der Schnee vom letzten Jahr. Wenn ich aber heute durch die Halle des Palace gehe, sind die Geister der Vergangenheit noch immer lebendig.

In einer Ecke der Halle sehe ich den Autokönig André Citroën – es war noch vor seiner Pleite. An einem anderen Tisch sitzt Sir Henri Deterding, Herr des Royal-Dutch-Shell-Konzerns. In seiner Nähe diniert die Konkurrenz: Mister Walter C. Teagle, Präsident der Standard Oil. Nach dem Dorfklatsch trafen die beiden Potentaten des Erdöls jedes Jahr hier zusammen, um ihre Probleme zu besprechen: Preise, Märkte, Öl. Zwei Schritte von ihnen sehe ich Kees van Dongen, den bekannten Porträtisten, und Charlie Chaplin. Nie fehlte hier mein Landsmann Dr. Árpád Plesch, der brillante Spekulant und größte Fachmann für Goldanleihen. Auf der anderen Seite saß im immer gleichen Fauteuil und in Gedanken versunken Dr. Fritz Mannheimer, der einflussreichste Bankier dieser Zeit, ein gebürtiger Deutscher, Chef des Bankhauses Mendelssohn in Amsterdam.

Er hatte als Devisenhändler nach dem Ersten Weltkrieg in Amsterdam begonnen, wo er als wichtigster Vertreter der Deutschen Reichsbank fungierte und die Aufgabe hatte, durch Interventionen den Kurs der deutschen Reichsmark zu stützen. Seine Tätigkeit war sehr erfolgreich, weniger für die Reichsbank als für ihn selbst. Denn die Reichsmark fiel auf null; Dr. Mannheimer aber machte sich ein Vermögen. Mit den verdienten Millionen gründete er den holländischen Zweig der Berliner Firma Mendelssohn & Co. und wurde später unter anderem Bankier der französischen und belgischen Regierung. Als ungekrönter König des damals so wichtigen Finanzplatzes Amsterdam imponierte er mir natürlich am meisten. Er war untersetzt, arrogant, sich seiner Macht und Bedeutung wohl bewusst.

Ich verfolgte diese Show im Palace mit den Augen eines Privatdetektivs, analysierte die Gesten der auftretenden Figuren, ihre Physiognomien und hätte gern ihren Gesprächen gelauscht. Sicher sprachen sie nicht über das Wetter!

Und durch einen merkwürdigen Zufall wurde meine Neugier befriedigt. Eines Abends klopfte der Page an meine Tür und überreichte mir ein Telegramm, das ich ungeduldig aufriss. Der Text bestätigte die Ausführung eines gigantischen Kaufauftrages von vielen Tausend Royal-Dutch-Aktien auf allen Märkten der Welt. (Im Gegenwert von mehreren Millionen Gulden.)

Ich verstand nicht, worum es sich handelte, wendete das Telegramm und sah erst jetzt, dass es an Dr. Mannheimer adressiert war. So ein Irrtum kann sogar im Palace vorkommen! Heute, einige Jahrzehnte später, fühle ich noch immer den Schock, der mich damals durchfuhr. Ich war zu den Geheimnissen der Götter vorgedrungen! Erst vor einigen Tagen hatte ich in einer Ecke Sir Henri mit Dr. Mannheimer in lebhaftem Gespräch entdeckt. Die haben, so dachte ich mir, gewiss etwas ganz Besonderes in Royal Dutch ausgekocht. Das war unmissverständlich.

Ich läutete dem Pagen, gab ihm das Telegramm verschlossen zurück und versuchte Ordnung in meine aufgescheuchten Gedanken zu bringen. Damals war ich Baisse-Spekulant. (Das hatte mir schließlich erlaubt, Gast im Palace Hotel zu sein.) Ich war aus wirtschaftlichen und politischen Gründen pessimistisch und für Hausse-Tipps nicht besonders empfänglich. Aber eine solche Auskunft, die mir ein teuflischer Zufall zugespielt hatte, so etwas passiert kaum zweimal im Leben. So einem Tipp musste man folgen. Und ich folgte ihm.

Ich kaufte mir Royal Dutch und von diesem Augenblick an begann der Kurs zu fallen – bis auf ein Drittel meines Kaufpreises. Ich verlor das ganze Geld, das ich in diesen Tipp gesteckt hatte.

Ich habe nie erfahren, was die beiden in der Halle des Palace besprochen hatten. Ich weiß nur, dass die Firma Mendelssohn, Amsterdam, im Herbst 1939 mit großem Skandal Bankrott machte, dass das Börsenspiel-Konto Dr. Mannheimers mit riesigen Schulden belastet war.

Aus meiner Erfahrung konnte ich jedenfalls zwei Schlüsse ziehen. Ein großer Finanzier kann auch ein schlechter Spekulant sein und beim Wintersport kann man auch lehrreiche Börsenerfahrungen sammeln.

Halb gehört ist ganz gewonnen: Die Tannenbaum-Aktie

Welche Bedeutung aber präzisen Informationen bei Börsenspekulationen zukommen kann, lehrt die folgende amüsante Geschichte.

Es war während des Krieges in New York. Eines Tages rief mich eine gute Bekannte sehr aufgeregt aus einem Broker-Office an. Sie verbrachte einige Tage und Stunden in diesen Wertpapierbanken in der Hoffnung, irgendeinen fetten Tipp aufzuschnappen, der sich dann in einem neuen Nerzmantel oder in einem Armband materialisieren sollte. Seit Jahren wollte sie auch von mir Tipps erfahren.

Zu meinem Erstaunen wollte sie diesmal nichts wissen. Im Gegenteil, sie hatte einen „hot tip" für mich. Ganz erregt erzählte sie mir, dass sie in den Besitz einer fantastischen Information geraten sei. In einem vornehmen Broker-Office in der Fifth Avenue hatte sie zufällig (ich glaube, eher absichtlich) ein Gespräch zweier bedeutender Finanzleute mitgehört. Es handelte sich um eine gewisse Tannenbaum-Aktie und wie sie aus dem Gespräch zu entnehmen glaubte, war das Unternehmen über den Krisenpunkt hinweg und ging nach der Meinung des Experten Professor C. einer definitiven Gesundung entgegen. Die beiden Herren beurteilten die Entwicklung der nächsten Wochen mit größtem Optimismus.

Die Dame bat mich, für sie diese Aktien bei einem meiner Broker zu kaufen. Ihrem ständigen Makler (in dessen Büro sie das Gespräch belauscht hatte) wollte sie den Auftrag nicht geben, da es ihr natürlich peinlich gewesen wäre, wenn man sie bei einer Indiskretion ertappt hätte. Außerdem bestand sie darauf, auch ich sollte von dieser Inside-Information profitieren.

Ich war bereit, ihr den Wunsch zu erfüllen, aber ich suchte vergebens in der *New York Times* und im *Wall Street Journal* nach einer Aktie „Tannenbaum". Endlich fand ich mithilfe meiner Brokerfreunde im Katalog der nicht-notierten Werte die Aktie einer Gesellschaft, die nicht Tannenbaum, sondern „Tannenberg Company" hieß. Sie fabrizierte irgendwelche kleine Bestandteilchen für die Rüstungsindustrie. Ihre Aktien standen auf ungefähr fünf Dollar, nachdem sie von 30 Dollar langsam abgerutscht waren. Das Unternehmen war wohl in Schwierigkeiten geraten und nun an dem Punkt angelangt, an dem es sich langsam wieder von seiner Krise erholen würde.

Solche „Turnaround"-Situationen sind für die Spekulation immer die interessantesten und gewiss war es dies, worüber die beiden belauschten Finanzexperten gesprochen hatten. Über all das informierte mich meine Bekannte, die jetzt fest davon überzeugt war, das Wort falsch verstanden zu haben, sodass es sich bestimmt um Tannenberg und nicht um Tannenbaum gehandelt haben musste. Sie wiederholte daher ihren Wunsch, den Kaufauftrag für die Tannenberg-Aktien weiterzuleiten.

Ich führte den Auftrag aus, war aber skeptisch, zumal man ja, wie schon gesagt, mit den besten Inside-Informationen unter Umständen am sichersten zugrunde gehen kann und ich eher dazu neige, das Gegenteil von dem zu machen, was mir die Broker empfehlen. Ich kaufte also für meine Rechnung keine einzige der famosen Aktien. Leider! In wenigen Wochen stieg das Papier auf 30 Dollar. Ich war geradezu krank vor Ärger, meine Bekannte aber triumphierte. Der neue Nerzmantel war gedeckt und sie lud mich zu einem Festessen ein. Sie machte mir schwere Vorwürfe, dass ich ihren Informationen aus so guter Quelle nicht gefolgt war. Aber was sollte ich sagen? Entweder man hat Prinzipien oder man hat keine.

Dennoch war ich neugierig, was sich eigentlich in dieser Tannenberg Company abgespielt hatte. Und was musste ich nach langen Untersuchungen erfahren? Eine „wahre" Komödie. Meine Bekannte hatte das Gespräch ganz richtig gehört. Es handelte sich tatsächlich nicht um Tannenberg, sondern Tannenbaum, allerdings um keine Aktie, sondern um Herrn Joseph L. Tannenbaum, der schon ein alter Herr war und schwer krank. Seit Wochen schwebte er zwischen Leben und Tod. Das Flüstergespräch bezog sich auf seinen Gesundheitszustand. Er war es, der die Krise überstanden hatte und für den der Professor C. eine Erholung voraussagte.

Der Herr Tannenbaum war noch einige Monate krank und trotz des Optimismus des Professors ist er dann schließlich doch gestorben. Da ich diese gute falsche Information nicht ausgenutzt hatte, war mein Ärger grenzenlos. Hätte ich nur geahnt, dass es sich um ein monumentales Missverständnis handelte, so wäre ich bestimmt auf den falschen Tipp eingestiegen. Da für mich jeder Tipp a priori falsch ist, muss doch ein falscher „falscher" Tipp richtig sein ... Minus mal Minus ergibt Plus.

Charts als Spekulationsbarometer

Lieber Hans,
du fragst mich, was ich über Charts (grafische Darstellung der Kursentwicklung) und Chartlesen denke. Meine Antwort ist kurz. Ich bin kein Chartist, lese sie aber gern. Ich würde einem Chart niemals blind folgen, wenn seine Voraussagen meinen Vorstellungen nicht entsprechen. Doch würde ich auch sehr ungern gegen seine Tendenz operieren. Wenn ich den Markt oder irgendeinen Wert besonders optimistisch beurteile und der Chart das Gegenteil sagt, muss meine Überzeugung sehr gut begründet sein, wenn ich trotzdem auf meiner Position beharre. Dasselbe gilt natürlich auch für den Fall, dass ich trotz günstiger Charttendenz pessimistisch eingestellt bin.

Der beste Beweis dafür, dass Charts allen möglichen Fachleuten auf ihren Gebieten nützlich sein können, ist die Tatsache, dass Ärzte die Fieberkurven ihrer Kranken aufmerksam verfolgen. Der Chart, die Fieberkurve der Börse, ist eines der zahlreichen Instrumente zur Beurteilung der mittel- und langfristigen Kursentwicklung.

Es scheint mir aber lächerlich, wie die meisten Chartisten jede kleinste Kurve einer Zickzackbewegung ausnutzen wollen und die Chartlinien schon für die Zukunft vorzeichnen. Aufgrund ihrer Zeichnung stellen sie bereits im Voraus fest, zu welchen Kursen sie eine Aktie kaufen und wieder verkaufen müssen. Wenn ich aber eine Aktie kaufe, weiß ich nie, zu welchem Kurs ich sie wieder verkaufen werde, vielleicht 50 Prozent tiefer, vielleicht aber 300 Prozent höher. In meiner Praxis kannte ich Hunderte von Börsenspielern, die aufgrund der Chartentwicklung Tagesoperationen durchführten. Und nicht einer unter ihnen war erfolgreich.

Heute findet man bei jeder Brokerfirma angestellte Chartisten, die das Publikum für Tagesoperationen „chartgemäß" führen. Das ist auch kein Wunder, denn diese Art von Kunden sind das beste Geschäft für die Broker. Sie jonglieren hin und her und zahlen Millionen an Kommissionen. Es gibt Dutzende von Charttheorien, je nach dem Geschmack des Spielers. Diese Theorien schreiben genau vor, wann und wie man kaufen oder verkaufen soll.

Ich halte überhaupt nichts von diesen Theorien. Aber ein Gesetz gilt für alle. Die Chartisten dürfen keine sachlichen, politischen oder wirtschaftlichen Überlegungen in ihr Kalkül einbeziehen, sondern sich nur streng an ihre Charttheorien halten. Denn die Kursentwicklung ist ja schon das Resultat aller relevanten Fakten, auch von solchen, die wir nicht kennen und die ein überzeugter Chartist gar nicht kennen soll.

Die ganze Chartphilosophie beruht letztlich auf einem Postulat: „Wer für die Zukunft sorgen will, muss die Vergangenheit mit Ehrfurcht aufnehmen“, wie der französische Philosoph Joseph Joubert gesagt hat.

Die Chartregel von Doppelaufstieg und Doppelabstieg

Eine gewisse Chartregel beobachte ich jedoch mit besonderem Interesse, und zwar die Theorie des Doppelaufstiegs und des Doppelabstiegs und die von M und W. Doppelaufstieg bedeutet, dass bei steigenden Kursen der letzte Höchstkurs immer wieder durch den folgenden überschritten wird. Wenn sich dieses Phänomen einige Male wiederholt, lässt dies auf eine weitere Aufwärtsbewegung schließen. Wenn aber der Chart einige Male die Form eines M zeigt, dann bedeutet dies einen Plafond, das heißt einen Hochkurs, den man nicht mehr durchstoßen kann. Und dieselbe Theorie lässt sich auch auf sinkende Kurse anwenden: wo immer ein neuer Kurs den vorigen Tiefkurs unterbietet. Das würde auf eine weiter fallende Börse deuten. Die Form eines W aber bedeutet, dass die Kurse nach einem Rückgang einen gewissen Boden gefunden haben, den sie nicht durchstoßen können. Die M- und W-Theorien sind die ältesten Chartregeln und sie haben mir, obwohl ich kein Chartist bin, oft geholfen. Diese Theorie vom Doppelaufstieg und Doppelabstieg und die Theorie von M und W sind interessante Symptome unter vielen anderen, die ein Börsianer aus Erfahrung zu interpretieren vermag.

Es gibt Börsensymptome, die noch viel verlässlicher sind als Charts. Wenn ein MARKT AUF GUTE NACHRICHTEN NICHT MIT KURSSTEIGERUNGEN REAGIERT, ist dies das schlechteste Zeichen, das man sich vorstellen kann. Wenn dagegen die Börse bei schlechten Nachrichten nicht zurückgeht, ist dies ein besonders gutes Zeichen und deutet auf eine günstige Grundtendenz. Als im Juni 1969 die Börse auf eine sensationell gute Nachricht von der erfolgreichen Mondlandung der Astronauten nicht stieg, sondern zurückging, war dies ein Alarmzeichen, aus dem Markt auszusteigen, umso mehr, als die neue US-Administration eine harte Geldpolitik angekündigt hatte.

In den Augen eines Börsenspekulanten war dies das Zusammentreffen zweier hochbedeutsamer Phänomene: Die Geldpolitik war für die Börse ein entscheidender Faktor nach meiner Gleichung T = G + P, die du ja kennst. Die Tatsache, dass die Börse von der Mondlandung, deren Bedeutung für die zukünftige technologische Entwicklung ungeheuer ist, überhaupt keine Kenntnis genommen hat, zeigte klar und deutlich, dass der G(Geld)-Faktor schon sehr negativ war. Die Gefahr war also groß, dass auch der P(psychologische)-Faktor jeden Moment ins Negative umschlagen konnte. Als dann einige Monate später dies wirklich eintraf, kam es zum großen Zusammenbruch mit den beiden negativen Faktoren G und P.

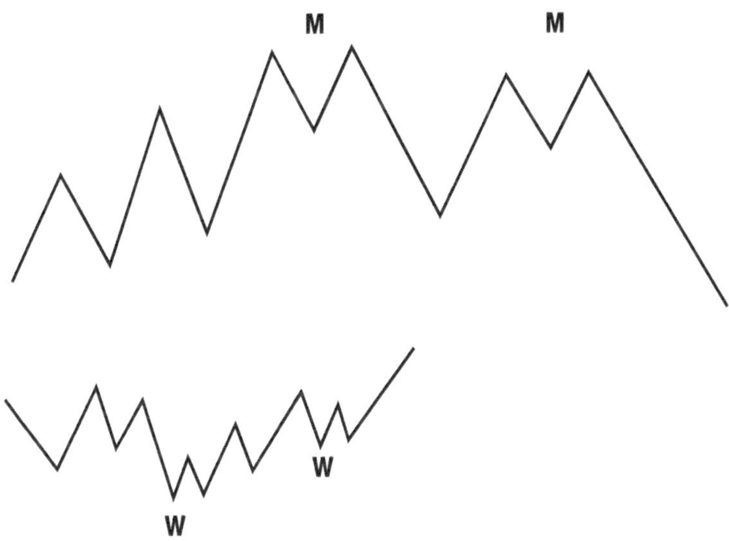

Ich habe dieses Beispiel angeführt, um zu zeigen, wie man Nachrichten und Ereignisse interpretieren soll. Die harte Geldpolitik der USA ist ein Faktum, dessen Auswirkungen nicht zu umgehen sind. Oft kommt es vor, dass man in einem Land die Zinssätze erhöht und die Börse darauf einige Tage lang nicht reagiert. Viele Börsenspieler lassen sich dann verführen mit der Bemerkung, dieses Ereignis sei schon eskomptiert. Das stimmt aber überhaupt nicht. Hoher Zinssatz und die folgende Geldknappheit sind ein hartes Faktum, das unabhängig davon ist, ob es erwartet wurde oder nicht, ob die Börse darauf zunächst positiv oder negativ reagiert.

Die Mondlandung hingegen war kein sachlicher Grund für einen Kursanstieg, sie hätte nur eine psychologische Reaktion auslösen können. Da diese Reaktion aber am ersten Tag überraschenderweise nicht erfolgte, war dieses Ereignis für die Börse zwei Tage später schon wertlos. Psychologische Faktoren sind Eintagsfliegen und wehe dem, der die psychologische Entwicklung zu erraten sucht. Dagegen ist die Geldpolitik eine Tatsache mit unumstößlichen Konsequenzen, die man ziemlich genau verfolgen kann. Auch in einem Bull Market, in dem alle Indizien auf eine weitere Steigerung hinweisen, kann die Börse mehrere Tage oder sogar wochenlang zurückgehen. Das würde schon genügen, um aus Optimisten Pessimisten zu machen. Genau wie einige feste Tage in einer Baisse-Periode schon lächelnde Gesichter erzeugen können.

Statt mir den Kopf über die psychologische Entwicklung des Publikums zu zerbrechen, folge ich schon lieber rein persönlichen Motivierungen, wie es Spieler in der Lotterie oder auf dem Rennplatz oft tun, wenn sie einen Namen setzen, der ihnen gefällt, oder irgendeinem anderen sachfremden Grunde folgen.

Dies war beispielsweise in den Jahren 1966 bis 1967 der Fall, als ich das Umschlagen vom Bear auf den Bull Market richtig erraten habe. Dies geschah im Zusammenhang mit meinem korsischen Freund Toto, von dem du in meinen Aufzeichnungen bereits gelesen hast.

Problematische Computeranalysen

Lieber Hans,
neben meiner Meinung über Charts hat dich auch meine Einstellung zu COMPUTERANALYSEN interessiert. Hier berührst du eine offene Wunde, denn ich muss immer wieder mit Entsetzen feststellen, wie die verschiedensten Werbeagenturen, Portfoliomanager oder Analysten damit protzen, dass sie sich bei ihrer Arbeit von Computervoraussagen leiten lassen. Darauf kann ich zunächst nur mit einem alten Witz antworten. Ich gebe die Merkmale eines bestimmten Schiffes dem Computer an. Die Länge beträgt 36 Meter, die Breite 7 Meter, die Masthöhe 5 Meter, der Tiefgang 0,7 Meter. Der Computer soll mir nun herausfinden, wie alt der Kapitän ist. Wenn ich da die genaue Antwort bekomme, bin ich bekehrt. Bis dahin scheint mir mein eigener Privatcomputer in meinem Kopf sicherer. Ich kann mir sein Alter wohl ausrechnen, zwar nicht durch die Maße des Schiffes, sondern

indem ich mir ihn ansehe, zwei Minuten mit ihm spreche und mir seine Hände betrachte. Dies wäre etwa die Antwort auf deine Frage. Ein kurzer Dialog, den ich durch Zufall einmal belauschte, soll meine Antwort ergänzen.

Es war das Gespräch zwischen einem Computer und einem Börsenspekulanten:

C. Ich weiß alles, schlechthin alles!

S. Ich weiß gar nichts, verstehe aber nahezu alles und erkenne die Zusammenhänge …

C. Mein Gedächtnis ist einwandfrei, ich speichere alles auf: Jahresberichte, Bilanzen, Kurse, Dividenden et cetera.

S. Und mein Börsenwissen ist wie die Kultur: Sie ist das, was übrig bleibt, wenn man alle Details vergessen hat.

C. Man braucht bei mir nur auf den Knopf zu drücken, sofort kombiniere ich alle Fakten zu einer exakten Analyse über eine jede der 10.000 Aktien, die in meinem Gehirn gespeichert sind. Ich kenne die Reaktion eines jeden Papiers auf alle Umstände, im Krieg und im Frieden, bei Regen oder Sonnenschein, während einer Krise oder einer Hochkonjunktur. Deshalb kann ich auch die weitere Entwicklung mit mathematischer Genauigkeit voraussagen, vorausgesetzt, dass alles logisch verläuft.

S. Aber die Börse hat ihre eigene Logik außerhalb aller mathematischen Logik. Selbst die Börsenmathematik entspricht nicht der Mathematik, die man in der Schule lernt. Zwei mal zwei ist an der Börse selten vier. 2 × 2 = 5 – 1 oder 2 × 2 = 3 + 1 lauten die Börsenformeln.

C. Ich kann aber sofort feststellen, welche Aktie heute die besten Zukunftsaussichten hat.

S. Heute! Aber weiß man, welche neuen Industrien morgen auftauchen werden? Hättest du vor 60 Jahren Ölpapiere empfohlen, vor 50 Jahren Flugzeug-Aktien oder deutsche Obligationen bei Kriegsende? Kannst du heute voraussehen, dass irgendeine Gesellschaft über Nacht eine harte Konkurrenz bekommt? Die Computer, die mit allen Daten gefüttert waren und die Folgen der Fusion zwischen der Pennsylvania Railroad und der New Yorker Central R. R. errechnen sollten, haben einen Gewinn von sieben Dollar pro Aktie vorausgesagt. Das Resultat war aber vier Dollar Verlust pro Aktie. Ich glaube, da erübrigt sich jeder Kommentar.

Oder hättest du, Computer, vor 30 Jahren die Bedeutung exakt vorausgesehen, die du heute hast? Deine Voraussagen sind in der Vergangenheit verankert, ohne sie weißt du nichts und selbstständig spekulieren, völlig Neuartiges einbeziehen, kannst du nicht.

C. Ich registriere alle Nachrichten, kein Vorgang entgeht mir, ich lese die Zeitungen von A bis Z.

S. Aber ich lese zwischen den Zeilen!

C. Ich arbeite ohne Ermüdung und fehlerlos: Ich multipliziere, dividiere und liefere die Resultate in Sekunden.

S. Und ich sitze bequem in meinem Sessel, eingehüllt in den Rauch meiner Zigarre, kombiniere, träume und dabei fällt mir so manches ein …

Aus diesem Dialog magst du entnehmen, dass der Computer keineswegs ein Konkurrent der Spekulanten ist, sondern ein sehr nützliches Instrument, nicht mehr und nicht weniger. Wenn der Spekulant einmal eine Entscheidung getroffen hat, kann er sich an den Computer wenden, den er richtig gefüttert und programmiert hat und dem er dann die richtige Frage stellt.

Es genügt nicht, alle Daten zu wissen, der Motor der Spekulation bleibt die Fantasie und ihre beste Hilfe ist die menschliche Überlegung. Lange vor der Erfindung des Computers haben amerikanische Broker und Banken eigene Abteilungen für Finanzstudien unterhalten, in denen sie 20 bis 300 Angestellte mit den gleichen Analysen beschäftigten, die heute ein Computer ausspuckt, nur sehr viel schneller und billiger.

In meinen jahrzehntelangen Erfahrungen habe ich nie, aber auch nie, auch nur eine von Erfolg gekrönte Börsenvoraussage von diesen Finanzstudien erhalten. Die Zukunft bleibt ihnen verschlossen. Ohne zynisch zu werden, möchte ich auch sagen: Auch zu viel Wissen ist schädlich, denn es erstickt letzten Endes die Fantasie.

Es gibt heute einige Dutzend Firmen, die mithilfe von Computern ihre Kunden beraten, wahrscheinlich werden einige darunter gut und andere schlecht beraten. Warum? Ganz einfach, weil der Computer der einen Firma von einem fähigen Denker gefüttert und befragt wurde und der einer anderen von einem schlechten Denker. Und was würde geschehen, wenn jeder Börsenspieler Zugang zu dieser „Wundermaschine" hätte? Wenn die Maschine aufgrund vorausgegangener Erfahrungen mit absoluter Sicherheit wüsste, wie die Börsenkurse auf gewisse Ereignisse reagieren würden, und infolgedessen unzählige Spekulanten auf die Informationen bauten, dann änderten schon sie durch ihre Käufe oder Verkäufe die Relation, auf die sich der Computer gestützt hat. Wenn jeder auf dasselbe Pferd setzt, bleibt für niemand ein Gewinn. Die theoretisch unfehlbare Maschine würde bereits durch ihre Voraussagen die von ihr errechnete Entwicklung verändern. Ich kann nicht oft genug wiederholen, dass man an der Börse keine wissenschaftlichen Analysen durchführen soll, sondern ganz einfach denken und überlegen muss.

Mister Watson, den Präsidenten der IBM, den Vater des modernen Computers, plagen wahrscheinlich Gewissensbisse, dass er die Menschen durch seine Maschinen zum Nichtdenken verführte. In allen Büros der IBM, auf Wänden und Tischen, überall findet man das Memento von Mister Watson: Think! (Denke!) Mein Ratschlag für Börsianer ebenso: Think!

WIE KOMMT ÜBERHAUPT EIN BÖRSENKURS ZUSTANDE?

Die Kursentwicklung der Börse hängt davon ab, wen es stärker treibt, die Käufer oder die Verkäufer. Wenn die Verkäufer zögernd eingestellt sind und nur bei steigenden Preisen Verkaufsaufträge erteilen, während die Käufer gleichzeitig aggressiv werden und unbedingt kaufen wollen, das heißt kein Preislimit für ihre Kaufanträge setzen, dann steigen die Kurse. Wenn aber die Verkäufer aggressiv sind, weil sie unbedingt verkaufen wollen (oder müssen), die Käufer aber zur gleichen Zeit zögernd und nur bei immer tieferem Preislimit kaufen, dann fallen die Kurse.

Jeder will von der Zwangssituation des anderen profitieren. Genau wie ein halsabschneiderischer Juwelier, der einem Kunden in Not für seinen Diamantring einen möglichst niedrigen Preis bietet; für denselben Stein, den er einem Interessenten in den glühendsten Farben angepriesen hätte (Feuer, moderner Schliff, fehlerlos, große Nachfrage), hat er jetzt nur die abwertenden Attribute feuerlos, altmodischer Schliff, unnatürliche Färbung und wenig gefragt.

Genauso wie ein Juwelier den Kunden, der seinen Laden betritt, „abtastet", genauso versuchen die zwei Parteien der Börsianer (Käufer und Verkäufer) einander hinsichtlich ihrer eventuellen Absichten „abzutasten". So kommt es, dass man an Börsentagen unmittelbar nach ganz großen Ereignissen vor der Eröffnung der Börse überhaupt noch nicht sagen kann, wie die Tendenz sein wird, denn es ist unmöglich – wie schon öfter erläutert – festzustellen, wie die Massen auf Ereignisse reagieren werden.

Ich schenke auch den verschiedenen Theorien gewisser Börsenanalysten keinerlei Bedeutung, die aus den Verhältnissen zwischen Umsatz und Kursänderungen Schlüsse ziehen wollen.

An eine Konstellation glaube ich allerdings. Wenn nach einem Kurssturz bei tiefem Preisniveau die Umsätze stark ansteigen, halte ich dies für ein gutes Vorzeichen. Denn das bedeutet, dass große Mengen von Aktien aus kapitalschwachen Händen an kapitalkräftige Käufer übergehen. Denn nach Kursstürzen, bei tiefen Preisen sind die Käufer eher soliderer Art und die Verkäufer schwach. Wenn aber nach einer Kurssteigerung bei hohem Preisniveau der Umsatz sich intensiv vergrößert, so ist das ein schlechtes Vorzeichen für die weitere Entwicklung. Denn die Aktien wechseln in diesem Falle von starken in schwache Hände über. Aber auch dieser Konklusion schenke ich keine allzu große Beachtung.

12

Größe und Elend der Spekulanten

Nachruf auf einen „theoretischen Praktiker"

Lieber Hans,
du hast vielleicht aus der Presse erfahren, dass die Intelligenzia der Hochfinanz eine ihrer markantesten Persönlichkeiten, Professor Albert Hahn, verloren hat. Auch ich trauere ihm nach, denn ich war sein langjähriger Freund und Verehrer. Wir standen in engster Verbindung und verbrachten viele Stunden am Telefon, besprachen die finanziellen und politischen Weltprobleme und „lösten" sie natürlich auch. Wie seine Frau treffend bemerkte, habe ich die Familie eine zusätzliche Telefonlinie gekostet. Dabei lebten wir in zwei völlig verschiedenen Welten. Professor Hahn war der geborene Pessimist und Zyniker und ich bin der unverbesserliche Optimist, der die Welt, wenn irgend möglich, rosarot sieht.

Als Wirtschaftswissenschaftler gehörte er der klassischen Schule an und die Weltinflation entsprach nicht seinem Geschmack. Seit Jahrzehnten beobachtete er die schwindende Kaufkraft des Geldes mit Besorgnis und sein Vermögen war deswegen in 400 verschiedenen, vor allem amerikanischen Aktien angelegt. Und da es in seinem Interesse lag, dass die Papiere stiegen, prophezeite er als eingefleischter Zyniker immer nur das Gegenteil. Alle unsere Diskussionen begannen mit seinen finsteren Prognosen, in der Hoffnung, dass ich mit massiven Gegenargumenten auffahren würde, um ihn zu überzeugen, dass die Dinge genauso verlaufen würden, wie er es im Grunde haben wollte.

Wie Zigeuner ihrem Publikum, so spielte ich ihm süße Melodien über Frieden, Prosperität und steigende Kurse in die Ohren. Nach den Aussagen seiner Familie habe ich ihn zwar nicht mit Lebenslust (die besaß er selbst), dafür aber mit einer guten Portion Börsenlust erfüllt. Eine schwierige und aufreibende Pflicht, der ich aber mit Freuden nachkam.

Professor Hahn behauptete immer, er sei weder Theoretiker noch Praktiker, sondern ein „praktischer Theoretiker". Ich behauptete das Gegenteil. Er war ein „theoretischer Praktiker". 1940 legte er sein Vermögen in Aktien an und seither hat er kaum Börsentransaktionen von Bedeutung getätigt. Dafür aber spielte er theoretisch umso mehr. Oft rief er mich an: „Man muss sofort aus dem Markt heraus und am Ende des Monats wieder einsteigen; im Frühjahr verkaufen und im Sommer zurückkaufen, kaufen, verkaufen et cetera et cetera …“

Aber das alles war reine Theorie. Er rührte seinen Wertpapierbestand nicht an, was sich schließlich als klug und einträglich erwies. (Alle jungen Börsenspieler könnten daraus etwas lernen!) Wenn man ihm aber seine Irrtümer und falschen Börsenprophezeiungen vorwarf, antwortete er im selbstverständlichsten Ton der Welt: „Ja, glauben Sie denn, ich wäre so verrückt, meinen eigenen Dummheiten zu folgen?“

Vor einigen Monaten besuchte ich den bereits kränkelnden Professor Hahn in Zürich. Zu dieser Zeit sah ich die Entwicklung an der Wall Street pessimistisch. Ich fürchtete, dass wegen des hohen Zinsfußes große Emissionen in Wandelanleihen zu erwarten waren. Und wenn die den Markt überschwemmen, ist die Börse für einige Zeit lahmgelegt. Jetzt, nach 20 Jahren, so dachte ich, werde ich mit Professor Hahn zum ersten Mal einer Meinung sein, denn auch nach seiner Logik musste er zu denselben Schlüssen kommen.

Dann kam die größte Überraschung für mich. Er sah die Börsenentwicklung positiv. Da wusste ich, sein Leiden war unheilbar. Im unbewussten Kampf gegen die Krankheit mobilisierte er alle positiven Kräfte, einen gewissen Optimismus, der nun auch seine Börsenanschauungen beflügelte.

Professor Hahn werde ich nie vergessen. Unsere angeregten Diskussionen bleiben mir in lebhafter Erinnerung, seine Anschauungen über Welt, Menschen und Geld werden mich oft vor meinem unbändigen Optimismus warnen. Nun warte ich darauf, dass eines Tages mein Telefon klingelt und ich wieder die vertraute Stimme aus dem Jenseits höre: „Was gibt es Neues an der Börse? Ich glaube, die Kurse sind zu hoch, es muss zu einem Krach kommen …“

Außereuropäische Börsen

Lieber Hans,
ich bin dir noch eine Antwort schuldig bezüglich meiner Einstellung gegenüber Börsen, mit denen die Europäer wenig Kontakt haben.

Die Antwort ist nicht einfach, denn ich kann nur meine persönlichen Eindrücke wiedergeben. Jeder, der die lokalen Verhältnisse dieser Länder und Börsen gründlich kennt, könnte dir eine bessere Charakteristik geben. Ich konnte zwar vor 20 Jahren an der BÖRSE VON TOKIO gute Erfolge erzielen, heute möchte ich dort aber nicht gern tätig sein.

Damals war das eine verhältnismäßig leichte Angelegenheit. Das Land stand vor einem Wiederaufbau und mit größter Wahrscheinlichkeit war eine wirtschaftliche Euphorie zu erwarten. Es war gleichgültig, welche Aktien, welche Gruppen man kaufte, alle waren gut.

Heute ist die Situation radikal verändert. Um erfolgreich in Tokio operieren zu können, muss man über die lokalen Verhältnisse ebenso gut informiert sein wie über die in der Wall Street, London, Paris oder Frankfurt.

Aber nicht nur die geografische Distanz trennt, sondern auch die asiatische Mentalität, die einem Europäer schwer zugänglich ist. Ich kenne die Einstellung der japanischen Regierung zu politischen, wirtschaftlichen und sozialen Problemen nicht. Ich kenne auch nicht die Einstellung der Opposition. Ich weiß nicht, wie das große Publikum auf Ereignisse emotionell reagiert, und ich kenne auch nicht die Reaktion der Börsenprofis. Es ist etwa so, als ob ich in einer Pokerpartie mit vier völlig unbekannten Partnern spielen müsste, von deren Psychologie und Denkweise ich nicht die geringste Ahnung habe. In einer solchen Runde würde ich nie mitspielen. Dies ist meine persönliche Meinung, aber ich glaube, dass die meisten meiner europäischen Kollegen vor denselben Rätseln stehen wie ich.

Du könntest sagen, es sind genügend japanische Broker in Europa installiert, um uns über die dortigen Verhältnisse zu informieren. Auf die Meinungen der Broker baue ich aber nicht.

An der BÖRSE VON SYDNEY herrschen angelsächsische Traditionen, eine amerikanische Wirtschaftskonzeption und die Hauptmacher sind Europäer. Es ist kein Markt für Schulkinder. Die Papiere sind leicht zu kaufen, bei sprunghaft steigenden Preisen, wie man sie aber loswird, ist eine andere Frage. Während der letzten drei Jahre haben manche Europäer dort Millionen verloren.

DIE SÜDAMERIKANISCHEN BÖRSEN bieten auch kein besonderes Interesse. In Buenos Aires wird heftig gespielt, mit großem Lärm, aber die ganze Organisation der Börse ist noch nicht genügend ausgebaut – jedenfalls nicht für den Geschmack eines Europäers oder Amerikaners. Gibt man einen Auftrag, bekommt man die Bestätigung vielleicht einige Wochen später.

RIO DE JANEIRO ist eine kleine Börse in einem großen Land. Das Publikum interessiert sich mehr für Immobilienspekulation, womit während der letzten Jahre viel verdient, aber auch viel verloren wurde. Man sagt, Brasilien sei das Land der Zukunft. Wenn diese Zukunft Gegenwart wird, dann werden sie auch eine rege Wertpapierbörse haben.

Eine recht unbekannte, aber keineswegs uninteressante BÖRSE ist die VON TEL AVIV. Vor kurzer Zeit hatte ich die Gelegenheit, ihr einen Besuch abzustatten, und ich war von der Organisation dieser Außenseiterin recht beeindruckt.

Jedes Land hat die Börse, die es verdient, denn sie ist das getreue Spiegelbild einer Nation.

Man muss nur einige Tage in Israel verbringen, um feststellen zu können, dass derjenige, der in diesem Land nicht an Wunder glaubt, kein Realist ist. Ein Wunder war es auch, als beim Ausbruch des Sechstagekrieges die Kurse an der Börse nicht ein Jota fielen. Im Gegenteil. Während der Börsenzeit mussten Bankiers und Makler einige Male in den Unterstand laufen. Als sie in den Börsensaal zurückdurften, waren die Kurse jedes Mal um einige Punkte gestiegen. „Chuzpe" würden manche sagen. Aber nein, es war nur das unerschütterliche Vertrauen eines Volkes in sein Schicksal. Vor 15 Jahren bestand die Börse von Tel Aviv aus einem kleinen Raum mit einer winzigen Kursliste. Einige Männer saßen um einen Tisch und boten eher das Bild einer Rommé-Partie als einer Effektenbörse. Heute zählt sie 34 Mitglieder, hauptsächlich Banken und einige angesehene Maklerfirmen – alle deutscher Herkunft.

Der Börsensaal besteht aus zwei Teilen. Der eine für festverzinsliche Werte mit einem täglichen Umsatz von einer Million Mark, der andere für Aktien mit einer halben Million Umsatz. Die Kursliste für Obligationen ist besonders reichhaltig.

Da die Juden nach so vielen Prüfungen nur mehr an sichere Sachen glauben – sichere Grenzen, sichere Waffen und sichere Einkommen –, sind die an den Preisindex gebundenen Schuldscheine am beliebtesten. Derartige Bonds kenne ich auf keinem anderen Finanzmarkt der Welt. Man glaubt auch an keine Währungen mehr, seien es Dollar oder Mark.

Dafür vertrauen die Sparer auf ihre Regierung, sogar wenn sie von einer alten Dame geführt wird.

Auf dem Aktienmarkt werden etwa 70 Gesellschaften aus den verschiedensten Branchen notiert, von Banken über Holz- und Kali- bis zu Baugesellschaften. Unter ihnen gibt es zwei, die sogar in New York quotiert sind. Alliance Tire und American Israeli Paper Mills. Die Hauptkunden der Börse sind Versicherungen, Gewerkschaften, Pensionskassen, die Jewish Agency und einige Investmentfonds. Sogar die Kibbuzim legen ersparte Gelder in Wertpapieren an.

Die Tel Aviver Börse ist zwar nicht mehr die kleinste der Welt, aber bestimmt die tugendhafteste. An allen Börsen, an denen Devisenbeschränkungen in Kraft sind, gibt es eine Ecke, in der verbotene Transaktionen getätigt werden. Die Beteiligten finden nichts Verwerfliches dabei. Anders in Tel Aviv. Dort sehen die Börsenmitglieder das als unter ihrer Würde an.

Trotzdem gibt es natürlich einen schwarzen Markt, auf dem Devisen über dem offiziellen Preis gehandelt werden. Er befindet sich weitab von der Börse an einer Straßenecke, die Lilianbloom heißt. Und wer dort tätig ist, wird von echten Börsianern tief verachtet.

Ich habe auch vergeblich nach Anekdoten oder Witzen gesucht. Dies entspricht überhaupt nicht der puritanischen und respektablen Mentalität des heutigen Israels. Diese Haltung lässt auch keine wilden Spekulationen und keine Skandale zu. Das hindert die Aktienkurse aber nicht, seit Jahren langsam, aber regelmäßig zu steigen, parallel zur wirtschaftlichen Entwicklung. Der geistige Urheber Israels, Theodor Herzl aus Budapest, schrieb zwei Monate vor seinem Tod einem seiner Freunde: „Macht keine Dummheiten, während ich tot bin." Die Börsianer von Tel Aviv haben sich diese Warnung gewiss zu Herzen genommen.

Tödliche Termingeschäfte

Lieber Hans,
heute führt man nach 40-jähriger Unterbrechung wieder Optionsgeschäfte an den deutschen Börsen ein. Aus diesem Anlass will ich dir zwei Geschichten von TÖDLICHEN TERMINGESCHÄFTEN erzählen, die mir in diesem Zusammenhang einfallen. Sie reichen in die 30er-Jahre zurück. Beide spielten sich an der Pariser Börse ab und standen in engem Zusammenhang mit der deutschen Geschichte.

Im Jahr 1930 herrschte an der Pariser Börse eine besonders rege Tätigkeit in Optionsgeschäften. Es war die Zeit unmittelbar nach dem Wall-Street-Krach von 1929. Zum Unterschied von der New Yorker Börse benahm sich ihre Pariser Cousine verhältnismäßig vernünftig. Die französische Wirtschaft lebte, dank der deutschen Reparationszahlungen, in einer Euphorie.

Ich aber wollte auf Baisse spekulieren, weil ich pessimistisch eingestellt war. Da man für Baisse-Spekulationen größere Garantien hinterlegen musste, über die ich nicht verfügte, kamen mir die Optionsgeschäfte sehr gelegen.

Ich gab also einigen Börsenmaklern den Auftrag, für mich Optionen zu kaufen, gleichgültig in welchen Papieren, mit Liefertermin Dezember 1930. Das geschah noch im September, ich hatte also drei Monate vor mir, um von einer eventuellen Baisse profitieren zu können. Aber trotz Wall-Street-Krach und Weltwirtschaftskrise war die Pariser Börse von ihrem optimistischen Kurs nicht abzubringen. Es sah schon so aus, als hätte ich mein Geld verloren.

Dann aber traf auf der politischen Bühne ein Ereignis ein, das die Welt in ihren Grundfesten erschüttern sollte: der triumphale Einzug der Nazis in den Reichstag 1930. Doch die Pariser Börse blieb unglaublicherweise weiterhin optimistisch, wie das französische Volk, das die Ereignisse überhaupt nicht richtig erfasst hatte. Ich aber kratzte eilig meine letzten Francs zusammen, um noch weitere Optionen zu bezahlen, so sicher war es für mich, dass der Zusammenbruch kommen musste. Und er kam. Noch bevor meine Optionen abgelaufen waren, stürzten im Dezember die Kurse in wenigen Stunden und ich konnte alle Papiere bei niedrigeren Preisen eindecken. Mein Coup war gelungen, ich wurde über Nacht zum Millionär. (Ich habe das Geld übrigens dann wieder in kürzester Zeit verloren.)

Die zweite Episode spielte sich sieben Monate später und unter ganz anderen Umständen ab. Ein mir gut befreundeter, älterer und angesehener Pariser Bankier, Maurice Uhlmann, war ein großer Spezialist für Optionsgeschäfte als Stillhalter. Er verkaufte ununterbrochen Kaufoptionen in Papieren, ohne sie zu besitzen. Und da die Börse seit dem oben erwähnten Zusammenbruch langsam, aber sicher abbröckelte, strich er bei jedem Ultimo beträchtliche Summen ein. Er war sich seiner Sache so sicher, dass er jede verkaufte Option als sein Einkommen betrachtete, ohne überhaupt daran zu denken, dass er noch drei Monate auszuharren hatte.

Alle Börsen der Welt waren deprimiert. Die Weltwirtschaftskrise nahm einen immer größeren Umfang an; in Deutschland förderte sie langsam, aber sicher den Aufstieg Hitlers. Im Juli 1931 spitzte sich die Situation zu einer gefährlichen Vertrauenskrise zu, sodass alle Banken in Deutschland ihre Schalter schließen mussten. Um eine noch größere Katastrophe zu vermeiden, schlug US-Präsident Hoover das berühmte Moratorium für die deutschen Reparationen vor.

Zunächst war die Wirkung günstig und alle Börsen schlugen in die sogenannte Hoover-Hausse-Bewegung um. Sie dauerte nicht sehr lange, aber lange genug, um die Stillhalter zur Lieferung der Aktien weit unter dem Tagespreis zu zwingen.

Mein väterlicher Freund wurde für zahlungsunfähig erklärt. Da er ein Mann vom alten Schlag war, konnte er die Schande einer Börseninsolvenz nicht ertragen und erschoss sich.

Das waren noch andere Zeiten. Der Börsianer war das Vorbild eines Ehrenmannes. Dieser altmodische Typ des Spekulanten mit Verantwortungsgefühl und Moral ist nur schwer mit den Dutzenden von Fondsmanagern zu vergleichen, die in den letzten Jahren Milliardenbeträge der kleinen Sparer vergeudet haben, während sie selbst mit vollen Taschen davongekommen sind.

Wie das Publikum betrogen wird

Lieber Hans,
ich möchte dich darauf aufmerksam machen, dass DEUTSCHLAND SEIT EINIGEN JAHREN ALS MÜLLEIMER für die schlechtesten internationalen Anlagen dient.

Viele Agenten, die für die exotischsten Fonds arbeiteten und durch deren Pleite ihren Job verloren, hausieren nun mit wertlosen Aktien aus den verschiedensten Ländern.

Aber auch offiziell werden ausländische Werte in Deutschland lanciert und sogar an den deutschen Börsen eingeführt, nachdem man zuvor die Kurse dieser Aktien in ihrem Ursprungsland künstlich in die Höhe getrieben hat. Ausländische Geldinstitute machen optimistische Prognosen, setzen Gerüchte in Umlauf, um diese Papiere zu Fantasiepreisen im Schlaraffenland Deutschland zu verkaufen.

Vor dem Krieg fiel Frankreich diese Rolle eines Mülleimers zu. Alle verdächtigen Aktien, abgebaute Minen und ausgetrocknete Ölquellen, minderwertige Staatsanleihen, konnte man dem französischen Sparer andrehen. Dutzende rücksichtsloser Finanziers haben sich daran bereichert. Den erfolgreichsten und vermögendsten unter ihnen habe ich noch persönlich gekannt. An der Börse wurde er „La Pieuvre", der Blutsauger, genannt.

Die Methode à la Pieuvre funktionierte folgendermaßen: Sagen wir zum Beispiel, irgendeine Londoner Finanzgesellschaft wollte eine Minen-Aktie in Paris abladen. La Pieuvre kaufte 300.000 Aktien zu einem niedrigen Preis, etwa 20 Schilling, und erhielt eine Option für weitere 100.000 Aktien zu 22, eine weitere zu 24 Schilling und so fort, um je zwei Schilling mehr pro 100.000 Stück. Dann kaufte er an der Londoner Börse dieselben Aktien in kleinen Mengen, aber mit viel Getöse. Vorausgesetzt, dass die Finanzgesellschaft in der Zwischenzeit keine neue Ware auf den Markt brachte und dadurch sein Treiben störte, manipulierte er so den Kurs in die Höhe.

Waren die Aktien bis zu etwa 50 Schilling gestiegen, erfolgte ihre Einführung an die Pariser Börse. La Pieuvre konnte sein ganzes Quantum, auch mithilfe der Banken, unterstützt von Flüsterpropaganda und von der Presse, in französische Depots hineinpumpen.

Es ist überflüssig zu sagen, dass die Kurse nach getaner Arbeit vertikal in die Tiefe stürzten, manchmal bis auf null. Das Publikum erlitt die schwersten Verluste. La Pieuvre aber hinterließ, als er vor einigen Jahren – als Ritter der Ehrenlegion ausgezeichnet – starb, bei Schweizer Banken gut versteckt nicht weniger als 150 Millionen Dollar.

Erst vor einigen Wochen habe ich eine kleine pikante Geschichte über „La Pieuvre" gehört. Monsieur Pelletier, ehemaliger Innenminister General de Gaulles, erzählte mir, dass in der Zeit, als er Präfekt von Paris und Umgebung war, „La Pieuvre" ihn aufsuchte und ihm einen Vorschlag machte. Er wolle seine wunderbare Bildersammlung der Stadt Paris vermachen, unter der Bedingung, dass noch zu seinen Lebzeiten eine Straße von Paris nach ihm benannt würde. (Natürlich wäre es nicht die „Blutsauger"-Straße gewesen, sie hätte seinen bürgerlichen Namen getragen.)

Du kannst dir vorstellen, dass Monsieur Pelletier den Vorschlag höflich, aber bestimmt ablehnte, aus dem einfachen Grund, dass in Paris noch nie eine Straße nach irgendjemandem zu dessen Lebzeiten benannt wurde. Wie du siehst, haben Finanziers, wenn sie erfolgreich sind, nicht die mindesten Komplexe. Selbst wenn sie Blutsauger oder Halsabschneider genannt werden.

Erinnert dich das nicht an die Ruhmsucht der Fondsmanager, die in prächtigen Schlössern lebten, mit Privatflugzeugen herumsausten, aber zur gleichen Zeit Millionen von kleinen Leuten ruinierten?

Diese Art von Finanziers war immer clever genug, um Gerichten und Polizei zu entgehen.

Variantenreiche Hedgegeschäfte

„Glücklich ist, wer fern von den Geschäften lebt!", sagt der Dichter Horaz. WELCH FÜRSTLICHER BERUF IST DOCH DER EINES SPEKULANTEN! Ohne sich die Finger mit Arbeit schmutzig zu machen (nur verbrennen kann er sie sich), weitab von Handelswaren und staubigen Lagerhäusern, von täglichen Auseinandersetzungen mit Kaufleuten und Geschäftemachern, überlegt der Spekulant in völliger Versunkenheit. Eingehüllt in den Rauch einer Zigarre sitzt er bequem im Sessel und denkt nach, fernab von der Welt und ihrem Getriebe.

Er hat keinen Angestellten und keinen Chef. Er braucht nicht diesem und jenem freundlich zuzulächeln, braucht keinen nervösen Kunden zu ertragen, wie der Bankier, der Kaufmann oder der Makler. Er ist ein Freiherr, der über sich und seine Zeit frei verfügen kann, und es ist nicht erstaunlich, dass manche Leute auf ihn neidisch sind.

Dennoch muss er gefährlich leben und sich daran gewöhnen, wie ein Krokodil mit offenen Augen zu schlafen.

Sein Werkzeug hat er in Reichweite und es ist denkbar einfach: ein Telefon und ein paar Zeitungen …

Zwar kommt sein Geist niemals richtig zur Ruhe. Wie ein Orgelspieler bedient er verschiedene Klaviaturen und Pedale, betätigt er sich auf mehreren Gebieten zugleich. Er operiert gleichzeitig mit verschiedenen Effekten, Währungen, Rohstoffen, Edelmetallen et cetera, aber seine Operationen ergänzen sich. Die einen schützen ihn vor Risiken bei anderen. Dies sind die WIRKLICHEN HEDGEGESCHÄFTE und nicht solche, mit denen in letzter Zeit so viele Hedgefonds geprotzt haben. Diese haben den Begriff „Hedge" nur für Werbezwecke benutzt und mit den Papieren ohne sachlichen Zusammenhang herumjongliert. Sie haben auch ein entsprechend böses Ende genommen. Ein echtes Hedgegeschäft ist es zum Beispiel, wenn jemand aus speziellen Gründen in einer Kupfer-Aktie à la hausse spekuliert und zur gleichen Zeit Kupfer an der Metallbörse leerverkauft (à la baisse), um sich gegen den eventuellen Kursrückgang des Kupfermetalls zu schützen. Die Kupfer-Aktie müsste aus bestimmten finanziellen und technischen Gründen steigen. Aber wenn das Kupfermetall sinkt, könnte sich dies auf die Entwicklung der Kupfer-Aktie dahin auswirken, dass die positiven Faktoren neutralisiert werden. Dann kann er mit der Baisse-Spekulation das einbringen, was er an der Kupfer-Aktie verloren hat.

Ich könnte viele Varianten dieser Art aufzählen, aus eigener Erfahrung oder aus der Praxis anderer. Doch fast nie wird man zwei völlig identische Fälle finden.

Da diese Manipulationen ein zusammenhängendes Ganzes bilden, ist es für den „Laien“ gefährlich, dem Spekulanten bei einer solchen Operation zu folgen. Es lässt sich nämlich nicht ohne Weiteres feststellen, mit welcher Absicht er seine Käufe oder Verkäufe unternommen hat und mit welchen anderen Operationen er sie ergänzt. Was unverständlich oder unlogisch erscheint, ist in Wirklichkeit auf präzisen Überlegungen aufgebaut. Trotzdem können die mit mathematischer Sicherheit aufgebauten Hedgespekulationen auch fehlschlagen.

Lieber Hans,
im Anschluss an die Hedgespekulationen kommt mir ein Gespräch in den Sinn, das ich mit einer charmanten Dame geführt habe, einer klassischen Tänzerin. Sie beklagte sich darüber, dass sie mit ihrem Mann, einem international bekannten Choreografen, schon seit einiger Zeit in eine Debatte über ein Börsenthema verstrickt sei. Es ging dabei nicht um den Tanz oder Musik, sondern um Anlagefonds. Er war ein Anhänger der KONVENTIONELLEN FONDS, sie schwärmte für die HEDGEFONDS. Auf meine Frage, woher ihr Enthusiasmus stamme, gab sie mir die kurze, aber umso lehrreichere und überzeugendere Antwort: „Wissen Sie, es geht nämlich so mit der Börse, sie steigt nicht immer, sie kann auch fallen, wie in letzter Zeit zu beobachten war. Und wenn die Börse fällt“, fuhr sie fort, „dann kann man auch verdienen. (Endlich konnte ich diese beiden wichtigen Börsenaxiome von einer Ballerina lernen!) Die Hedgefonds spekulieren auch auf Baisse, machen Leerverkäufe in Aktien, die sie gar nicht haben, die sie sich dann in der Baisse billiger beschaffen können. Wenn die Börse steigt, dann machen sie Gewinne mit ihren Wertpapieren, und wenn die Börse fällt, verdienen sie an den Leerverkäufen. Gleichgültig, ob hinauf oder hinunter, ein Börsengewinn ist auf jeden Fall gesichert. Und wie man es am besten macht, das wissen die Fondsmanager ganz genau. Deshalb habe ich mich den Hedgefonds verschrieben.“

Das alles leuchtete mir umso mehr ein, als ich diese fundamentalen Wahrheiten nicht zum ersten Mal von meiner Ballerina erfahren hatte, sie wurden damals monatelang auf ganzen Zeitungsseiten annonciert, in jener ominösen Zeit der Fondshysterie.

Natürlich kann man an Hedgetransaktionen verdienen. Ich könnte über meine Hedgetransaktionen an vielen Börsen der Welt ein ganzes Buch zusammenschreiben. Oft waren sie dringend notwendig, um mich gegen die Risiken einer anderen Spekulation abzusichern.

Es gibt Hedgeoperationen aus der Ansicht, dass gewisse Kursdifferenzen zwischen zwei verschiedenen Artikeln gleichen Charakters zu groß oder zu klein sind. An Hedgegeschäften habe ich manchmal verdient und oft verloren. Bestimmt aber bin ich durch sie an Erfahrungen reich geworden.

Ich habe von meinem Hedgegeschäft Schweinespeck kontra Mais berichtet. Nun will ich von einer ähnlichen Transaktion in Wertpapieren berichten, die sich an der Pariser Börse vor dem Krieg abgespielt hat und an der viele meiner Kollegen beteiligt waren. Es gab in den 30er-Jahren in Paris EINE UMFANGREICHE SPEKULATION MIT FRANZÖSISCHEN STAATSANLEIHEN.

Große und kleine Börsianer spielten intensiv in Staatspapieren. Die Kurse stiegen und fielen wie bei Aktien. Es gab verschiedene Serien von Anleihen: 3-prozentige, 4-prozentige, 4½-prozentige und auch andere.

Die Börsenspieler sprangen von einer Seite auf die andere, um kleine Gewinne einzustreichen. Die Kalkulation war einfach: Da es sich um die gleiche Anleihe handelte (derselbe Schuldner, dieselbe Währung, dieselben Garantien), musste man nur ausrechnen, welche Serie im Vergleich zu den anderen zu tief oder zu hoch stand. Es war das Paradies der Hedgegeschäfte: Die billigen Serien musste man kaufen und die zu hoch quotierten leerverkaufen, das heißt „hedgen".

Gegen Ende der 30er-Jahre ergab sich eine besonders auffallende Konstellation. Die 4½-prozentige Anleihe stand auf 80, die 3-prozentige auf 70. Letztere quotierte natürlich viel zu hoch im Verhältnis zur ersteren. Jeder Handelsschüler konnte sich ausrechnen, dass dies mathematischer Unsinn war. Eines war jedenfalls klar: Entweder stand die eine Serie zu hoch oder die andere zu tief.

Alles stürzte sich folglich auf die einmalige Gelegenheit. Man musste die 4½-prozentige Anleihe kaufen und die 3-prozentige hedgen, das heißt leerverkaufen. Wie immer es auch kommen mochte, entweder würde die eine Serie steigen oder die andere fallen. Das war klar wie der lichte Tag. Und wie hat diese „sichere" Spekulation geendet? Mit der größten Katastrophe. Die 4½-prozentige fiel noch tiefer, auf 70, und die 3-prozentige stieg – es war kaum zu glauben – auf 90.

Diese Entwicklung war genauso logisch wie die Grundidee der misslungenen Spekulation. Die 4½-prozentige Anleihe hatte eine besonders große Auflage. Sie stammte aus einer kurz zuvor durchgeführten Konversion und deshalb kamen noch immer Angebote auf den Markt. Die 3-prozentige war die älteste französische Staatsanleihe aus dem Jahr 1825. Ihre Besitzer waren darauf fast eingeschlafen. Es kam keine Ware auf den Markt und die Leerverkäufer konnten nur bei steigenden Preisen zurückkaufen.

Die Verluste waren ungeheuer, denn dieses Hedgegeschäft schien so gefahrlos, dass die Profis mit großen Posten eingestiegen waren. Das ist ein geradezu klassisches Beispiel dafür, wie ein „sicheres" Hedge enden kann. Auch die vollkommen aufgebaute Spekulation an der Börse kann misslingen, nicht weil sie einen logischen Fehler enthält, sondern weil die Logik der Börse die der Fundamentalien zuweilen überspielt. Auch der beste Computer könnte eine solche Situation nicht vorausberechnen.

Börsenbesucher und Tagesspekulanten

Lieber Hans,
oft habe ich dir über BÖRSENBESUCHER UND TAGESSPEKULANTEN geschrieben und sie auch scharf kritisiert.

Auf der ganzen Welt haben sie einen gemeinsamen Charakterzug. Sie sehen jedes Ereignis durch die Brille ihrer eigenen Börsenengagements. Dies führt manchmal sogar zu einer Entartung des Denkens. Regierungsverordnungen und offizielle Entscheidungen, die für sie ungünstig sind, erklären sie schnell für willkürlich, unmoralisch oder gegen die nationalen Interessen gerichtet. Wenn diese Entscheidungen aber in ihren Kram passen, erklären sie diese für gescheit, moralisch und den nationalen Interessen dienend. Spreche ich mit einem Börsianer über die Weltereignisse, kann ich seiner Interpretation sofort entnehmen, welche Börsenengagements er eingegangen ist. Die Spekulanten sehen in jedem Börsenkurs nur das Spiegelbild internationaler, politischer oder finanzieller Ereignisse. Sie lassen es sich nicht nehmen, politische und wirtschaftliche Prognosen zu stellen, indem sie sich ausschließlich auf die Börsentendenz stürzen. Für sie ist die Börse nicht etwa ein Thermometer, wie es viele

Volkswirte behaupten, sondern sogar ein Barometer, das die zukünftige Wettertendenz in Wirtschaft und Politik voraussagt.

Auch ich habe ein Börsenbarometer, aber von ganz anderer Art …

Die anderen betrachten die Börse als Barometer, ich aber besitze ein Barometer für die Börse. Und das kam so.

Die persönlichen Gebrauchsgegenstände von John Pierpont Morgan, dem Letzten der Bankier-Dynastie der Wall Street, wurden nach seinem Tode auf einer Auktion in New York versteigert. Unter den vielen kostbaren Stücken, den Opalen, Büchsen aus ziseliertem Gold, Nippes, mit Diamanten besetzt und auch Jade und Kristall, fiel mir ein kleiner Gegenstand aus Stahl auf.

Ich war noch Anfänger an der Wall Street und sehr beeindruckt vom Ruhm der Morgans. Ich brannte darauf, einen kleinen Glücksbringer zu erstehen. Das kleine Stück Stahl war das Einzige, was ich mir leisten konnte. Es war das Barometer von J. P. Morgan, das er immer auf seinem Arbeitstisch in dem kleinen Palais in der Wall Street Nummer 23 stehen hatte, dem Palais, das noch die Spuren der Bombe zeigte, die ein rachsüchtiger Spekulant geworfen hat.

Für 30 Dollar wurde ich glücklicher Eigentümer des Barometers. Ich legte es vor mich auf meinen Schreibtisch, wie J. P. Morgan. Nach einigen Tagen musste ich feststellen, dass es falsch reagierte. Es zeigte auf „Schön" – und das Wetter verschlechterte sich. Wenn es in Strömen goss, stand es beharrlich auf „Beständig". Es reagierte wirklich falsch.

Sobald ich diese eigentümlichen Abweichungen bemerkt hatte, versuchte ich, sie zu ergründen. Ich stellte dabei sehr Merkwürdiges und Verwunderliches fest: Das Barometer zeigte wohl das Wetter an, aber das Wetter der Wall Street. Es war ein Börsenbarometer. Wer weiß, vielleicht lag in ihm das Geheimnis des Bankhauses Morgan begründet?

Fasziniert von meiner Entdeckung, erzählte ich die Geschichte eiligst meinen Freunden, die es sich nicht nehmen ließen, das Wunder schnellstens weiter zu kolportieren. Ein Kolumnist, der berühmteste Kommentator der *New York Post*, berichtete über die Geschichte. Sie erschien in 300 amerikanischen Zeitungen. Einige Tage lang – Ruhm ist vergänglich – war ich eine Berühmtheit. Kiloweise trafen Telegramme und Briefe ein, die mich fragten: „Wie steht das Zauberbarometer?"

Seither habe ich es wie einen Schatz in Ehren gehalten. Und es funktioniert noch immer gut …

Die Pythia von Ungarn

Ich also besaß ein Zauberbarometer. Viele meiner Kollegen aber hatten noch weit „SICHERERE“ INFORMATIONSQUELLEN – was ich vor einigen Jahren entdeckte.

Damals verlebte ich einige Ferientage in meinem geliebten Budapest. Die Aussicht, einmal nicht über Börsengeschäfte diskutieren zu müssen, machte mich sehr glücklich, besonders zu einer Zeit, in der es an der Wall Street gefährlich aussah. Denn wer sollte in einem kommunistischen Land schon Interesse an der Börse haben?

Meine Enttäuschung war deshalb groß, als mich kurz nach meiner Ankunft ein guter Freund bat, mit ihm zu einer Bekannten zu gehen, die von mir als Vollblutbörsianer gehört hatte und mich deshalb unbedingt kennenlernen wollte. Auch ich kannte ihren Namen. Sie hieß Barbara Silbiger, eine fromme alte Jüdin. In meiner Jugend war sie eine berühmte Wahrsagerin in Budapest gewesen. Reichsverweser Horthy, Ministerpräsident Graf Bethlen und viele andere gehörten zu ihren treuen Kunden oder Patienten. Zu Neujahr berichtete die Presse spaltenlang von ihren Prophezeiungen für die kommenden zwölf Monate. Sie galt OFFIZIELL als die PYTHIA VON UNGARN.

Ihre Einladung war mir nicht besonders angenehm. Auf keinen Fall will ich etwas über meine Zukunft wissen und die Überraschung eines jeden neuen Börsentages ist für mich eine süße Sensation. Aber mein Freund versicherte mir, dass von Wahrsagerei keine Rede sein werde. Im Gegenteil, Barbara wolle von mir Verschiedenes erfahren. Also machten wir uns auf den Weg nach dem ungarischen Delphi, das heißt in die Berge hinter Buda, beinahe am Ende der Welt.

In einer Rumpelkammer empfing uns eine fürchterlich aufgemachte alte Frau. Der schäbige Fauteuil stöhnte unter ihren 100 Kilo, in dem ungelüfteten Raum herrschte ein unbeschreibliches Durcheinander. Aber das ganze Bild änderte sich augenblicklich, als sie zu sprechen begann. Ihre Ausdrucksweise war vornehm, äußerst gebildet, und sie beherrschte eine Menge Sprachen perfekt.

„Sie sind es also, mein liebes Kind, der aus Börsenspekulationen eine Tugend gemacht hat. Sie kennen anscheinend alle Techtelmechtel des Börsenspiels. Ich wäre glücklich, von Ihnen manches zu hören und zu lernen.“

Ich wollte meinen Ohren nicht trauen. Was konnte diese alte, allem Anschein nach vollkommen mittellose Frau – noch dazu in einem kommunistischen Land – schon von Dow-Jones-Index, Investment Trusts oder Wandelanleihen wissen? Aber so komisch es auch klingen mag, es war für mich ein Vergnügen, ihr Börsenweisheiten einzuimpfen. Ich blieb fast zwei Stunden bei ihr und es war angenehm, in ihr eine so intelligente und interessierte Schülerin zu finden. Beim Abschied nahm sie mir das Versprechen ab, mit ihr in Kontakt zu bleiben und ihr von Zeit zu Zeit meine Meinung über die verschiedenen Börsenmärkte der Welt brieflich anzuvertrauen.

Als ich einige Wochen später wieder im Westen war, erzählte ich meinen Bekannten von dieser Begegnung. Wie groß war mein Erstaunen, als ich erfuhr, dass drei Auslandsungarn, einer in Zürich, einer in London und einer in New York – alles ausgekochte, internationale Börsenspieler –, mit meiner neuen Freundin seit Jahren in Verbindung standen. Sie schickten ihr regelmäßig Geschenke und Pakete und dafür bekamen sie von Barbara Voraussagen über alle Börsen der Welt. Manchmal kategorisch wie „an der Wall Street im Herbst alles verkaufen"; ein anderes Mal mystisch wie „in Paris sämtliche Aktien, die mit P anfangen, verkaufen"; oder sogar malerisch „in Zürich in Aktien von gelber Farbe einsteigen".

Warum auch nicht, sagte ich mir. Sie folgt ihren Intuitionen, die sich bestimmt auf irgendetwas gründen. Vielleicht zieht sie ihre Schlüsse aus Ereignissen, die einem zu nüchternen Menschen, einem Makler oder Bankier, nicht auffallen. Tatsächlich aber nahm sie von ihrer Rumpelkammer, von kommunistischem Boden aus, auf die Börsenoperationen von drei internationalen Berufsspekulanten Einfluss.

Seit meinem Besuch verfügte sie über ein neues Arbeitssystem, einen direkten Draht. Und zwar sandte ich ihr von Paris aus meine Weisheiten in die fernen Budapester Berge und von dort wurden sie umgehend, unter der Etikette der Prophezeiungen, in die genannten drei Ecken der Welt weitergeleitet. Mithilfe dieser neuen Einrichtung waren Barbaras Ratschläge in technischen Fragen sicherlich fachgerechter geworden. Ob sich aber ihre Prophezeiungen bewahrheitet haben, das vermag ich heute nicht mehr zu sagen.

Die Börse als Passion

DIE ROLLE DER BÖRSE IN UNSERER ZIVILISATION hat sich entwickelt, aber in ihrem Wesen nicht geändert. Ob die Börsen nun riesengroß oder winzig klein sind, sie ähneln sich immer in ihrem Mechanismus und besonders sind die Leute, die hier ein und aus gehen, unverwechselbar. Wie wird man eigentlich zum Spekulanten? Ungefähr so, wie ein unschuldiges Mädchen zum ältesten Beruf der Menschheit gelangt: Man fängt aus Neugier an, dann macht man es aus Leidenschaft und zum Schluss fürs Geld. Denn an der Börse herrscht eine ganz besondere Atmosphäre. Die Luft, die man im Innern dieser tumultreichen Kampfstätte atmet, wirkt wie eine Droge.

Oft musste ein Börsianer in schlechten Zeiten oder unter dem Druck der persönlichen Verhältnisse einen anderen Beruf suchen. Aber sie alle haben eine unstillbare Sehnsucht nach diesem Ort bewahrt und sind bei der ersten Gelegenheit in das verlorene Paradies wieder zurückgeeilt.

Nach dem großen Börsenkrach von 1929 war die Börse für längere Zeit eine Wüste, in der man nicht einmal ein Glas Wasser holen konnte. Zwei ehemalige Börsenkollegen trafen sich auf der Straße. „Was machst denn du?“, fragte der eine den anderen. „Ich verkaufe Zahnbürsten. Und du?“ „Pst“, war die Antwort, „aber bitte nicht weitersagen. Ich bin noch immer an der Wall Street, aber meine Frau glaubt, ich sei Klavierspieler in einem öffentlichen Haus.“

Ich erinnere mich eines sehr alten Mannes – er musste über 80 sein –, der jeden Tag in die heute verschwundene Prager Börse kam, um in einer Ecke ein Schläfchen zu halten.

Trotz aller Charakter- und Temperaturunterschiede hat das Börsenpublikum überall die gleichen Laster und Tugenden. Jeder Botenjunge weiß, dass ein gegebenes Wort (ein mündlicher Kauf- oder Verkaufsauftrag) heilig ist. Der bescheidenste Börsianer würde nicht zögern, seine Uhr ins Pfandhaus zu tragen, um einen Börsenverlust auszugleichen.

Allerdings ist ihr Horizont gelegentlich etwas beschränkt und manchmal sehen sie nicht weiter als bis zu ihrer Nasenspitze. Wenn sie materielle Erfolge haben, sind sie sich dieser Erfolge so sehr bewusst, dass sie stark über ihre intellektuellen Verhältnisse leben.

Sie haben auch hässliche Eigenschaften. Sie protzen oft und gern. „Mit 100 habe ich ein Papier gekauft und mit 110 verkauft. War das schlecht?“, hörte ich einmal den Börsendirektor einer großen Bank sagen. „Mit 50 habe ich verkauft und mit 45 zurückgekauft“, rühmte sich einmal der Portfoliomanager einer der größten deutschen Lebensversicherungen.

Was kann man darauf noch sagen?

Alles haben sie immer vorausgesehen; alles, was gestiegen ist, haben sie ihren Kunden empfohlen. (Aber natürlich nur den anderen und nicht denjenigen, mit denen sie gerade sprechen.) Immer haben sie zum niedrigsten Kurs gekauft und zum höchsten verkauft.

Gibt es überhaupt solche Börsengenies, könnte man sich fragen. Ja, aber nur unter den Lügnern. Die beste Definition des guten Börsianers wäre: Er ist wie ein guter Bridgespieler. Mit guten Karten gewinnt er viel, mit schlechten verliert er wenig.

Zaungäste der Börse

Lieber Hans,
der Reiz der Börse wirkt auch auf ZAUNGÄSTE und die haben oft größere Erfolge als die alten Profis – manchmal aus Intuition, manchmal aus Glück.

Einer meiner Freunde war in der Stahl- und Eisenbranche tätig und wickelte während des Koreakrieges Millionengeschäfte ab. Er tat sich groß damit, sein Geld mit Fleiß und Schweiß zu verdienen. In seinen Augen waren wir Börsianer Nichtstuer, Faulenzer und Parasiten der Wirtschaft. Eigentlich hatte er recht, obwohl ich mich bestimmt nicht schäme, niemals gearbeitet zu haben und trotzdem ein sehr angenehmes und bequemes Leben zu führen. Ich warnte meinen Freund. Auch der Koreakrieg dauere nicht ewig und eines Tages werde er glücklich sein, sein „ehrlich verdientes Geld" in guten Aktien anlegen zu können. Und da das bald einzutreffen drohe, solle er sich schon vorher mit den Kursen vertraut machen. Am nächsten Tag kam er zu mir. Er hatte über meine Bemerkung nachgedacht, gab mir Papier und Feder, ich sollte ihm eine Liste von Börsenwerten aufstellen, die er zur Probe einkaufen wollte. Er dachte nicht an Spekulation, wollte nur ein wenig mitmischen. An erster Stelle schrieb ich ihm deutsche Young-Anleihen, französische Serie, an zweiter Stelle die südafrikanischen De-Beers-Aktien und dann noch einige amerikanische Blue Chips auf. Die Liste erwies sich als wunderbar. Seitdem sind die Young auf das 100-Fache, die De Beers auf das 10-Fache, alle anderen ebenfalls mächtig gestiegen.

Als nun nach den ersten Ankäufen die Kurse sich günstig entwickelten, legte sich mein Freund mehr und mehr Aktien zu, in New York, in Europa und sogar in Australien. Zuerst kaufte er mit seinem Bargeld, dann machte er immer mehr flüssig, zum Schluss kaufte er auf Kredit. Auf dem Höhepunkt seines Engagements fing er an zu rechnen und entdeckte, dass seine Börsendifferenzen von einem Tag auf den anderen das 5-Fache seines Familienbudgets ausmachten. Außerdem entdeckte er, dass Kurse auch fallen können. Und die Börse wurde immer hektischer, die Differenzen immer größer, sodass die Nerven meines Freundes diese Aufregungen nicht mehr ertrugen. Eines schönen Tages, während der Börsensitzung (vielleicht fielen gerade die De Beers vorübergehend um einige Punkte), erlitt er einen Nervenzusammenbruch und wurde in eine Nervenheilanstalt eingeliefert.

Seine Familie hielt aufgeregten Kriegsrat. Man beschloss, das ganze Börsenengagement zu lösen. Alle Papiere wurden verkauft und das ganze Vermögen lag nun nicht mehr in schwankenden Aktien, sondern in feinem Bargeld auf der Bank. Und was geschah dann? Während der langen Monate, in denen mein Freund sich einer Heilschlafkur unterzog, krachte die Börse zusammen. Es war der schleichende Kursverfall an allen Weltbörsen im Frühjahr 1962. (Ich spüre ihn noch heute in den Knochen.) Als mein Freund völlig geheilt aus dem Krankenhaus entlassen wurde, waren die Kurse auf dem tiefsten Stand. Er war aber ruhig und lächelte wie neugeboren. Die Schlafkur hatte sein Vermögen gerettet. Mit seinen auf Kredit gekauften Papieren wäre er ohne den Verkauf pleitegegangen. Auch mein Gewissen war rein. Ich hatte ihn zwar zum Beispiel verleitet, aber: Ende gut, alles gut … Er war noch nie so vermögend gewesen.

Doch so einfach ist es nicht, wenn einen einmal das Börsenfieber gepackt hat. Hat man Papiere, zittert man, sie könnten fallen, hat man keine, zittert man, sie könnten steigen. Meinem genesenden Freund erging es ebenso. Als sich die Kurse vom Tiefstand erholten, wurde er nervös. Als die Aktien weiter in die Höhe kletterten, ergriff ihn Panik, er könnte vor Torschluss nicht dabei sein. Vergebens warnte ich ihn, es war schon zu spät. Er war dem Börsenspiel verfallen.

Wenn es keine Narren auf der Welt gäbe – was wäre die Welt … und was die Börse?

Aus dieser Geschichte solltest du einen sehr wichtigen Schluss ziehen. Viele amerikanische Börsenanalysten beobachten, wie hoch an der New Yorker Börse die sogenannte „Short Position“ (Baisse-Position) ist. Unter Short Position versteht man, dass so und so viele Aktien leerverkauft wurden. Wenn die Short Position hoch ist, so wird dies als bullish (ein günstiges Symptom für die Kursentwicklung) angesehen, weil die Leerverkäufer die Papiere eines Tages zurückkaufen müssen. Sie stellen also eine Schicht künftiger Käufer dar. Dagegen sind die Analysten pessimistisch eingestellt, wenn die Short Position relativ klein ist. All das hat seine Berechtigung. Ebenso berechtigt ist aber die Beobachtung, wie viele Sparer ihr Portfolio ausverkauft haben, obwohl sie gewohnt waren, mit ihren Wertpapieren zu leben. Sie sind nämlich die ersten und gierigsten Käufer, wenn sie glauben, der Markt habe sich gedreht und sei wieder à la hausse orientiert.

Diese ausverkauften Portfolios werden zwar nicht als Short Position bezeichnet, aber praktisch gesehen laufen sie auf dasselbe hinaus. Der Fall meines Freundes, den ich dir eben erzählt habe, ist die beste Illustration dafür.

Meine „Unvollendete“

Meine Unvollendete.

Nein: Es handelt sich nicht um eine unvollendete Symphonie, sondern um meine unvollendet gebliebene Musikstiftung.

Ich bin meiner Liebe zur Musik eines Geldabenteuers wegen untreu geworden und um mit meinem Gewissen ins Reine zu kommen, muss ich nun vor Torschluss ein Geständnis ablegen.

Zum Ende des Zweiten Weltkrieges stürzte ich mich als Spekulant auf die verschiedenen entwerteten Staats- und Kommunalpapiere, überzeugt, dass nach dem Chaos, das auf diesem Markt herrschte, sich alles wieder normalisieren würde. Es gab Schuldner unter den Staaten und Städten, die ihren Verpflichtungen schnell nachkamen, andere ließen sich lange bedrängen, bis sie sich endlich zur Zahlung ihrer Schulden bequemten. Unter diesen notleidenden Werten gab es eine Anleihe der französischen Regierung, mit der ich schon lange kokettierte. Ohne jeden Rechtsgrund wollte die Regierung diese Obligationen nicht honorieren und nur diejenigen zurückbezahlen, die im Besitz der Urzeichner geblieben waren. Die französische Regierung wollte aber den Börsenspielern, die diese Papiere spottbillig aufgekauft hatten, den spekulativen Nutzen vorenthalten. Ein Standpunkt, der zwar sehr ethisch sein mag, aber im Widerspruch zur Börsenmoral steht.

An der Börse gilt es als eine Tugend, solche Papiere aufzukaufen, die grundlos zu tief gefallen sind. Wie sollen wir Spekulanten leben, wenn man uns bestraft, nur weil wir Werte billig aufkaufen und die künftige Preisentwicklung richtig beurteilen? Dies war hier nämlich der Fall.

Ich kaufte also einige Kilo von diesen Obligationen für einen Pappenstiel. Ich verfolgte dabei einen speziellen Plan. Ich hatte mir Folgendes ausgedacht: Dieses Mal werde ich nicht für meine Tasche, sondern für die holde Kunst spekulieren. Ich werde von der französischen Regierung den vollen, das heißt den Nominalwert ihrer Schuldscheine einfordern, und um zu beweisen, dass ich kein gieriger Spekulant bin, werde ich die ganze Summe, die ich bekommen sollte, sofort für einen ideellen Zweck zur Verfügung stellen: für eine Stiftung zur Förderung französischer Musik.

Während ich die Obligationen für einen Bruchteil des Nominalwertes gekauft hatte, würde der Totalbetrag ausreichen, um damit etwas Nützliches für die Musik zu schaffen. Zur gleichen Zeit könnte mein Name auch irgendwo in Gold graviert werden. Oder ich könnte einen Preis Kostolany stiften, finanziert von den Zinsen der Stiftung. Welch erhabenes Gefühl, daran zu denken, dass vielleicht in 100 Jahren immer noch jährlich eine Komposition mit dem Preis Kostolany ausgezeichnet würde!

Ich entwarf meine Strategie sehr genau, beriet mich mit Fachleuten und Persönlichkeiten, denen mein Plan gefiel. Ich träumte bereits von meiner Stiftung. Ja, ja, Börsianer kann schließlich jeder werden, aber nicht Musiker. Wenn das Schicksal es schon wollte, dass ich kein Musiker wurde, dann sollte wenigstens mein Name als der eines Mäzens in die Musikgeschichte eingehen. Dies alles war wunderbar geplant, aber die Börse kreuzte einmal mehr meine Pläne …

Während ich in einem Büro des Finanzamtes meinen Plan einer Stiftung vortrug, philosophierten in einem anderen Winkel desselben Gebäudes verantwortliche Herren über Kreditmoral, das gegebene Wort des Schuldners et cetera und trafen plötzlich eine überraschende Entscheidung: Die französische Regierung wird alle zur Diskussion stehenden Schuldscheine voll zurückzahlen, sowohl an die Urzeichner als auch an die neuen Inhaber. Die „einige Kilo" von den gewissen Obligationen wurden zum vollen Nominalwert ausbezahlt. Ich brauchte nur zum Schalter zu gehen. Mein Sinn für Kapitalismus aber war zu sehr ausgeprägt und die ausgezahlte Summe für meine Verhältnisse zu bedeutend, als dass ich es über mich gebracht hätte, schon jetzt aus eigener Tasche eine enorme Summe zu spenden. Ich bin wohl ein leidenschaftlicher Liebhaber der Musik, vielleicht auch ein tüchtiger Spekulant, aber darum doch kein Engel. Von meiner Musikstiftung sind nur drei Noten übrig geblieben: DO LA RE.

Die Börse – das Reich, in dem die Sonne nicht untergeht

Alle Börsen funktionieren mehr und mehr nach dem Gesetz der kommunizierenden Röhren. Irgendjemand drückt irgendwo auf einen Knopf – und in 5.000 Kilometer Entfernung kann man die Wirkung spüren.

Der Emir von Kuwait trifft irgendeine Entscheidung und die Goldminen-Aktien in Toronto steigen.

Ein Finanzkrach mit Revolverschuss in Paris und das Pfund Sterling fällt in New York.

Die Ereignisse umspannen die Effekten- und Währungsmärkte, Warenbörsen und Finanzministerien.

Dahinter steht aber immer das Abenteuer des Geldes. Dafür sind alle Mittel recht: Ideen, Erfindungen, Geheiminformationen, auch die Ausnutzung der Unwissenheit oder der Bequemlichkeit der anderen.

Manchmal geht es um ein Wort, um einen Gesetzesparagrafen. Diese bunte Börsenwelt steht niemals still, sie dreht sich Tag und Nacht ohne Unterlass.

Nach Schluss der New Yorker Börse fängt das Spiel in San Francisco an und dann in Honolulu. Wenn an der Wall Street die Lichter gelöscht sind, dann drängen sich die Menschenmengen an der Börse von Tokio und Hongkong, an der Pforte des verschlossenen China. Dann folgen Bombay, Beirut, zwei Stunden später Athen, eine Stunde darauf Mailand, dann Frankfurt und London. Und wenn in Paris die Schlussglocke ertönt, sitzen die 100.000 amerikanischen Broker bereits wieder vor dem Ticker. Die 24-Stunden-Schicht der Börse ist abgelaufen, in einem Reich, in dem die Sonne nie untergeht.

Mein Fiasko in der Wall-Street-Industrie

Wie alle Menschen kann man auch die Schar der Börsianer in OPTIMISTEN UND PESSIMISTEN einteilen. Ihr Charakter spiegelt sich auch in ihrem Börsendenken wider. Wenn ein Optimist die Hälfte seiner Papiere verkauft hat und diese weiter steigen, freut er sich, dass er noch die Hälfte behalten hat. Fallen sie, freut er sich, dass wenigstens die Hälfte verkauft ist. Der Pessimist dagegen wird sich ärgern, wenn er die Hälfte seiner Papiere verkauft hat und sie weiter steigen, und er wird sich auch ärgern, wenn sie fallen und er die Hälfte behalten hat.

Doch trotz seines Müßigganges oder seiner „sterilen“ Aktivität erfüllt der Spekulant und Börsenparasit – zumindest im kapitalistischen Wirtschaftssystem – eine wesentliche Funktion. Er stellt, auch wenn er es zum Zwecke der Spekulation tut, auf dem Weg über die Börse sein Kapital zur Verfügung. Ohne Spekulationsgelder gäbe es keine Eisenbahnen, keinen Suezkanal; die Erdölsuche in immer neuen Gebieten wäre nicht möglich, die Elektronik- und Computerindustrien hätten nie diesen Aufschwung genommen. „Gebet dem Spekulanten, was des Spekulanten ist“: die Anerkennung seiner Funktion in der freien Marktwirtschaft.

Ich habe die Erfahrung gemacht, dass die Börsianer sozusagen einer großen internationalen Familie angehören, einer über die ganze Welt verstreuten Freimaurerloge. Das konnte ich auf meinen vielen Reisen feststellen, die mich mit Mitspielern oder Zuschauern von fast allen Märkten der Welt zusammenführten.

Was reden zwei Börsianer miteinander, wenn sie zusammentreffen? Geschichten von der Börse, und dieses Thema ist beinahe unerschöpflich. Auch für mich sind Börse und Finanzspekulation ein Thema, das nie den Reiz der Neuheit verliert. Deshalb halte ich meine Vorträge über Börse, Währung, Wirtschaft und Politik (nur mit kurzen Intermezzi über Kunst und Musik) in allen Kaffeehäusern der Welt.

Ich habe einen ständigen Lehrstuhl in New York, Paris, London, Genf, Zürich, Wien, Cannes, München, Frankfurt und sogar in Budapest. Dass meine Kathedra nur ein Kaffeehaustisch ist, ändert nichts an der Aufrichtigkeit und Leidenschaft meiner Vorträge. Die Atmosphäre dieser Kaffeehäuser und die verschiedenen Typen meiner Zuhörer zu beschreiben und zu analysieren, erforderte ein Buch für sich.

Natürlich wird meine Leidenschaft für die Börse durch diese Tätigkeit nicht gestillt. Trotz gelungener Börsencoups sind meine Ambitionen nicht befriedigt.

Seit 25 Jahren suche ich eine Börsentätigkeit, die sich nicht darauf beschränkt, dass ich von Zeit zu Zeit mit meinem Broker telefoniere, um Kauf- und Verkaufsaufträge zu geben. Und so kam es dann auch zu jenem Fiasko, das ich nicht leicht vergessen werde.

Im Winter 1961/62 herrschte EINE WAHRE FIESTA AN DER WALL STREET und das Leben war schön für die Börsianer. Das Börsenfieber hatte damals in Amerika einen Höhepunkt erreicht. Viel Verstand brauchte man nicht, um seine Taschen zu füllen, man musste nur heute kaufen und morgen verkaufen oder morgen kaufen und übermorgen verkaufen. Wenn man das Glück hatte, die Aktie einer neuen heißen Emission zu erwischen, war das schon ein Treffer. Die neuen Emissionen kamen vormittags mit 10 Dollar heraus und nachmittags waren sie schon 20 oder 30 Dollar wert. Man musste nur den Friseur der Frau des Managers kennen, um auf der Liste jener Glücklichen zu figurieren, die bei einer neuen Emission ihre Portion Aktien bekamen.

Irgendein genialer Kapellmeister dirigierte das Orchester, bei dessen Tönen immer neue Schichten des gewinnlüsternen Publikums in den Hexentanz hineingerissen wurden. Die Konglomerate, die wunderbare Erfindung der neuen Finanziers, florierten. Das gesamte Broker-Establishment arbeitete mit Volldampf, etwa 100.000 Makler mit 100-prozentiger Kapazität. Die meisten von ihnen rührten sich vom Telefon überhaupt nicht weg. Denn mit einem einzigen Anruf konnten wieder 500 bis 1.000 Aktien einer neuen Emission verkauft werden. Die Emissionen waren natürlich alle „heiß", zumal sie auch genügend angeheizt wurden und sogar so sehr angeheizt, dass sich die Kunden dabei die Finger verbrannten.

Aber die Zahl der Makler und Finanziers schien noch immer nicht auszureichen. Denn sie suchten in Funk- und Pressewerbung weitere Mitarbeiter. Der Wertpapierumsatz stieg täglich, jeder Tag brachte einen neuen Rekord. Die Brokerfirmen arbeiteten die Nächte durch, ihr Hunger nach neuen Kunden schien unstillbar.

Diese überspannte Atmosphäre, die mich an 1929 erinnerte, war aber auch notwendig, denn nur in einer solchen Euphorie konnte man dem Publikum alles verkaufen, gleichgültig, ob es die Luftschloss AG oder Mond-Immobilien-Aktien waren. Es war der berühmte Boom, der schließlich mit dem Krach von 1962 endete.

Eine der großen Firmen suchte damals täglich in der Funkwerbung neue Mitarbeiter – sagen wir gleich, neue Kundenschlepper. Mit verlockenden Worten forderten sie Stellensuchende auf, ihr Glück in der Börsenbranche zu suchen. Sie würden eine 30-tägige Ausbildung erhalten und dann an den Schreibtisch gesetzt, um als frischgebackene Makler die Anlagen der Kunden zu verwalten.

Schau, schau, sagte ich mir. Das ist eine auf dich zugeschnittene Arbeit. Nicht dass ich sie gebraucht hätte, aber sie reizte meine Eitelkeit. Hatte ich nicht eine ungeheure Menge von Erfahrungen gesammelt, die ich nicht für mein Lebendgewicht in Gold eintauschen würde? Hätte ich nicht einen Lehrstuhl für Börsenkunde verdient?

Aber da es dazu nicht gekommen ist, blieb in der Tiefe meiner Seele immer eine kleine Wunde, hervorgerufen durch verletzte Eitelkeit, den Mangel an offizieller Anerkennung.

Die Rundfunkwerbung war so verlockend abgefasst, dass ich auf einmal Lust verspürte, mit mir selber einen Test zu machen. Wenn ich schon keinen Lehrstuhl für Börsenpraxis bekommen konnte (nur einen Kaffeehaustisch), wurde mir hier doch eine bescheidene Stellung angeboten. Endlich würde man mich für meine Erfahrungen mit einem fixen Gehalt honorieren und außerdem erhielte ich einen Status. Sieht man in Amerika doch jeden mit schiefen Augen an, der keine bürgerliche Stellung oder Beschäftigung nachweisen kann. Wie schön wäre es, an der Wall Street, in einem eleganten, mit Plüsch tapezierten Büro zu arbeiten, umgeben von elektronischen Maschinen, einem Lautsprecher und dem ständig laufenden Fernschreiber. Ein Traum für den, der bislang nur in seiner Privatwohnung oder im Kaffeehaus die Börsenentwicklungen verfolgte. Ich würde das Recht haben, auf meiner Visitenkarte mit Wall-Street-Adresse und Telefonnummer auch den Namen meiner Firma angeben zu können.

Mein Entschluss war gefasst. Ich war bereit, der annoncierenden Firma mein ganzes Wissen und Können und meine gesamte Erfahrung anzubieten. Mit Genuss malte ich mir bereits aus, wie ich bei meinen zukünftigen Chefs bei der Aufnahmeprüfung brillieren würde. Sie würden nicht nur über mein theoretisches Wissen erstaunt sein, sie würden gleichzeitig auch eine ganze Dissertation über die Philosophie der Börsenspekulation zu hören bekommen.

Von den Chefs habe ich auch nicht den kleinsten Juniorpartner zu Gesicht bekommen. Nicht einmal zu einem Prokuristen konnte ich vorstoßen, denn bereits im Vorzimmer hat mich ein besserer Bürodiener mit einem Fragebogen abgespeist. Er würdigte mich nicht einmal eines Blickes und verlangte nur, ich solle den Fragebogen ausfüllen und in ein paar Tagen würde ich eine Antwort erhalten.

Im Fragebogen standen Schablonenfragen nach meiner Vergangenheit und meinen Qualifikationen. Sie waren so zugeschnitten, als handelte es sich um Stellenangebote für Kindermädchen oder Chauffeure. Etwas bange lieferte ich den Bogen ab. Ich fühlte mich in eine andere Welt versetzt. Wieder war ich 18 Jahre alt, suchte eine Stellung und mein Schicksal für die kommenden Jahre stand auf dem Spiel.

Ich will nicht leugnen, ich hatte auch Angst. In diesem großen Amerika, an der erbarmungslosen Wall Street hatte ich Komplexe, hier, wo jeder danach beurteilt wird, wie viel Dollar er monatlich an Kommissionen einnehmen kann. Bisher hatte ich nur in der Filmindustrie von Producers gehört. Aber an der Wall Street nennt man auch denjenigen „producer", der Kommissionen produziert. Würde mich Wall Street aufnehmen oder nicht? Der Bürodiener nahm stumm meinen Fragebogen und benommen ging ich wieder.

Im Strudel der Fifth Avenue fand ich mein Selbstvertrauen wieder. Ich machte schon Pläne, wie ich meine neue Arbeit angehen würde.

Aber es blieb bei den Plänen. Nach einigen Tagen kam die Antwort: abgewiesen! Es täte ihnen sehr leid, aber wegen mangelnder Erfahrung könne man mich vorläufig nicht gebrauchen. Dies solle mich aber von meinem Plan nicht abbringen. Vielleicht könnten sie mich später einmal einstellen. Ich sollte mich wieder melden. Ich vermute, dass die Firma an den Tag dachte, an dem ich bereits mehr Erfahrung gesammelt hätte – natürlich auf Kosten der Konkurrenz.

Ich sehe den Leser schmunzeln. Aber der Leser hat unrecht, die Firma hatte recht. Für sie war es nicht wichtig, ob ich wirtschaftliche und finanzielle Situationen richtig beurteilen konnte. Was nutzte es ihr, dass ich eine Börsenerfahrung besitze wie wenige Zeitgenossen, dass ich die Zusammenhänge zwischen politischen, wirtschaftlichen und Börsenereignissen verstehe und dass ich einen Spürsinn für die Beurteilung der Börsentendenz habe?

Das alles war für die Firma uninteressant. Sie brauchte Leute, die wussten, wie man alte Damen von ihrer Rommé-Partie ins Börsenbüro lockt – wo sie dann, vor dem Ticker sitzend, emsig Börse spielen und Kommissionen zahlen können –, wie man der Milchfrau, dem Hausarzt und allen alten Bekannten die Flut neuer Aktien andreht.

Täglich kamen neue Papiere zu Fantasiepreisen auf den Markt. Diese musste man mit der nötigen aggressiven Überredungskunst in die Schubladen der kleinen Sparer bringen, immer mehr und mehr und immer schneller und schneller, damit man so rasch wie möglich melden konnte, dass diese oder jene Emission zehnfach unterschrieben wurde und keine Aktien mehr zu haben seien. Die Verbreitung solcher Nachrichten reizt den Appetit des Publikums, sodass die nächste und die übernächste Emission noch gieriger geschluckt wird. (Genauso, wie wir es einige Jahre später mit den IOS-Emissionen erleben konnten.)

Es ist wahr, auf diesem Sektor besaß und besitze ich keine Erfahrung. Die Firma hatte mich richtig beurteilt und ich habe es ihr auch bis heute nicht nachgetragen. Wenn ich durch Arbeit an der Wall Street mein Leben verdienen wollte, musste ich andere Methoden erlernen. In der Zitadelle des Kapitalismus konnte ich mir weder die Anerkennung der Kapitalisten verschaffen noch ein bescheidenes Jahreseinkommen sichern als Frucht meiner langjährigen Erfahrungen.

Von der Börse habe ich immer gut gelebt. Das aber ist ein anderes Kapitel. Nicht dank meiner Arbeit, sondern durch List und Wagemut. Nicht die KAPITALISTEN haben mir Gelegenheit gegeben zum Geldverdienen, sondern der KAPITALISMUS. Ich bin auch der Überzeugung, dass das Streben nach dem Geld durch die Abenteuer der Unternehmer, individuelle Initiative und freie Konkurrenz – das Credo des Kapitalismus – die Welt mit Riesenschritten weiterbringt.

Deshalb bleibe ich ein getreuer Soldat der Armada der Börsianer, denn sie stehen alle, sei es als Mitbauer, sei es als unentbehrliche Parasiten, im Dienste des Systems, und hoffe noch immer, dass sich eines Tages die Gelegenheit ergibt, diese Börsentätigkeit einzuschlagen, die ich mir so lange gewünscht habe.

Das Leben fängt ja erst mit 60 an …